权威·前沿·原创

皮书系列为
"十二五""十三五"国家重点图书出版规划项目

Y

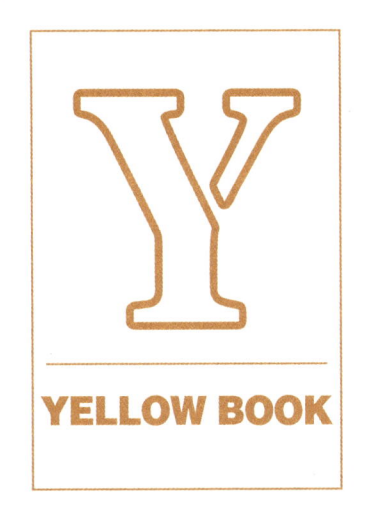

YELLOW BOOK

智库成果出版与传播平台

中国社会科学院创新工程学术出版资助项目

国际形势黄皮书
YELLOW BOOK OF INTERNATIONAL POLITICS

全球政治与安全报告（2021）

ANNUAL REPORT ON INTERNATIONAL POLITICS AND SECURITY (2021)

中国社会科学院世界经济与政治研究所
主　编 / 张宇燕
副主编 / 邹治波

社会科学文献出版社
SOCIAL SCIENCES ACADEMIC PRESS (CHINA)

图书在版编目(CIP)数据

全球政治与安全报告.2021／张宇燕主编.－－北京：社会科学文献出版社，2021.1
（国际形势黄皮书）
ISBN 978-7-5201-7708-5

Ⅰ.①全… Ⅱ.①张… Ⅲ.①国际政治-研究报告-2021②国家安全-研究报告-世界-2021 Ⅳ.①D5②D815.5

中国版本图书馆CIP数据核字（2020）第248496号

国际形势黄皮书

全球政治与安全报告（2021）

主　　编／张宇燕
副 主 编／邹治波

出 版 人／王利民
责任编辑／张　媛　王　展　吴　敏

出　　版／社会科学文献出版社·皮书出版分社（010）59367127
　　　　　　地址：北京市北三环中路甲29号院华龙大厦　邮编：100029
　　　　　　网址：www.ssap.com.cn
发　　行／市场营销中心（010）59367081　59367083
印　　装／天津千鹤文化传播有限公司

规　　格／开　本：787mm×1092mm　1/16
　　　　　　印　张：17.25　字　数：254千字
版　　次／2021年1月第1版　2021年1月第1次印刷
书　　号／ISBN 978-7-5201-7708-5
定　　价／128.00元

本书如有印装质量问题，请与读者服务中心（010-59367028）联系

▲ 版权所有　翻印必究

国际形势黄皮书编委会

主　编　张宇燕
副主编　邹治波
编审组　张宇燕　邹治波　李东燕　袁正清　徐　进
　　　　薛　力　杨　原　王　新　郗艳菊

主要编撰者简介

张宇燕 中国社会科学院世界经济与政治研究所所长、研究员,中国社会科学院学部委员,中国社会科学院国家全球战略智库理事长、首席专家,中国社会科学院大学国际关系学院院长、博士生导师,中国世界经济学会会长,新兴经济体研究会会长。主要研究领域为国际政治经济学、制度经济学等。著有《经济发展与制度选择》(1992)、《国际经济政治学》(2008)、《美国行为的根源》(2015)、《中国和平发展道路》(2017)等。

邹治波 中国社会科学院世界经济与政治研究所副所长、研究员。目前主要研究领域为国际关系和战略安全。曾长期从事导弹核武器技术、核战略、军控与防扩散、大国关系研究,获得国家科技进步二等奖一项,部委科技进步一等奖、二等奖等多项,在核心期刊和国外期刊发表十多篇关于大国关系、国际安全的学术论文。

摘 要

《全球政治与安全报告（2021）》为"国际形势黄皮书"系列年度报告之一。报告旨在对本年度全球政治及安全形势的总体情况及变化进行回顾与分析，并提出相关的预测及对策建议。

在世界格局与国际安全部分，报告对2020年新冠肺炎疫情冲击下中美、中俄、中欧、美欧关系的发展走向进行了分析，对全球重大武装冲突和全球军事形势进行了梳理，并对中国周边安全形势进行了评估。在全球问题与全球治理部分，报告对全球治理的现状以及疫情冲击下数字时代大国科技竞争、能源政治、气候变化等重大全球问题进行了跟踪研究。在专题·热点部分，报告对全球卫生治理、2020年美国大选、中东形势、粮食安全及疫情下的政治思潮等热点话题展开了专门的讨论。本年度报告也对国际著名智库和国际关系理论学界的关注重点与研究成果进行了梳理和介绍。

本书通过事实梳理、数据分析、政策分析，阐释了本年度国际关系及全球安全形势发展的基本特点和趋势，并在此基础上提出了具有启示性和前瞻性的结论。本书兼具知识性、理论性、战略性和对策性等特点，可供国际问题研究人员、外交决策者以及对全球问题感兴趣的广大读者阅读。

关键词： 大国关系　国际格局　全球治理　国际安全形势

目　录

Ⅰ 总　论

Y.1　新冠肺炎疫情下的全球政治与安全 …………杨　原　张宇燕 / 001

Ⅱ 世界格局与国际安全

Y.2　大国关系与国际秩序
　　　………………………………………………李隽旸　徐　进 / 018
Y.3　全球武装冲突与军事形势评估（2019~2020）
　　　………………………………………………徐　进　周　蓓 / 035
Y.4　中国周边安全形势评估（2019~2020）……………王　雷 / 053

Ⅲ 全球问题与全球治理

Y.5　全球治理与国际组织：进展与趋势（2020）
　　　………………………………………………任　琳　郑海琦 / 069

Y.6 疫情冲击下数字时代的大国竞争 …………………… 郎　平 / 085
Y.7 全球能源政治（2019~2020） ……………………… 薛　力 / 101
Y.8 应对气候变化：形势与前景 ………………………… 田慧芳 / 119

Ⅳ　专题·热点

Y.9 疫情与全球卫生治理 ………………………… 吴国鼎　熊爱宗 / 135
Y.10 2020年美国大选浅析 ……………………… 赵　海　陈　展 / 150
Y.11 2019~2020年中东地区政治安全形势评估 ……… 张　元 / 166
Y.12 疫情下的全球粮食安全 ……………………………… 肖　河 / 180
Y.13 疫情下的政治思潮 …………………………………… 田　旭 / 195

Ⅴ　国际关系研究与智库

Y.14 国际智库研究综述（2019~2020） ………………… 杨　原 / 208
Y.15 国际关系研究的热点与新进展（2019~2020）
　　　………………………………………… 袁正清　董　贺 / 225

Abstract ……………………………………………………………… / 243
Contents …………………………………………………………… / 245

皮书数据库阅读使用指南

总 论
Introduction

Y.1
新冠肺炎疫情下的全球政治与安全

杨 原 张宇燕*

摘　要： 2020年全球政治与安全形势在新冠肺炎疫情的冲击和催化下呈现更多的冲突性和竞争性。受特朗普政府"美国优先"战略及疫情影响，全球化进程遭遇明显阻碍。现有多边治理机制在应对全球性危机时的短板进一步凸显，区域内一体化动力加强。传统安全风险和非传统安全风险同时加剧，相互传导。传统安全风险在印太地区尤为突出，台海、南海和南亚地区军事冲突风险上升。突发的全球性疫情使得公共卫生安全在全球治理中的重要性进一步

---

* 杨原，政治学博士，中国社会科学院世界经济与政治研究所国际政治理论研究室主任，副研究员，主要研究领域为国际安全理论；张宇燕，经济学博士，中国社会科学院世界经济与政治研究所所长，中国社会科学院学部委员，主要研究领域为制度经济学和国际政治经济学。

提升，同时使气候、能源、粮食等非传统安全问题进一步复杂化。2020年的中美战略竞争在疫情和美国大选等因素的催化下不断加剧，导致中美关系发生这种深刻变化的根本原因是中国崛起以及由此引发的国际格局的变化。2021年美国新政府上台后，中美博弈的总体程度预计不会发生太大变化，但具体博弈方式、领域和结构可能出现较大调整。

关键词：中美关系　全球治理　传统安全　非传统安全　国际格局

2020年全球政治与安全形势在新冠肺炎疫情的冲击和催化下呈现更多的冲突性和竞争性。全球治理方面，受特朗普政府"美国优先"战略及疫情影响，全球化进程遭遇明显阻碍。与此同时，现有多边治理机制在应对全球性危机时的短板进一步凸显，区域内一体化动力加强。国际安全方面，传统安全风险和非传统安全风险同时加剧、相互传导。传统安全风险在印太地区尤为突出，台海、南海和南亚地区军事冲突压力持续保持高位。突发的全球性疫情使得公共卫生安全在全球治理中的重要性进一步提升，同时也使气候、能源、粮食等非传统安全问题进一步复杂化。2020年的中美战略竞争在疫情和美国大选等因素的催化下不断加剧，导致中美关系发生这种深刻变化的根本原因是中国崛起以及由此引发的国际格局的变化。受此影响，未来的中美战略竞争将是一种持续而全面的竞争。

一　全球治理现状与挑战

（一）全球化进程遭遇明显阻碍

在特朗普政府"美国优先"战略和"脱钩"政策的影响下，全球化进程在2020年以前就已经出现放缓甚至倒退的趋势，而这一趋势在2020年进一步放大。

疫情成为全球化进程的最大阻力。2020年，新冠肺炎疫情迅速发展为百年一遇的全球大流行病。各国为防控疫情，不得不采取严格的中断交通、限制人口跨境跨界流动等管制措施，再加上各国为抵御疫情导致的经济衰退而纷纷出台贸易保护主义措施，人员、物资、资本的全球流动急剧下降。各国为防疫而进行的隔离以及停工停产等措施，还导致服务业以及制造业受到严重影响，东亚、欧洲和北美等全球三大产业链中心均遭受重创。不仅如此，疫情还暴露和加剧了国家间的矛盾和不信任，各自为政、以邻为壑的现象不断发生。疫情造成的全球产业链、价值链、供应链中断以及一些国家抗疫急需的物资得依靠别国来供应这一现状，使得主权国家更加重视本国的经济安全，力图将关系国计民生的产业链和供应链控制在自己手中，这进一步削弱了全球化发展的基础。

美国的"退群"外交加剧全球治理体系分裂。2020年美国继续退出或威胁退出一系列国际机构，致使诸多领域的公共产品供给短缺，治理赤字加剧。2020年5月，美国宣布退出与俄罗斯和欧洲其他国家签署的《开放天空条约》。7月，美国正式通知联合国退出世界卫生组织（WHO），计划在2021年7月完成退出后，将原本向世卫组织提供的资金转用于其他联合国项目。美国此前是世卫组织最主要的捐助者之一，每年捐款超过4亿美元，是其他大多数国家的两倍。美国在疫情最严重的时间节点选择退出，不仅对全球抗击新冠肺炎疫情造成了极其不利的影响，而且使得消灭传染性疾病计划遭受沉重打击，并由此加剧未来地区和全球再次遭受传染病侵袭的风险。不仅如此，特朗普政府甚至威胁退出世界贸易组织（WTO）这个全球贸易治理的核心机制。这些"退群"举动以及由此造成的国际社会的不稳定预期正严重冲击现有全球治理体系，使全球体系分裂压力不断上升。

疫情推高了逆全球化思潮。随着近年来全球化进程遭遇阻滞，逆全球化、反全球化思潮也在逐步走强。2008年金融危机之后，欧洲接连出现的债务危机、难民危机和英国脱欧等事件推动了欧洲民粹主义的兴起和传播。特朗普执政以来推行贸易保护主义，接连退出多个国际多边机制和协定，推动了美国的孤立主义和民族主义情绪。疫情的暴发，在很大程度上增加了这些逆全

球化思潮在全球的"适应性"和"接受度"。疫情造成的全球供应链、产业链和价值链断裂，客观上助推了经济民族主义发展。疫情后，战略自主性可能成为重组供应链的首要考量因素。民族甚至种族矛盾在疫情期间也进一步恶化。欧美国家的一些政府官员不断对疫情进行污名化攻击和政治化解读，将公共卫生问题强行上升为民族矛盾问题，这进一步破坏了国家间合作原本就已经十分脆弱的信任基础。

（二）现有多边治理机制短板凸显

多边治理与区域化是全球化的两个重要维度。2020年多边治理乏力、多边主义示弱，是全球化遭遇阻滞的主要体现。归纳而言，现有多边治理机制凸显短板主要缘于三方面因素。

一是现有多边机制自身改革进程滞后。例如，作为二战后国际多边主义秩序核心机制的联合国，近年来对其改革的呼吁与其实际改革进程的停滞不前之间形成了突出的矛盾。民调显示，只有34%的受访者认为联合国在相关事务中表现出色。[①]2020年3月，联合国秘书长古特雷斯发起了一项人道主义计划，旨在减轻疫情对脆弱和贫困国家的影响，但受制于20亿美元的庞大预算，该计划的落实和预期效果并不乐观。2020年6月，印度第8次当选安理会非常任理事国，倡议发布《改革多边体系的新方向》（NORMS）用以指导联合国安理会改革。不过，印度的根本诉求几乎不可能在短期内实现，五大国基本不可能在相关议题上保持一致。资金动员力不足、主要参与国对改革方案的分歧，都极大地限制了联合国以及其他多边机制治理能力的发挥。

二是大国竞争加剧了现有多边机制的分裂趋势。大国竞争与对抗历来是全球化和全球多边合作的阻挠因素。第一次世界大战前的欧洲列强因争夺殖民地而将欧洲分裂为两大对峙的军事集团。第二次世界大战结束后，美国和苏联两个超级大国的战略对抗又将东西方割裂为彼此隔绝的两大阵营。特朗

---

① Daniel F. Runde, "Competing and Winning in the Multilateral System: U.S. Leadership in the United Nations," Center for Strategic and International Studies, May 1, 2020, https://www.csis.org/analysis/competing-and-winning-multilateral-system-us-leadership-united-nations.

普上台以来美国以关税为武器的对华打压，在2020年向科技、人文、地缘政治、意识形态等领域全方位扩展。中美战略竞争的加剧不可避免地冲击着现有多边机制。例如，尽管WTO曾经是美国维持全球领导权、治理全球经济的重要依托平台，但出于打压中国的战略需要，美国一再强调中国是既成多边秩序的获益者，而美国却从国际秩序的缔造者、维持者和最大受益者逐渐演变为最大的受损者，因此其对WTO职能的维系和改革持消极态度。2020年9月，特朗普甚至要求WTO将美国列为发展中国家，并以美国退出WTO相威胁。不少学者担忧，如果中美战略竞争演变成一场持久冲突，美国可能绕开当前多边机构，乃至构建排除中国的机构，最终导致"平行秩序"的出现和现有多边机制的彻底崩塌。[1]

三是疫情进一步暴露了现有多边机制的短板。疫情的最直接影响是打乱和推迟了现有机制的改革进程。2020年5月，讨论安理会改革问题的政府间谈判联合主席致信联合国大会，将政府间谈判的时限推迟至"另行通知"。由于疫情的全球大流行，联合国总部一度暂停了面对面会议。更为重要的是，疫情的蔓延和加剧极大地暴露和放大了多边主义在治理效率上的"短板"。国际社会存在一系列应对全球公共卫生紧急情况的多边机制，但是这些机制并没能有效阻止大多数国家采取单边应对的态度。其中G7、G20和联合国安理会等机构在抗疫行动上缺乏协调，G7成员国更加强调边境封锁，G20对疫情虽有反应但相对迟缓，在与国际金融机构的互动中没有做出充足的具体承诺。在3月的G20视频会议前，国际货币基金组织和世界银行号召G20采取行动为最贫穷国家提供债务减免，但G20成员方在会议上没有立即做出明确承诺。[2] 现有多边治理机制应对疫情的"乏力"不可避免地削弱了它们的权威性和行动力。

---

[1] 袁鹏：《新冠疫情与百年变局》，《现代国际关系》2020年第5期，第3页；Mira Rapp-Hooper, "China, America, and the International Order after the Pandemic," *War on the Rocks*, March 24, 2020, https://warontherocks.com/2020/03/china-america-and-the-international-order-after-the-pandemic/.

[2] Matthew P. Goodman, Stephanie Segal and Mark Sobel, "Assessing the G20 Virtual Summit," Center for Strategic and International Studies, March 27, 2020, https://www.csis.org/analysis/assessing-g20-virtual-summit.

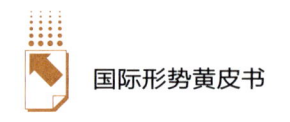

（三）区域内一体化动力加强

面对大国竞争和美国"退群"，部分地区性国家在全球治理方面选择抱团取暖，区域一体化趋势因此增强。疫情危机的出现更是为区域一体化的增强提供了外生助力。在全球疫情治理相对缺位的状况下，许多区域间组织在诸边框架下通过双边方式交换抗疫信息，加强多部门合作，规范程序并提高透明度。[1]例如，非盟、东盟、海湾合作委员会和南亚区域合作联盟均制定了应对危机的区域性整体方案。其中，海湾合作委员会建立了联合行动办公室，分享每个成员国控制病毒传播的经验、最新数据和应急能力，南亚区域合作联盟建立了应急基金，南方共同市场国家建立了旨在促进与病毒相关的研究、教育和生物技术发展的基金。虽然疫情逐步得到控制，但全球经济颓势短期内难以逆转，不少国家出于规避系统风险的考虑，愈发重视供应链的完整性和自主可控性，采取诸多手段促使供应链的区域化集聚，由此进一步加快了区域一体化的趋势。[2]

2020年的区域一体化突出表现在东亚、非洲和北美地区。在东亚，包括东盟和中国在内的15个国家最终签署《区域全面经济伙伴关系协定》（RCEP）并由此构建亚太地区自由贸易平台。非洲力图建立世界上最大的自贸区，在54个国家和地区建立商品和服务的单一市场，使商务旅客和投资自由流通，通过简化贸易吸引长期投资，涵盖12亿人口和2.5万亿美元的经济总量。非洲于2018年发起自贸区倡议，并提出在2020年7月正式启动。受疫情影响，非盟委员会将自贸区的正式启动推迟到2021年1月1日。2020年1月，特朗普签署修订后的《美加墨协定》（USMCA）替代原有的《北美自由贸易协定》，作为该地区的新贸易机制正式生效。相对于其他地区一体化的国家自主性而言，该机制的大国主导色彩更为浓重，尽管如此，该协定仍然会相对提升北

---

[1] Anastasia Kalinina, "What the World can Learn from Regional Responses to COVID-19," *Atlantic Council*, April 24, 2020, https://www.atlanticcouncil.org/blogs/new-atlanticist/what-the-world-can-learn-from-regional-responses-to-covid-19/.

[2] 王义桅：《新冠疫情是世界历史发展分水岭》，《参考消息》2020年6月4日，http://www.cankaoxiaoxi.com/china/20200604/2412189.shtml。

美地区的经济一体化程度，减少贸易和联合生产的壁垒，促进边境的货物和服务流动。

二 传统与非传统安全问题

（一）印太地区传统安全风险明显升高

2020年，印太地区以国家间军事冲突和政治军事对抗为主要形式的传统安全风险并未因疫情的蔓延而缓解，相反有继续升高的趋势。

过去一年，美国国防部、国务院相继出台《印太战略报告》，进一步明确"印太战略"的总体规划和实施路径，强调印太战略必须强化军事优势，将军事手段视为推行印太战略的重要政策工具，同时要在印太区域构建安全、政治、经贸、价值观等领域的新型框架，与盟友及伙伴共建"印太秩序"。美国推进印太战略的核心意图无疑是遏制中国。随着中美战略竞争不断加剧，美国显著加大了对台湾事务的介入力度。2020年美国先是通过所谓的"台北法案"，随后又拉拢少数国家炒作"台湾参加世卫大会"话题，之后又对台湾多次军售，通过了所谓的"2021财政年度国防授权法"，邀请台湾参与环太平洋军事演习，甚至还多次派遣在职高级官员访问台湾，不断试探中国战略底线。

在南海，美国不断制造地区紧张局势。在外交层面，美国公开为越、菲、马、印尼等国的非法主张和行动撑腰打气，鼓励有关国家采取油气开发、海上执法、岛礁建设等行动，给中国制造麻烦。在军事层面，美军舰机在南海地区从事所谓的"自由航行行动"更加频繁和激进。在法律层面，美国以《联合国海洋法公约》维护者自居，不择手段地就南海问题对中国展开围攻。2020年7月13日，美国发表了《南海政策声明》，除督促中国执行所谓的"南海仲裁案裁决"外，首次正式否认中国在南海的"断续线"主张。[1] 此外，香港事务在美国对华打压战略中的比重也越来越大。近一年来，特朗普政府极

---

[1] Olli Pekka Suorsa, "South China Sea:New US Policy and Its Implications," RSIS Commentary, No. 144, July 16 2020, https://www.rsis.edu.sg/wp-content/uploads/2020/07/CO20144.pdf.

力阻止香港修订《逃犯条例》，为香港反对派和激进势力从事反中乱港活动提供保护伞，对香港进行制裁，出台所谓的"香港人权与民主法案""香港自治法案"，粗暴干涉中国内政，加剧中美关系紧张局势。

南亚地区，印度在领土争议问题上不断制造纷争，与巴基斯坦、中国、尼泊尔等邻国多次发生边界冲突与争端。特别是中印两国，自2017年"洞朗对峙"之后，时隔三年再次发生边境冲突。2020年4月以来，印度边防部队单方面在加勒万河谷地区持续抵边修建道路、桥梁等设施，中方多次就此提出交涉和抗议。5月6日，印度边防部队乘夜色在加勒万河谷地区越线进入中国领土，阻拦中方边防部队正常巡逻，蓄意挑起事端，试图单方面改变边境管控现状。[①]6月15日晚，在中印边境加勒万河谷地区，印军违背承诺，再次越过实控线非法活动，蓄意发动挑衅攻击，引发双方激烈肢体冲突，造成人员伤亡。[②]8月底，印军破坏前期双方多层级会谈会晤达成的共识，在班公湖南岸、热钦山口附近再次非法越线占控，公然挑衅，造成边境局势紧张。[③]

综合来看，在疫情一度成为全球焦点的背景下，印太地区发生大国间军事冲突的风险不降反升。这一点似与国际关系常识不符。传染病威胁属于非传统安全问题范畴，一般而言，非传统安全问题的出现往往有助于抑制国家间的传统安全问题。2001年"9·11"事件使得恐怖主义这个非传统安全威胁迅速凸显，美国小布什政府由此调整了原本的遏制中国的政策，转为与中国在反恐问题上积极寻求合作。而此次新冠肺炎疫情同样属于非传统安全问题，却并未起到同样的缓和中美、中印冲突的作用。导致这种差异的核心因素在于，此次疫情直接影响了大国间的实力对比和相对收益这两个传统国际安全领域的核心问题。据多方预测，中国很可能是2020年经济唯一正增长的主要经济体，与之相比，美印等国经济短期内难以摆脱疫情阴影。突如其来的新冠肺炎疫情客观上使得中美、中印的角力天平均进一步向对中国有利的方向

---

① 《中印边境冲突来龙去脉，外交部讲清了》，观察者网，2020年6月19日。
② 《西部战区回应中印边境冲突：印军蓄意挑衅，造成人员伤亡》，《解放军报》2020年6月16日。
③ 《西部战区新闻发言人就中印边境局势发表谈话》，新华社，2020年8月31日。

倾斜,这是疫情非但没有缓和,反而加剧了印太地区大国传统安全冲突的根本原因。

(二)公共卫生安全在全球治理中的重要性进一步提升

长期以来,公共卫生安全都是非传统安全中的一项重要内容,只不过世界从来没有像2020年这样深切而直观地感受到它的重要性以及一旦其得不到保障将会给人类带来的灾难性后果。截止到2020年11月初,全球累计感染新冠肺炎的人数已经超过4800万,因感染新冠肺炎而死亡的人数已经超过120万。根据9月联合国贸发会议发布的《2020年贸易和发展报告》,新冠肺炎疫情将导致全球9000万至1.2亿人陷入极端贫困,近3亿人面临粮食安全问题。普遍预计,此次疫情的影响会超过2008~2009年的金融危机,甚至堪比1929~1933年世界经济大萧条。国际评级机构惠誉在2020年9月发布的《全球经济展望》报告中,预测2020年全球GDP将下降4.4%,并认为这将是2009年经济大衰退的两倍多。疫情所造成的公共安全威胁正在一定程度上改变全球化的进程,加快国际力量的对比变化,甚至有可能成为世界历史发展的一道分水岭。

为应对这次全球性公共卫生危机,世界卫生组织及其他国际多边机制采取了多项行动。例如,WHO于2020年2月初制定了COVID-19战略防范和应对计划(SPRP),同时建议联合国国别工作组(UNCTs)和合作伙伴在与战略防范和应对计划保持一致的情况下,建立国别防范和应对计划,以识别受影响国家在应对疫情方面的不足和需要,为相关国家提供快速支持。此外,WHO还建立了COVID-19全球监测系统和数据库,以监测疫情在国家间的传播情况,为应对疫情、实施公共卫生政策提供支持。其他国际组织也积极动员各方资源,帮助受影响国家应对疫情。2020年3月初,联合国从中央应急基金中拨款1500万美元给WHO以及联合国儿童基金会,用于监测病毒传播、调查病例等工作。3月3日,世界银行宣布将提供最高120亿美元支持各成员应对疫情,此后资金支持规模提高至140亿美元。同期,国际货币基金组织(IMF)也宣布将通过紧急融资机制向低收入和新兴市场国家提供500亿美元的可用资金,

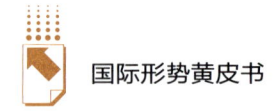

以应对新冠肺炎疫情。

但是，从应对此次疫情的实际效果看，现有的全球公共卫生安全机制的防控能力仍存在明显不足。国家间的信任缺失和大国领导缺失是导致这一局面出现的重要原因。《国际卫生条例（2005）》第七条要求在突发公共卫生事件期间，成员方应保持卫生数据和信息的共享。但在实际中，各国并没有就相关数据实现充分共享。[1]此外，作为世界唯一超级大国，同时也是此次疫情最严重的国家，美国并没有积极承担应对此次全球疫情的领导责任，相反，特朗普政府于4月15日以WHO处理新冠肺炎疫情时管理不善为由，宣布暂停向WHO提供所有资金。[2]7月初，特朗普政府正式通知美国国会和联合国，美国将正式退出WHO。作为WHO最重要的成员和最大的出资国，美国的"退群"行动严重损害了WHO协调全球合作抗击疫情的能力，人为加剧了此次全球公共卫生危机。

（三）疫情使气候、能源、粮食等非传统安全问题进一步复杂化

2020年的疫情对气候、能源、粮食等非传统安全问题都产生了广泛而复杂的影响。从短期看，各国为防控疫情所采取的停工停学、航空停运、道路交通减量等措施引发了自二战以来最大幅度的温室气体排放量下降，减轻了一些国家实现2020年碳排放目标的压力，这是疫情暴发对环境和气候变化产生的意想不到的积极副作用。据国际科学研究项目"未来地球"下设的"全球碳计划"的模型演算，2020年全球碳排放可能下降5%，二氧化氮排放量也将大幅减少。但这种排放的减少无疑是暂时的。此外更重要的影响是，疫情在很大程度上阻碍了全球应对气候变化的努力。2020年的联合国气候大会COP26本被视为过去四年中最重要的气候会议，除了继续讨论COP25的未竟任务外，还计划就各国如何增强气候雄心进行重点讨论。但受疫情影响，谈判

---

[1] "WHO Director-General's Opening Remarks at the Mission Briefing on COVID-19," February 26, 2020, https://www.who.int/dg/speeches/detail/who-director-general-s-opening-remarks-at-the-mission-briefing-on-covid-19---26-february-2020.

[2] "President Donald J. Trump is Demanding Accountability from the World Health Organization," April 15, 2020, https://www.whitehouse.gov/briefings-statements/president-donald-j-trump-demanding-accountability-world-health-organization.

工作被迫推迟到 2021 年。2020 年同样是生物多样性、可持续交通、海洋与渔业等多个国际环境治理议题的关键谈判年，这些谈判均已宣告延期。如全球疫情在 2020 年底还不能得到有效控制，那么支撑未来国际气候谈判的经济和科技基础将会再度受到冲击，气候谈判的结果和走向将更具不确定性。

疫情所引发的前所未有的普遍性冲击也对全球能源系统产生了深远影响。与 2019 年同期相比，全球能源需求在疫情期间出现历史性下滑。国际能源署的《2020 年全球能源评论》预测，2020 年全球能源需求将下降 6%，其中电力下降 5%，石油下降 9%，煤炭下降 8%，唯一可能增加的是成本逐年降低的可再生能源。受疫情影响，全球石油需求量明显减少，产能过剩加剧，油价大幅度波动，WTI 期货价从 2020 年 1 月的 50 美元/桶左右急跌，4 月 20 日一度跌到 -37.63 美元/桶。在各方的干预下，6 月回升到 40 美元/桶左右，并维持到 9 月底，[1] 但仍比年初低 20% 左右。经济长期疲软以及化石燃料价格骤降很可能延迟对清洁能源的投资。据国际能源署预测，2020 年全球能源投资可能比 2019 年减少 20%，创史上能源投资最大降幅。[2] 目前大的国际油气公司已经推迟或削减了投资预算，宣布降低上游投资，并将在短期内减少对清洁技术价值链的投资。

疫情还对全球粮食安全造成了持续影响。在供给侧，疫情本身和防疫措施都扰乱了粮食生产和消费的全链条，这对小型农户的影响尤其显著。同时，对粮食不足的恐慌还可能导致各国采取保护主义政策，限制粮食出口。这些效应可能导致全球粮食供给的减少。在需求侧，疫情造成各国失业率飙升，非正式经济和服务部门受到巨大冲击，严重损害了贫困人口的购买力，这加剧了因分配不平等而带来的食物可及性问题。[3] 此外，与历史上的多数粮食危机不同，此次疫情主要是通过扰乱总体经济循环影响粮食安全，因此以往

---

[1] "Cushing, OK Crude Oil Future Contract 1 (Dollars per Barrel)," https://www.eia.gov/dnav/pet/hist/RCLC1D.htm.

[2] IEA, "World Energy Investment 2020," May 2020, https://www.iea.org/events/world-energy-investment-2020.

[3] "Global Network Against Food Crises and Food Security Information Network," *Global Report on Food Crises 2020: Joint Analysis for Better Decision*, New York: United Nations, 2020, p. 5.

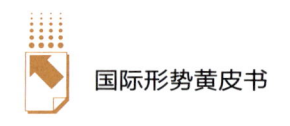

很少受粮食危机影响的发达国家这次也受到了较大冲击。疫情暴发后,美国处于粮食不安全状况的总人口和儿童人数分别增加了1700万和700万,达到5400万和1800万。

三 国际格局与中美关系

(一)中美关系正发生深刻变化

自2018年美国发动对华贸易战以来,中美关系持续紧张,学界和战略界普遍认为中美关系已进入战略竞争时代,甚至有人认为中美关系已发生"质变"。[1]2020年疫情全球暴发以来,中美关系呈现加速恶化趋势,甚至有评论认为中美关系恶化已向"自由落体"方向发展。[2]

从定量的角度看,2016年以前的中美关系尽管也存在起伏,但从长时段来看仍保持着大致稳定,始终保持在0分以上。但在2016年以后,中美关系开始迅速下滑,很快降至0分以下并一路下跌,到2019年已降至-6分以下,2019年10月中美关系分值为-6.7分。

为了更直观地展示当前的中美关系究竟差到什么程度,不妨将当前的中美关系分值与历史上一些关键节点的中美关系分值做一个纵向比较。1950年10月抗美援朝战争开始时,当月中美关系分值为-8分;1955年1月,美国干涉中国解放一江山岛,当月中美关系分值为-6.9分;1958年8月,中国炮击金门马祖,美国对中国发出军事威胁,加强其在台湾地区的海、空军兵力,当月中美关系分值为-5.7分;1964年8月,中国发表声明反对美国侵越战争,当月中美关系分值为-7.2分。由此可见,2019年的中美关系已经接近甚至相

---

[1] 本刊编辑部、任晶晶:《沉着应对中美关系质变期新变化》,《经济导刊》2018年第6期,第78~83页;朱锋:《贸易战、科技战与中美关系的"范式变化"》,《亚太安全与海洋研究》2019年第4期,第1~14页;王帆:《美国对华战略:战略临界点与限制性竞争》,《当代世界与社会主义》2020年第1期,第137~145页。

[2] 郑永年:《比自由落体还糟糕的中美关系》,澎湃新闻,2020年5月19日,https://www.thepaper.cn/newsDetail_forward_7458170;张敬伟:《中美关系的"自由落体"与反弹》,联合早报中文网,2020年8月19日,http://www.uzaobao.com/mon/keji/20200819/76742.html。

当于冷战时期东西方阵营对抗最激烈时的中美关系。与此相对照，从 1991 年底冷战结束至 2017 年特朗普上台前，中美关系最低值仅为 -1.2 分，分别发生于 1995 年李登辉访美和 2001 年南海撞机事件后。① 根据与这些历史数据的比较，可以看出当前的中美关系确实发生了非常重大而深刻的变化。

中美关系发生这种重大变化的另一个体现是"反华遏华"已成为当前美国政界和美国社会的高度共识。特朗普政府 2017 年 12 月发布的《国家安全战略》报告明确将中国定位为"修正主义"国家和美国"战略上的竞争对手"，② 2020 年 5 月发布的《美国对华战略》报告更进一步将中美关系定位为"大国间的长期战略竞争关系"，并强调"美国将对中国政府施加更大的公开压力，必要时将不惜付出相应的代价，采取行动以捍卫美国的利益"。③ 时任民主党总统候选人拜登也在公开发表的文章中宣称："中国是一个特殊的挑战……中国正在通过扩大其全球影响力、推广自己的政治模式、投资未来技术等方式（与美国）打一场持久战。美国确实需要对中国采取强硬措施。"④

不仅民主、共和两党在对华强硬这一点上没有分歧，就连美国民意也日趋"反华"。根据美国皮尤研究中心 2020 年 4 月的民调数据，美国人中对中国持友好态度的人所占比例自 2011 年开始呈现下降趋势，而对中国持不友好态度的人所占比例则稳步增长，2012 年两者持平，均为 40%，自此之后，对华持友好态度的人数比例就再也没能超过不友好的人数比例。到 2020 年，对华持不友好态度的美国人所占比例达到 66%，亦即平均每三个美国人中就有两个对华持负面态度。⑤

---

① 相关数据参见清华大学国际关系研究院中外关系数据库，http://www.imir.tsinghua.edu.cn/publish/iis/7522/2012/20120415183809561499053/20120415183809561499053_.html.
② "A New National Security Strategy for a New Era," December 18, 2017, https://www.whitehouse.gov/articles/new-national-security-strategy-new-era/.
③ "United States Strategic Approach to the People's Republic of China," May 26, 2020, https://www.whitehouse.gov/articles/united-states-strategic-approach-to-the-peoples-republic-of-china/.
④ Joseph R. Biden, Jr., "Why America Must Lead Again? Rescuing U.S. Foreign Policy after Trump," *Foreign Affairs*, Vol. 22, No. 2, 2020, pp. 64-76.
⑤ Kat Devlin, Laura Silver and Christine Huang, "U.S. Views of China Increasingly Negative Amid Coronavirus Outbreak," Pew Research Center, April 21, 2020, https://www.pewresearch.org/global/2020/04/21/u-s-views-of-china-increasingly-negative-amid-coronavirus-outbreak/.

（二）国际格局的变化趋势

导致中美关系出现上述深刻变化的因素固然有很多，但最根本的原因无疑是中国相对实力的持续增长所导致的冷战后原有国际格局的改变。苏联解体后，美国成为世界上唯一的超级大国，其综合国力一度超过世界其他主要国家综合国力的总和。从这个意义上讲，冷战后的国际体系在很长时间内都处于国际关系学理论所说的"单极格局"（Unipolar Structure）。[1] 然而，中国的崛起正在改变美国的单极霸权地位。[2]

目前关于国家相对实力的测算方法和标准学界远未取得共识，但冷战时期美国国际关系学界对美苏两国相对实力的测算及国际格局判断曾经有过较为通行的方法：主要国家的年度相对实力等于（$E+M$）/2，其中 E 为该国的年度相对经济实力，等于当年该国 GDP/当年所有主要国家 GDP 总和，M 为年度相对军事实力，等于当年该国军费开支/当年所有主要国家军费开支总和。当时美国学界对国际格局的判断标准是如果有一个大国的实力超过了所有大国实力总和的 50%，该体系即为单极体系；如果有两个大国的实力之和超过了所有大国实力总和的 50%，且这两个国家各自不低于 25%，则为两极体系；如果有三个或三个以上的大国，各自占全部大国实力的比重均大于 5%、小于 25%，且这些大国实力之和不低于 50%，则为多极体系。[3]

上述方法和标准当然存在诸多缺陷和不足，但毕竟是冷战时期美国学界和战略界评估当时国际格局的一种重要途径。不妨暂时借用上述方法，帮助

---

[1] Robert Jervis, "Unipolarity: A Structural Perspective," *World Politics*, Vol. 61, No. 1, 2009, pp. 188-213.

[2] "两极化"有两种理解，一种是指国际体系内出现两个实力明显超越其他国家的"超级大国"，如冷战时期的美苏两极；另一种是指国际体系出现两个彼此对峙的国家集团，如一战前的协约国集团和同盟国集团。这里的"两极化"是前一种理解。

[3] George Modelski, *World Power Concentrations: Typology, Data, Explanatory Framework* (Morristown: General Learning Press, 1974), p. 2; David P. Rapkin, William R. Thompson and Jon A. Christopherson, "Bipolarity and Bipolarization in the Cold War Era: Conceptualization, Measurement, and Validation," *The Journal of Conflict Resolution*, Vol. 23, No. 2, 1979, pp. 261-295; William R. Thompson, "Polarity, the Long Cycle, and Global Power Warfare," *The Journal of Conflict Resolution*, Vol. 30, No. 4, 1986, pp. 587-615.

我们理解当前国际格局的变化走势。

根据上述测算方法，我们得到了21世纪以来美国、中国、俄罗斯、英国、法国、德国、印度和日本8个公认的世界主要国家的相对实力走势（见图1）。从图1中可以清楚地看到两个明显的趋势。第一，21世纪以来，美国的相对实力虽然优势非常明显，但始终呈下降趋势，从2001年的55.5%下降至2018年的46.5%。第二，从2008年开始，中国相对于除美国以外的其他国家的实力优势开始凸显，2008年成为除美国外唯一相对实力超过10%的大国，2015年则超过20%（达到20.9%），2018年达到22.9%。

图1　2001~2018年世界主要国家相对实力走势

数据来源：各国年度GDP数据来自世界银行数据库，https://data.worldbank.org.cn/indicator/NY.GDP.MKTP.CD；年度军费开支数据来自斯德哥尔摩国际和平研究所数据库，http://www.sipri.org/research/armaments/milex/milex_database。

从数据所反映的趋势来看，苏联解体后所形成的美国单极格局的确正面临中国崛起的挑战。面对中国相对实力的迅速接近，美国对失去曾长期享有的单极霸权地位的恐惧感也日益强烈。从奥巴马的"美国永远不接受成为世界第二"到特朗普的"使美国再次伟大"，都反映了美国对美中权力转移前景的焦虑。这种焦虑和恐惧驱动着美国政府采取日益强硬的对华政策。

（三）疫情与中美关系发展趋势

2020年突如其来的新冠肺炎疫情，作为一种席卷全球的非传统安全威胁，之所以未能促进中美战略竞争的缓和，反而加剧了中美之间的矛盾，如前所述，根本原因是此次疫情进一步加快了本来就已经日益明显的中美相对实力缩小趋势。根据国际货币基金组织《世界经济展望》的预测，中国是2020年世界主要经济体和新兴经济体中唯一有望实现经济正增长的国家，而包括美国在内的西方主要经济体均将出现不同程度的经济萎缩或衰退。

疫情对中美关系的影响不仅直接作用于物质层面，即加速缩小中美实力差距，同时还作用于心理层面：疫情暴露出的西方制度的不足和缺陷，冲击了西方自工业革命以来建立的优越感。5月6日，新加坡独立民调机构黑箱研究（Blackbox Research）发布针对23个国家和地区12592位公民的调查报告，从政治领导力、企业领导力、社区和媒体等四个关键指标对各经济体的抗疫举措进行评估，中国大陆综合评分85分，全球平均分45分。在西方经济体中，仅新西兰得分（56分）超过全球平均水平，澳大利亚为43分，美国与德国均为41分，英国为37分，意大利为36分，法国为26分。85%的中国受访者认为，经历疫情之后自己的国家会变得"更强"，而有同样想法的美国人只有41%。[①]

在疫情从物质和心理两个层面的冲击下，美国乃至西方国家精英和民众的拒华、厌华情绪会上升，这种民意基础会驱使美国及西方国家决策者有意无意地通过对华强硬赢得国内社会支持并巩固自身的执政合法性。从这个角度看，美国对华强硬的趋势难以避免。

综合国际格局变化这个结构性因素和疫情这个催化性因素，可以预计未来的中美战略竞争将是一种持续而全面的竞争：一方面，中美竞争的总体态势不会因美国政党更替和两国具体外交政策调整而改变；另一方面，中美竞争的领域不会局限于某一具体领域，而将是覆盖经贸、科技、政治、安全、

[①] 《调查：23个经济体中 中国民众对政府抗疫满意度最高》，中国新闻网，2020年5月8日，https://backend.chinanews.com/gj/2020/05-08/9177984.shtml。

意识形态等领域的全方位竞争。中美竞争的进程本身将极大地塑造中美两国乃至整个国际体系的战略安全环境。

四 总结与展望

新冠肺炎疫情对全球政治和安全的影响，概括而言集中体现在两个方面：一是以一种近乎残酷且代价巨大的方式暴露了现有全球治理机制的短板和不足，这种不足既有多边机制制度设计本身的问题，也有大国竞争带来的政治化障碍问题；二是对大国特别是中美两国的相对收益和实力对比产生了直接的影响，使中美相对实力发展预期进一步向有利于中国的方向倾斜，从而极大地加剧了美国对自身实力地位的焦虑感，进而加速了中美关系的恶化步伐。不过，"危"与"机"总是有可能相互转化的。现有多边机制在此次疫情中所表现出的应对效率不足固然加重了国际社会的损失，但也使各国更深刻地意识到加强多边合作、加快现有多边机制改革的必要性。中美关系在2020年经历了所谓"自由落体"式的下滑，甚至一度出现了中美可能发生直接军事冲突的警告声音，这些也都在提醒中美两国特别是美国管控双边关系、避免冲突升级的紧迫性。

领导人更替无疑将对美国对外战略及中美关系产生直接影响。在对外战略原则和利益排序两个维度，拜登与特朗普的偏好存在明显差异。在利益排序方面，拜登比特朗普更加看重美国在气候变化、公共卫生、防扩散等议题上的利益。这些议题均离不开与中国的合作，因此拜登上台后中美关系的合作空间将大于特朗普时期，中美双边关系的波动幅度也有望小于特朗普时期。但在对外战略原则方面，拜登旗帜鲜明地支持多边主义，更愿意为维护美国的国际领导地位投入资源，因此美国与其盟国及战略伙伴的关系将更为紧密，中国面临的来自美国盟国的压力和挑战很可能超过特朗普时期。

世界格局与国际安全

World Patterns and International Security

Y.2 大国关系与国际秩序

李隽旸　徐　进[*]

摘　要： 2020年新型冠状病毒全球大流行冲击了国家间交往的基本方式，重新定义了大国关系的互动议题。中美关系危机可能进一步加深，中俄关系向好动力充足，中欧关系在合作与竞争中继续发展，美欧关系前景未明。本报告认为，决定大国关系走势的是国际格局的原有结构，决定大国关系演化速度的是疫情发展。

关键词： 新冠肺炎疫情　大国关系　国际秩序

---

[*] 李隽旸，博士，中国社会科学院世界经济与政治研究所国际政治理论研究室副研究员，主要研究领域为大战略历史与理论；徐进，博士，中国社会科学院世界经济与政治研究所研究员，《世界经济与政治》编辑部主任，主要研究领域为大国关系、中国外交。

一　国际秩序：新挑战、旧趋势

2020年初，新型冠状病毒感染的肺炎疫情大流行显著改变世界政治面貌，国际秩序面临前所未见的多重挑战。但是疫情大流行并没有改变国际秩序的基本格局。大流行将加剧国际秩序基本格局沿原有变动方向继续发生快速变动。

从个人层面到国际秩序，新冠肺炎疫情对人类生活造成了多方面挑战，这些挑战前所未见，辨明性质仍需时间和观察。新冠肺炎疫情极大地改变了包括日常通勤和国际交流在内的个人生活方式。在一国之内，个人生活方式的极大改变使得社会联系另觅途径，经济循环改弦更张，政治关系重新定义。在国际关系方面，新冠肺炎疫情的迅速传播被认为是全球化的负面效应之一，疫情挑战了现有全球供应链，[1] 激发经济民族主义，国际社会面临碎片化风险。[2]

不同国家对疫情大流行看法迥异。有些国家视疫情流行为合作契机，有些国家视之为继续推行脱钩的机会；有些国家看到共同利益，有些国家看到扩大相对利益的机会。[3] 从目前情况来看，这些不同认知源于不同国家先前对国际秩序的认识，所以相同的疫情造成了不同的认识方式和应对方式，其将塑造同一场疫情之下的不同国家行为，从而造成国际秩序格局沿原有变动趋势继续变动，但速度将大大加快。

二　中美关系：危机难有转机

随着美国对华敌视战略升级，中美关系已陷入严重危机，贸易摩擦影响

---

[1] 凌菲霞：《有效的全球化与无效的全球治理——新冠疫情下西方学者的新思考》，《东北亚论坛》2020年第5期，第64~67页。

[2] Masaya Llavaneras Blanco, Antulio Rosales, "Global Governance and COVID-19: The Implications of Fragmentation and Inequality", https://www.e-ir.info/pdf/83300, pp.2-3, visited Sept 20, 2020.

[3] Nikolas Gvosdev, "Does Covid-19 Change International Relations?", *Ethics & International Affairs*, March 2020, Carnegie Council, https://www.ethicsandinternationalaffairs.org/2020/does-covid-19-change-international-relations/, visited Sept 13, 2020.

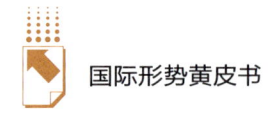

尚未消除，双边关系面临"脱钩"危险。2020年的疫情大流行加速了中美关系恶化。总的来说，中美关系问题的深层根源难以消除，短期因素的消除或改变难以扭转中美关系持续恶化的现状。

1. 中美关系已经面临严重危机

2020年，中美关系持续恶化，态势之严重为建交40多年来前所未有。美国的对华战略定位敌意升级，2019年开始的中美贸易摩擦影响尚未消除，政治、经济"脱钩"危险日益浮现。

2020年5月20日，白宫发布《美国对中国战略方针》，[1] 清楚表明特朗普上任以来的对华敌对政策趋势得以持续并且还在继续升级。该报告认为中国对美国的经济、价值、安全等领域利益形成了挑战。同时该文件还宣称美国应该回归"有原则的现实主义"，中美双边关系是"战略竞争"关系。[2] 此外该报告还呼吁美国限制接触战略，并明确了国土安全、外资审查、经贸等施压领域与相关具体措施。[3]

中美贸易摩擦尚未结束，余波仍在。虽然双方于2020年1月达成第一阶段双边贸易协定，[4] 但在整个2020年，中美贸易摩擦影响都未能完全消除。达成协议以前，贸易摩擦已经对双方经济都造成了损害，特别是对美国经济造成了严重伤害。贸易摩擦开始以来，美国经济指数转差，特朗普针对中国公司和产品提高的关税多数最终由美国公司承担。[5] 协议达成以后，由于疫情相

---

[1] https://www.whitehouse.gov/wp-content/uploads/2020/05/U.S.-Strategic-Approach-to-The-Peoples-Republic-of-China-Report-5.20.20.pdf, visited May 25, 2020.

[2] https://www.whitehouse.gov/wp-content/uploads/2020/05/U.S.-Strategic-Approach-to-The-Peoples-Republic-of-China-Report-5.20.20.pdf, p.7, visited Sept 16, 2020.

[3] Ibid., pp.9-11.

[4] "Economic and Trade Agreement between the Government of the United States of America and the Government of the People's Republic of China", US Trade Representative, https://ustr.gov/sites/default/files/files/agreements/phase%20one%20agreement/Economic_And_Trade_Agreement_Between_The_United_States_And_China_Text.pdf, visited May 24, 2020.

[5] Ryan Hass, Abraham Denmark, "More Pain than Gain: How the US-China Trade War Hurt America", August 7, 2020, Brookings, https://www.brookings.edu/blog/order-from-chaos/2020/08/07/more-pain-than-gain-how-the-us-china-trade-war-hurt-america/, visited Sept 18, 2020.

继在两国暴发和流行，许多条款执行进度有限。贸易摩擦风波能否平息，前景不明，但是损害已经造成。

美国对华政策定位不改，贸易摩擦影响难以很快消除，中美"脱钩"危险逐渐浮现。[①]一方面，如果贸易摩擦不能得到尽快解决、影响不能尽快消除，中美未来的经贸合作将更加悲观，中美可能形成两个平行市场。另一方面，如果双边战略互信持续恶化，经贸、人文等原有合作基础又荡然无存，那么中美双边关系前景将更不乐观。中美关系如何发展，是国际格局未来走向最重要的决定性变量。

2. 疫情大流行进一步影响中美关系

疫情大流行使得中美关系雪上加霜。公共卫生领域突发事件未能成为双方拓展合作、改善关系的转折。相反，中美关系围绕疫情针锋相对，疫情大流行的溢出效应使双边关系雪上加霜。

（1）公共卫生领域关系紧张

疫情暴发后，双方未能在公共卫生领域有效展开合作。突发公共卫生危机原本可能成为美国施展其既有世界领导权的机遇、中美双方放下争端密切合作的契机，[②]但是特朗普政府反而围绕疫情议题，武断指责其他国家，特别是中国。疫情在美国暴发初期，特朗普在半个月内20多次以"中国病毒"指称新型冠状病毒，与世界卫生组织命名疾病的规定和精神[③]背道而驰。

[①] 李文：《大变局下中美关系的变与不变》，《人民论坛·学术前沿》2020年第7期，第42~50页；傅梦孜、付宇：《对当前中美"脱钩论"的观察与思考》，《人民论坛·学术前沿》2020年第7期，第33~41页。

[②] 前一种情况包括东南亚海啸、金融危机等，后一种情况包括中美共同应对埃博拉疫情与联合国维和行动。Ryan Hass, "The US and China Need to Relearn How to Coordinate in Crises", March 19, 2020, Brookings, https://www.brookings.edu/blog/order-from-chaos/2020/03/19/the-us-and-china-need-to-relearn-how-to-coordinate-in-crises/, visited Sept 18, 2020.

[③] 世卫组织提倡，应尽可能使用症状的通用描述术语及已知病原体来命名新型人类传染病，应避免使用地理、人名、动物或食物种群命名，以免引起对特定人群的过度反应或触发对食用动物的不必要宰杀。参见《世卫组织发布新型人类传染病命名最佳实践》，2015年5月8日，世界卫生组织网站，https://www.who.int/mediacentre/news/notes/2015/naming-new-diseases/zh/, 2020年9月18日访问。

疫情暴发后，中美双方在国际组织激烈争夺话语权。特朗普指责中国需要为疫情暴发负责，还指责世界卫生组织没有承担应负责任，指责世卫组织成为中国的"傀儡"。2020年7月6日，美国知会世卫组织将退出该组织。[1]这一举动不仅遭到其国内外各方批评，也被专业人士视为对美国、对世界卫生安全的威胁。[2]此外，美国还围绕疫情议题滥诉中国。明尼苏达州共和党参议员约书亚·霍利提出所谓"冠状病毒受害者法案"，试图立法允许美国公民就疫情损失在美国起诉中国政府。[3]但是此举及其他类似举动不仅违反国际法准则，[4]事实上得到通过、成为立法的可能性也很小。[5]

（2）疫情大流行负面效应溢出

除了因为疫情产生的直接矛盾外，疫情造成的溢出效应也对中美关系产生负面影响。

首先，"特朗普景气"结束叠加疫情影响，造成美国国内忧虑，[6]影响民众对华观感。"特朗普景气"结束于2018年下半年，自此制造业、农业均不景气，商业信心指数不振。2020年疫情大流行给美国经济带来严重负面影响，"特朗普景气"加速消失。2020年3月，美国股市史无前例地四次熔断。疫情导致美国经济入冬，特朗普又不断将疫情归咎于中国，美国民众对华观感继贸易争端[7]以

---

[1] 《美国正式通知联合国 退出世界卫生组织》，2020年7月7日，联合国网站，https://news.un.org/zh/story/2020/07/1061551，2020年9月18日访问。

[2] Lawrence O. Gostin, Harold Hongju Koh, et al., "US Withdrawal from WHO is Unlawful and Threatens Global and US Health and Security," *The Lancet*, Vol. 396, pp.293-295.

[3] Joshua Hawley, "S.3588 – Justice for Victims of Coronavirus Act," May 4, 2020, The US Congress, https://www.congress.gov/bill/116th-congress/senate-bill/3588, visited Sept 18, 2020.

[4] 黄进：《就新冠疫情在美国法院滥诉中国政府——彻头彻尾的违反国际法行为》，《人民日报》2020年5月27日，第17版。

[5] "S. 3588 — 116th Congress: Justice for Victims of Coronavirus Act," https://www.govtrack.us/congress/bills/116/s3588, visited Sept 18, 2020.

[6] 倪峰：《新冠疫情下的美国与中美关系》，《世界经济与政治》2020年第4期，第7~15页。

[7] Laura Silver, Kat Devlin, Christine Huang, "U.S. Views of China Turn Sharply Negative Amid Trade Tensions," August 13, 2019, The Pew Research Center, https://www.pewresearch.org/global/2019/08/13/u-s-views-of-china-turn-sharply-negative-amid-trade-tensions/, visited Sept 18, 2020.

来，再次一落千丈。①

其次，民众对华观感转差，政策制定基础更加糟糕。贸易争端被解读为制度差异，疫情被贴上"中国"标签，因为贸易争端和疫情产生的双边矛盾，反过来又作用于更加广泛的民众心理，成为美国政府今后施策的基础。这一点将在选举政治中表现明显。

3. 中美关系困局具有深层根源

中美关系陷入目前的困难局面有其深层结构原因。中美力量对比继续发生深刻变化，作为世界霸主，美国对外坚持霸权护持和单边主义政策。美国对中国的持续敌意是双边关系难以改善的主要原因。

2020年，中美力量对比继续发生深刻变化。新冠肺炎疫情大流行使得各主要经济体的经济发展都受到重创，极有可能迎来负增长，包括美国在内。在世界主要经济体中，只有中国因为疫情处理得当、及时复工复产，全年经济仍然有望实现正增长。这导致中美力量对比继续在量变基础上发生质变。

在此基础上，美国将更加坚持霸权护持，实施手段包括在双边关系中使用域外管辖权和建立针对中国的围堵锁链。在双边关系中，美国利用"长臂管辖"这一经贸领域的域外管辖权打击包括中国在内的经贸领域对手，是其霸权护持战略的一部分。②在多边关系中，美国构建针对中国的印太安全复合体，也是其霸权护持战略的一部分。③

同时，美国还直接利用国内立法干预中国内政，这是美国的惯用做法。2020年之前，特朗普政府就先后通过了"国防授权法案""台湾旅行法案""亚洲再保证倡议法案"等一系列有损中国国家利益的国会立法。2019年11月27日，美国国会以417票对1票通过所谓"香港人权与民主法案"。④

---

① Laura Silver, Kat Devlin, Christine Huang, "Americans Fault China for Its Role in the Spread of COVID-19," July 30, 2020, The Pew Research Center, https://www.pewresearch.org/global/2020/07/30/americans-fault-china-for-its-role-in-the-spread-of-covid-19/, visited Sept 18, 2020.
② 戚凯:《美国"长臂管辖"与中美经贸摩擦》,《外交评论》2020年第2期。
③ 孙云飞、刘昌明:《"印太"地区安全复合体的形成与美国霸权护持》,《教学与研究》2019年第12期,第36~47页。
④ "S.1838 - Hong Kong Human Rights and Democracy Act of 2019", https://www.congress.gov/bill/116th-congress/senate-bill/1838/text, visited May 24, 2020.

这些举措都凭借国内立法干涉了中国内政。

4. 展望：中美关系能否在疫情后迎来转机？

当前中美关系的困局既取决于深层的国际结构——美国不肯放弃霸权倾向与单边主义政策，而中国相对实力日益强大；也取决于短期的选举结果与疫情走向。中美关系陷入困局以后，没有因为疫情突发而产生转机。这一事实特别鲜明地证明了本报告的核心观点：疫情大流行没有改变国际格局的基本结构与发展方向，疫情以无法预见的方式加快了原有的发展趋势。

选举和疫情结束之后，中美关系能否迎来转机？有学者认为，在"新冷战"与新铁幕之间，美国应当不会选择"新冷战"。[①] 本报告看法更加悲观。2020年中美关系的发展已经表明，双边关系更多取决于深层结构性原因而非短期变数，故而本报告推断，无论选举结果如何，无论疫情如何发展，中美关系都很难迎来转机。

三　中俄关系：向好动力充足

中俄关系基础深厚。新冠肺炎疫情袭来，中俄开拓新的合作空间，双边关系仍然延续向好趋势，中俄关系向好动力充足。

1. 中俄继续保持高水平战略协作关系

2020年中俄关系继续向好的重要原因是有深厚的合作基础。深厚的合作基础既体现在双边关系的战略性与高水平上，也体现在双边关系巨大的提升空间上。

2020年，中俄关系维持了历来保持的战略性与高水平，主要体现为高水平互动。2020年以来，国家主席习近平与俄罗斯总统普京分别就抗击新冠肺炎疫情、维护世界和平、庆祝卫国战争胜利、维护国家主权与政治稳定、庆

[①] 于海洋、马跃：《新铁幕抑或新冷战：美中关系现状及中国应对之道》，《社会科学》2020年第4期，第26页。

祝世界反法西斯战争胜利75周年、维护二战成果[①]等内容多次互通电话。在疫情面前，双方领导人表示，要相互支持、密切合作。在领导人引领下，中俄围绕多边框架协调立场和军事合作等内容建立了良好的战略协作机制。

2. 疫情大流行为两国互动提供新的合作空间

中俄关系具有良好的高水平合作基础。与此同时，在疫情大流行的背景下，中俄合作还进一步具有了巨大的提升空间。

疫情大流行为中俄公共卫生合作提供了契机，公共卫生合作水平得到提升。疫情暴发初期，俄罗斯向中国提供了口罩、手套、护目镜、防护服等物资援助和支持慰问。[②] 俄罗斯暴发疫情后，中国向俄罗斯派出抗疫医疗专家组。[③] 疫情全球大流行之后，俄罗斯与中国在公共卫生和疫苗研发方面进行了合作。中俄双方因应疫情，积极合作，既因为之前的良好合作基础，也因为双方能够积极妥善处理问题。与此同时，双方在防疫过程中的摩擦也得到了妥善解决。2020年2月中旬，莫斯科防疫措施欠妥，致使中国公民遭到不公正遣返。双方积极斡旋，事件得到妥善解决。[④] 新情况并不是不会带来摩擦，但是双方共同抗疫的决心和合作精神使得摩擦能够得到及时解决。

3. 中俄关系持续向好动力充足

新冠肺炎疫情没有对中俄关系造成严重负面影响，相反中俄关系继续向好动力充足。动力来自美国的持续打压这一结构性因素，来自中俄多领域合作在疫情之中的继续保持，也来自疫情之后国际格局重组可能带来的中俄合作新契机与新动力。

第一，中俄关系继续向好存在一个第三方因素，那就是美国继续打压中俄。类似的遭遇为中俄继续保持战略性高水平合作提供了外部压力。中俄具

---

① 分别参见中国外交部网站3月19日、4月16日、5月8日、7月8日、9月3日的新闻，https://www.fmprc.gov.cn，2020年9月13日访问。
② 李勇慧：《中俄关系经受住了新冠肺炎疫情的考验》，《世界知识》2020年第8期，第62页。
③ 《驻俄罗斯大使张汉晖赴机场为中国政府赴俄抗疫医疗专家组送行》，2020年4月19日，外交部网站，https://www.fmprc.gov.cn/web/gjhdq_676201/gj_676203/oz_678770/1206_679110/1206x2_679130/t1771322.shtml，2020年9月13日访问。
④ 李勇慧：《中俄关系经受住了新冠肺炎疫情的考验》，《世界知识》2020年第8期，第63页。

有相似的和平与发展诉求，在面临美国打压所制造的结构性压力时，双方势必相向而行。

第二，中俄多领域合作持续发展。一是中俄经贸合作持续。2019年，中俄贸易额达到1107.57亿美元，同比增长3.4%。① 在疫情对各国经济造成严重冲击的情况下，2020年全年中俄贸易额预计将有所下降。但是在疫情暴发之前及初期，中俄经贸仍然保持增长态势。同时中国在俄罗斯外贸总额中所占比重有所上升。② 二是中俄克服困难，保持货物运输通道畅通。俄罗斯远东铁路局启动"货运快车"项目，将水产品转由陆路运送至中国。③ 通过建设物流基础设施并加大铁路建设投入，辽宁省与莫斯科别雷拉斯特之间集装箱班列实现了常态化运行，共同抵御疫情对物流和供应链造成的巨大冲击。④ 三是2020~2021"中俄科技创新年"促进中俄科技合作进一步多样化、深化。来自北京化工大学和俄罗斯萨马拉科罗廖夫院士国家研究型大学的科研人员合作开发廉价氢能电池。⑤ 中俄科技创新创业人员在无锡举办了第二届创新创业大赛。⑥

第三，疫情结束后秩序重组将为中俄提供更多合作动力。疫情结束之后，世界秩序重组将为新合作带来空间。考虑到中俄能够因应疫情继续保持合作，可以期待在新的秩序下，中俄仍然会继续保持良好的合作发展势头。

上述三点都表明，疫情冲击之下的中俄关系发展，延续的是先前的基础

---

① 《中国海关总署：2019年中俄贸易额为1107.57亿美元 同比增长3.4%》，2020年1月14日，俄罗斯卫星通讯社，http://sputniknews.cn/russia_china_relations/202001141030443262/，2020年9月13日访问。

② 《俄海关局：1-7月俄中贸易额为569亿美元 同比下降6.3%》，2020年9月10日，俄罗斯卫星通讯社，http://sputniknews.cn/economics/202009101032123406/，2020年9月13日访问。

③ 《俄铁路新服务已将2200多吨鱼类产品从滨海边疆区运至中国》，2020年8月20日，中俄经贸合作网，http://www.crc.mofcom.gov.cn/article/ecotradeconsult/202008/420272.html，2020年9月13日访问。

④ 《俄中物流运输合作将不断提质增速》，2020年8月3日，中俄经贸合作网，http://www.crc.mofcom.gov.cn/article/ecotradeconsult/202008/419938.html，2020年9月13日访问。

⑤ 《中俄合作开发廉价氢能电池》，2020年9月8日，中俄经贸合作网，http://www.crc.mofcom.gov.cn/article/ecotradeconsult/202009/420644.html，2020年9月13日访问。

⑥ 《第二届中俄创新创业大赛总决赛在无锡圆满落幕》，2020年8月20日，中俄经贸合作网，http://www.crc.mofcom.gov.cn/article/ecotradeconsult/202008/420271.html，2020年9月13日访问。

与先前的逻辑，因此将按照先前的方向继续发展，虽然具体方式和具体速度将会有所不同。

四 中欧关系：合作伴随竞争

在疫情带来的新态势中，中欧关系合作与竞争并存。一方面，受欧盟对外战略发生变化及多种因素的影响，中欧关系发展的原有基础有所变化；另一方面，基于政治、经济、全球治理方面的共同价值观与良好合作基础，中欧关系中的合作因素仍然大于竞争因素。

1. 中欧关系基础有所变化

由于自身遭遇发展困境而寻求对外战略革新，同时也由于美国因素、欧盟成员国对华政策立场调整等，欧盟重新明确对华政策，中欧关系的基础由此产生了一些变化。

首先，欧盟对外战略的整体调整影响欧盟对华政策。过去十年，欧盟一直面临多重困境。2009年，部分欧盟国家爆发主权债务危机，欧盟财政治理遭到质疑。2016年英国通过全民公投决定脱欧，2020年1月31日正式退出欧盟。欧洲一体化进程遭遇逆转。2016年特朗普当选美国总统以后，采取收缩战略，大西洋裂痕由是加深。2020年以来，疫情大流行对跨境治理提出了前所未有的更高挑战。[①] 近十年来，欧盟治理方式与水平不断遭到挑战，自身战略环境日益边缘化和艰难。2020年慕尼黑安全会议报告将欧盟面临的当下状况描述为"西方的缺失"。[②] 因此欧盟积极寻求变革与出路，试图复兴西方价值与地位，其中包括重新定义欧盟对外关系。2019年《对华十策》就是在这样的语境下出台的。《对华十策》明确了对华战略新态势：尽管不同领域中有不同角色——在协同目标领域中国是合作伙伴，在平衡利益领域中国是谈

---

① 冯仲平：《新冠疫情下的欧洲战略困境与中欧关系》，《世界经济与政治》2020年第4期，第21页。
② *Westlessness: Munich Security Report 2020*, p.22, Official Website of Munich Security Conference, https://securityconference.org/en/publications/munich-security-report-2020/, visited Sept 15, 2020.

判伙伴，在经济领域中国是与欧盟争夺技术领导地位的竞争对手，但是总的来说中国是"倡导其他治理模式的系统敌手"。[1]

其次，美国因素和欧盟成员国对华政策的调整也改变了欧盟对华政策。一方面，欧盟主要成员国并不认可特朗普的对华政策。特朗普单边主义对外政策不仅伤及中美关系，也伤及美国与欧洲盟友的关系。欧盟主要成员国更加认可奥巴马时期的对华政策。[2]另一方面，欧盟主要成员国的对华政策调整也对欧盟对华政策产生了直接影响。虽然欧盟致力于协同外交立场，但是不同成员国对华政策不完全一致。欧盟内部对华政策分歧的存在也一直影响着中欧关系的走向。

2. 中欧关系合作大于竞争

即便中欧关系基础有所变化，但是合作因素仍然大于竞争因素。中欧共享多边主义合作理念，传统经贸领域合作潜力仍然巨大，"一带一路"与欧亚互联互通等新倡议为传统合作注入新动力，全球治理合作空间也很广泛。

第一，在美国奉行单边主义和"退出"外交的情况下，中欧对多边主义价值观的共同认同显得更为突出。中国与欧盟都致力于维护世贸组织等现有多边机制的权威。维护多边主义、应对全球问题是中欧合作的重要基础。

第二，在传统经贸领域，中欧合作潜力巨大。在贸易领域，中国是欧盟第二大经济伙伴，欧盟是中国最大的贸易伙伴。2020年9月14日，中欧签署地理标志协定，[3]这一协定明晰规则，将成为扩大双边贸易规模的重要基础之一。在投资领域，截至2020年9月15日，《中欧投资协定》的谈判已经进行到第30轮。[4]

---

[1] European Commission, *EU-China – A Strategic Outlook*, 12 March, 2019, https://ec.europa.eu/commission/sites/beta-political/files/communication-eu-china-a-strategic-outlook.pdf, p. 1, visited May 25, 2020.

[2] 赵晨：《欧盟对华政策的继承与变化》，《旗帜》2019年第9期，第91~92页。

[3] https://ec.europa.eu/info/sites/info/files/food-farming-fisheries/food_safety_and_quality/documents/infographic-factsheet-eu-china-agreement_en.pdf, visited Sept 15, 2020.

[4] https://www.europarl.europa.eu/legislative-train/theme-a-balanced-and-progressive-trade-policy-to-harness-globalisation/file-eu-china-investment-agreement, visited Sept 15, 2020.

第三,"一带一路"倡议为欧亚互联互通提供了新的框架与机遇。[1]中欧班列逆势增长,班列开行数量将对中欧贸易起到正面引领作用。[2]电信领域,中欧具有技术合作的潜力。以比雷埃夫斯港项目为代表的地中海港口建设项目则表明中欧蓝色伙伴关系正在不断发展。

第四,中欧在全球治理合作方面拥有广泛空间。中欧在全球治理的既有议题上存在广泛合作空间,疫情大流行又提供了新的合作议题。在疫情暴发之前,总的来说,欧盟认可中国参与全球治理的模式,肯定中国的治理意图,看好中国的治理能力。[3]在疫情暴发之后,尽管合作、竞争、敌对并存,但中欧之间仍然就疫情防控多次交流,在各自困难时期均相互给予物资援助。疫情结束以后,由于欧盟在人口老龄化等领域拥有经验,中欧卫生合作可望进一步加深。[4]

五 美欧关系:未来前景不明

2016年特朗普就任美国总统以来,美欧关系陷入相对低谷,大西洋关系出现裂痕。美欧关系的发展取决于2020年11月美国总统选举的结果。同时,美欧关系对中欧关系有重要影响。

1. 美欧关系困境的成因

美欧盟友关系显著恶化大致始于2016年。美欧关系近年来的显著恶化应当主要归咎于特朗普采取孤立主义措施和漠视盟友政策。

2020年,美国与欧洲围绕疫情管控、贸易争端、中国问题多有龃龉。在

---

[1] "Legislative Train Schedule: A Balanced and Progressive Trade Policy to Harness Globalisation," die Deutsche Welle, https://www.dw.com/zh/%E6%AC%A7%E4%BA%9A%E4%BA%92%E8%81%94%E6%AC%A7%E7%9B%9F%E6%96%B0%E6%8F%90%E6%A1%88-%E5%BA%94%E5%AF%B9%E4%B8%80%E5%B8%A6%E4%B8%80%E8%B7%AF/a-45572374, visited May 25, 2020.
[2] 于民、刘一鸣:《中欧班列、中欧贸易吸引力及前景分析》,《经济问题探索》2019年第10期,第125~133页。
[3] 冯存万:《全球治理变化与中欧合作拓新》,《国际论坛》2020年第1期,第46~47页。
[4] 张磊:《新冠肺炎疫情下的中欧卫生合作》,《旗帜》2020年第4期,第88~89页。

疫情控制方面，欧盟拒绝将美国列入安全国家列表，引发美国不满。关于新型冠状病毒是否来自武汉，七国集团外长会议无法达成一致意见。[1]特朗普针对欧盟的贸易战造成严重损失。在中国问题上，美欧双方施策思路完全不同，多有争端。大西洋关系跌至二战以来的谷底。

大西洋裂痕有长期和短期两个成因。长期来看，美欧之间的结构矛盾一直存在。有学者将此归诸现实主义联盟困境，[2] 还有学者将此视为公共行动困境。[3] 短期来看，特朗普孤立主义和"退出"外交是美欧关系恶化诱因。本报告认为，美欧存在结构性龃龉，但不存在结构性冲突，当前问题主要源于特朗普同盟政策。虽然矛盾有所增加，但是美欧关系仍维持在二战以来的长期互动模式之内，美国不会从欧洲完全退出。因此2020年11月美国总统选举的结果将是美欧关系走向的决定性变量。如果特朗普连任，那么美欧关系将维持现有相对低迷的状态；如果拜登当选，那么美欧关系将迎来好转。

2. 美欧关系中的中国因素

美欧关系对中欧关系有显著影响，因为美欧是盟友而中美关系紧张，也因为美国既是大西洋裂痕的制造者又是中美关系困局的制造者。美国利用同盟网络在欧洲遏制中国将伤害中欧关系。但如果大西洋裂痕持续扩大，欧洲则可能与中国接近。美欧关系走向取决于美国大选结果，中欧关系走向也部分取决于这一结果。

六 大国关系、治理危机与国际秩序

疫情大流行再次表明，大国关系、治理危机与国际秩序存在密切联系。疫情暴发前，多组大国关系的既有裂痕是国际社会应对疫情大流行远远不如

---

[1] "Pompeo, G-7 Foreign Ministers Spar over 'Wuhan Virus'," March 25, 2020, Politico, https://www.politico.com/news/2020/03/25/mike-pompeo-g7-coronavirus-149425, visited Sept 18, 2020.

[2] 赵纪周、赵晨：《美欧安全关系的"成本收益"分析：新联盟困境的理论视角》，《当代美国评论》2019年第3期，第101~120页。

[3] 赵怀普、韩宝禄日：《美欧防务责任分担矛盾的缘起、发展及影响》，《国际经济评论》2019年第6期，第116~133页。

先前的重要原因。疫情大流行使得原本就存在的全球治理危机进一步凸显，应对失策使得大国关系雪上加霜，国际秩序加速转型。其中大国关系是最基本的变量，国际格局的原有结构和趋势是决定性变量，疫情大流行是原有趋势的加速器。

尽管全球治理赤字一直存在，但是国际社会对这次疫情大流行较先前表现更差。这是因为大国关系影响了疫情中的双边合作与多边框架。

一方面，双边合作多数限于物资援助，深层次综合性合作互助并不多见。疫情之前已经出现的双边关系裂痕，成为疫情之中难以合作的借口，中美关系就是其中一例。另一方面，国际多边机构也没有发挥应有的作用，世界卫生组织表现比以往大为逊色。世卫组织曾经在各国积极参与下，在非典、流感、埃博拉等疫情防控工作上取得了成效，并建设了自身机制。但是在这次新冠肺炎疫情中，各国通过世卫组织达成的共识和取得的成效却极为有限。这是因为世卫组织难以摆脱大国博弈的影响，[①] 而大国博弈在疫情暴发之前就已经大大激化。美国的一系列举动使该组织能力进一步受损。此外，美国还拒绝加入其他国际倡议，其他国际组织也没有发挥应有和既有的作用。例如，二十国集团作为金融危机下诞生的危机处理机构，也没有承担起危机应对与协调的职能。疫情大流行凸显了单边主义、孤立主义与"退出"外交给现行多边治理机构带来的严重伤害。

基于上述原因，疫情大流行没有令各国借此建立起更加紧密的双边及多边合作关系。相反，应对失策令全球治理原本就存在的赤字进一步扩大，大国关系雪上加霜，多边机构持续跛足，国际秩序碎片化、无政府化风险在加速加剧。

七 展望：两个平行体系抑或人类命运共同体？

国际秩序将来会向什么方向发展？在可见的将来，国际秩序会陷入两个

[①] 韩一元:《世卫组织之困非一日之寒》,《世界知识》2020年第12期，第56~58页。

平行体系并行、全球化成果荡然无存的状况吗?这种可能性并不特别低,而人类命运共同体或许是更好的答案与出路。

大国关系如果继续恶化,那么未来国际格局的可能形态就是两个平行体系并行。这是因为区域化是全球化的伴生物,一直与全球化并行;当全球化持续受阻、区域化持续提速,那么世界上就可能出现不同大国主导的多个平行体系。[1]这一场景是否会出现,取决于大国关系的发展与变化。就大国关系现状来看,如果中美关系这一组最为重要的双边关系持续恶化,那么,出现两个平行体系,可能难以避免。

如果世界出现两个平行体系,那么全球化将进一步受到抑制;叠加疫情影响,全球化的现有成果都将面临危险。由平等主权国家组成的现行国际体系无法彻底摆脱无政府状态,但是面对危机时应如何合作,人类命运共同体可能是更好的答案、更有效的应对方案。[2]

参考文献

冯存万:《全球治理变化与中欧合作拓新》,《国际论坛》2020年第1期。

冯仲平:《新冠疫情下的欧洲战略困境与中欧关系》,《世界经济与政治》2020年第4期。

傅梦孜、付宇:《对当前中美"脱钩论"的观察与思考》,《人民论坛·学术前沿》2020年第7期。

韩一元:《世卫组织之困非一日之寒》,《世界知识》2020年第12期。

黄进:《就新冠疫情在美国法院滥诉中国政府——彻头彻尾的违反国际法行为》,《人民日报》2020年5月27日,第17版。

---

[1] 张宇燕:《新冠疫情与世界格局》,《世界经济与政治》2020年第4期,第7页;张宇燕:《全球化、区域化和平行体系》,《世界经济与政治》2020年第1期,第1页。

[2] 李义虎:《无政府、自助,还是人类命运共同体?——全球疫情下的国际关系检视》,《国际政治研究》2020年第3期,第20~25页。

李文:《大变局下中美关系的变与不变》,《人民论坛·学术前沿》2020年第7期。

李义虎:《无政府、自助,还是人类命运共同体?——全球疫情下的国际关系检视》,《国际政治研究》2020年第3期。

李勇慧:《中俄关系经受住了新冠肺炎疫情的考验》,《世界知识》2020年第8期。

凌菲霞:《有效的全球化与无效的全球治理——新冠疫情下西方学者的新思考》,《东北亚论坛》2020年第5期。

倪峰:《新冠疫情下的美国与中美关系》,《世界经济与政治》2020年第4期。

戚凯:《美国"长臂管辖"与中美经贸摩擦》,《外交评论》2020年第2期。

孙云飞、刘昌明:《"印太"地区安全复合体的形成与美国霸权护持》,《教学与研究》2019年第12期。

于海洋、马跃:《新铁幕抑或新冷战:美中关系现状及中国应对之道》,《社会科学》2020年第4期。

于民、刘一鸣:《中欧班列、中欧贸易吸引力及前景分析》,《经济问题探索》2019年第10期。

张磊:《新冠肺炎疫情下的中欧卫生合作》,《旗帜》2020年第4期。

张宇燕:《新冠疫情与世界格局》,《世界经济与政治》2020年第4期。

张宇燕:《全球化、区域化和平行体系》,《世界经济与政治》2020年第1期。

赵晨:《欧盟对华政策的继承与变化》,《旗帜》2019年第9期。

赵怀普、韩宝禄日:《美欧防务责任分担矛盾的缘起、发展及影响》,《国际经济评论》2019年第6期。

赵纪周、赵晨:《美欧安全关系的"成本收益"分析:新联盟困境的理论视角》,《当代美国评论》2019年第3期。

Lawrence O. Gostin, Harold Hongju Koh, et al., "US Withdrawal from WHO is Unlawful and Threatens Global and US Health and Security," *The Lancet*, Vol. 396.

中国外交部网站,http://www.fmprc.gov.cn/。

中俄经贸合作网,http://crc.mofcom.gov.cn/。

联合国网站中文版，https://cn.org/zh/。

世界卫生组织网站，https://www.who.int/。

欧洲委员会网站，https://ec.europa.eu/。

欧洲议会网站，https://europarl.europa.eu/。

慕尼黑安全会议网站，https://www.securityconference.org/。

白宫网站，http://www.whitehouse.gov/。

美国国会网站，https://www.congress.gov/。

美国贸易代表网站，https://ustr.gov/。

俄罗斯卫星通讯社中文网，http://sputniknews.cn/。

FT中文网，https://www.ft.com/。

德国之声，https://www.dw.com/。

日经中文网，https://cn.nikkei.com/。

卡内基国际和平基金会，https://carnegieendowment.org/。

布鲁金斯学会，https://brookings.edu/。

皮尤调查中心网站，https://pewresearch.org/。

http://e-ir.info.

https://www.politico.com/.

https://www.foreignpollicy.com/.

http://ethicsandinternationalaffairs.org.

https://www.GovTrack.us/.

Y.3 全球武装冲突与军事形势评估（2019~2020）

徐进 周蓓[*]

摘 要：2019~2020年度，全球武装冲突的数量比上一年度有所下降，冲突集中在非洲、美洲、中东和北非地区。其中影响较大的战争和武装冲突包括中印冲突、印巴冲突、也门冲突、叙利亚内战、巴以冲突以及墨西哥、巴西、尼加拉瓜、苏丹、刚果民主共和国等国家的国内冲突。在世界军事形势方面，2019年全球军费开支比2018年有所上升，北非、中美洲和加勒比地区、北美洲、中亚和南亚、东亚、东南亚、中欧、东欧军费较上年有所增长，撒哈拉以南非洲、南美洲、大洋洲军费较上年有所下降，西欧保持不变。军事演习方面，美国和北约开展的军事演习较多；而中国、印度、日本等国家继续加大在核心利益区的军事存在。国防战略方面，各国的国防战略具有一定的延续性，并根据全球和地区安全环境的变化做出了部分调整。

关键词：武装冲突 军费开支 军事演习 国防战略

一 全球武装冲突状况

（一）全球武装冲突总体状况

德国海德堡国际冲突研究所（HIIK）的年度报告（*Conflict Barometer 2019*）指出，HIIK在全球范围内观察到358起冲突，其中196起是激烈冲突，

---

[*] 徐进，博士，中国社会科学院世界经济与政治研究所研究员，《世界经济与政治》编辑部主任，主要研究领域为大国关系、中国外交；周蓓，中国社会科学院研究生院世界经济与政治系2018级硕士研究生。

而162起处于非暴力级别。与上一年相比,全面战争的次数从16次减少到15次,有限战争的次数由25次减少到23次。①

从武装冲突发生区域来看,2019~2020年全球武装冲突主要发生在非洲、美洲、中东和北非。从武装冲突的性质来看,以打击贩毒、宗教纠纷、领土争端和国家内部争夺政权的冲突为主;从武装冲突的参与主体来看,包括主权国家、极端组织、反政府武装和族群。

(二)主要地区和国家武装冲突状况

综合来看,2019~2020年度全球武装冲突呈现如下态势:在中东,主要的冲突是也门冲突、叙利亚内战、巴以冲突;在美洲,主要是墨西哥和巴西的毒品引起的冲突、尼加拉瓜的反对派冲突;在非洲,主要是刚果民主共和国的内部冲突、萨赫勒地区由伊斯兰团体煽动的冲突、苏丹的达尔富尔冲突;在亚洲,主要是印度和巴基斯坦的边界冲突、中国和印度的边界冲突、菲律宾的两次有限战争、缅甸若开邦的冲突以及印度尼西亚的巴布亚独立冲突;在欧洲,主要是乌克兰冲突(见表1)。

表1 2019~2020年度全球武装冲突

撒哈拉以南非洲	中东和北非	亚洲和大洋洲	美洲	欧洲
刚果民主共和国(反政府武装)	埃及(干预势力)	印度和巴基斯坦(边界冲突)	巴西(毒品交易组织)	乌克兰(分离主义势力)
尼日利亚、喀麦隆、乍得、尼日尔(博科圣地)	黎巴嫩(逊尼派武装人员)	中国和印度(边界冲突)	哥伦比亚(反政府武装、左翼民兵武装、毒枭、垄断联盟间武装斗争)	
	土耳其(库尔德、反政府武装)			
	巴以冲突(国土争夺)	菲律宾(伊斯兰军、反政府武装)		
苏丹(族群间冲突、达尔富尔冲突)	阿富汗(塔利班)			
	叙利亚(反政府武装)		墨西哥(毒枭、准军事化组织、垄断联盟间武装斗争)	
萨赫勒地区(伊斯兰团体煽动)	伊拉克(伊斯兰国)	缅甸(民族分离势力)		
	也门(胡塞武装、南部分离主义)			
索马里、肯尼亚(索马里青年党)	沙特(胡塞武装)	印度尼西亚(巴布亚独立冲突)	尼加拉瓜(反对派)	
	利比亚(反政府武装)			

---

① Heidelberg Institute for International Conflict Research at The Department of Political Science, University of Heidelberg, *Conflict Barometer* 2019, https://hiik.de/konfliktbarometer/aktuelle-ausgabe/.

1. 中印边境又起冲突

2020年4月以来，中印边境局势陷入紧张状态之中，集中冲突发生在加勒万河谷地区。加勒万河谷位于中印边界西段实际控制线中方一侧。据外交部发言人赵立坚在例行记者会上的发言，4月以来，印度边防部队单方面在加勒万河谷地区持续抵边修建道路、桥梁等设施。中方多次就此提出交涉和抗议，但印方反而变本加厉越线滋事。5月6日凌晨，印度边防部队乘夜色在加勒万河谷地区越线进入中国领土、构工设障，阻拦中方边防部队正常巡逻，蓄意挑起事端，试图单方面改变边境管控现状。中方边防部队不得不采取必要措施，加强现场应对和边境地区管控。[1]6月15日晚，在中印边境加勒万河谷地区，印军违背承诺，再次越过实控线非法活动，蓄意发动挑衅攻击，引发双方激烈肢体冲突，造成人员伤亡。[2]8月31日，印军破坏前期双方多层级会谈会晤达成的共识，在班公湖南岸、热钦山口附近再次非法越线占控，公然挑衅，造成边境局势紧张。[3]

2. 印巴冲突持续升级

近几年来，印巴双方一直都存在停火协议，但自从印度政府单方面取消印控克什米尔地区"自治"地位后，印巴局势变得更加紧张。2019~2020年度，印度和巴基斯坦因为边境问题在克什米尔地区发生一系列冲突。巴基斯坦指责印度多次单方面违反停战协议，印度指责巴基斯坦开枪射击实控线，双方重炮互轰数次。

印巴冲突从2019年末一直延续到2020年。2020年4月10日，印度在克什米尔实控线地区挑起边境冲突，取得了阶段性的胜利。2020年6月中旬，巴军持续向克什米尔地区实际控制线印方一侧开火，加大军事打击力度。2020年7月5日，印度方面为了报复巴基斯坦此前违背停战协议，展开对巴基斯坦的报复性军事行动，在克什米尔印控区沿线，对巴基斯坦开火。2020

---

[1] 《中印边境冲突来龙去脉，外交部讲清了》，观察者网，2020年6月19日。
[2] 《西部战区回应中印边境冲突：印军蓄意挑衅，造成人员伤亡》，《解放军报》2020年6月16日。
[3] 《西部战区新闻发言人就中印边境局势发表谈话》，新华社，2020年8月31日。

年9月，印巴双方多次交火。印度先挑衅，由于巴基斯坦早有准备，强硬反击，印军在人员和设施上都有较大损失。

3. 也门冲突升级

2020年初，也门的胡塞武装和沙特联军之间的冲突不断升级。胡塞武装取得"神之胜利"等多次战役胜利，取得战场主动权，胜利的天平开始逐渐向胡塞武装倾斜。[1] 胡塞武装于3月1日夺取了也门北部焦夫省首府哈兹姆的控制权。3月30日、4月18日、4月25日、5月15日，沙特联军和胡塞武装均产生一系列冲突，造成双方人员伤亡。在沙特联军与胡塞武装交战之际，南部分离主义势力也门南方过渡委员会宣布自治。这一做法将会给也门局势带来更多的不确定性。

针对也门动荡的局势，联合国呼吁各方降级冲突。中国在联合国安理会也发言呼吁也门尽快达成停火，争取政治谈判。伊朗总统鲁哈尼也敦促欧洲和美国共同努力解决也门冲突。为响应联合国停火以应对疫情的呼吁，沙特联军于4月9日实行两周的单方面停火。

4. 叙利亚局势不容乐观

2020年2月底，叙利亚军事冲突集中在伊德利卜省。叙利亚"征服阵线"武装人员27日企图在叙利亚西北部伊德利卜省向叙政府军发起大规模袭击。[2] 叙政府军以炮火回击，并发动空袭，造成双方伤亡。2月28日到3月1日，土耳其F-16击落叙利亚政府军两架战机，并发动空袭摧毁大量叙政府军地面目标。随后叙政府军做出了反击。[3] 3月1日，土耳其对叙政府军开展一系列名为"春季盾牌"的军事打击行动。美军也曾空袭叙利亚境内的民兵组织"人民动员组织"的5处据点。以色列也空袭和打击叙利亚。2019年11月20日，以色列出动战机大规模空袭叙利亚首都大马士革。2020年1月14日晚，以色列战机发射大量导弹突袭了叙利亚Tiyas空军基地。

---

[1]《尤金少将：胡塞武装打出歼灭战，也门战局走向何方？》，观察者网，2020年2月14日。

[2]《叙利亚八套"铠甲"防空系统被土无人机摧毁？俄国防部否认》，观察者网，2020年3月11日。

[3]《土耳其军事打击叙政府军 俄宣布不保障土飞机安全》，观察者网，2020年3月2日。

5. 巴以冲突难以解决

2020年1月28日,美国总统特朗普推出"中东和平新计划",在耶路撒冷归属、犹太人定居点合法性等重大问题上偏袒以色列一方。由此,巴勒斯坦多个城市民众举行游行示威抗议此计划,且与以色列军方产生冲突,巴以地区局势进一步紧张。2020年2月5日至6日,巴以双方在耶路撒冷和约旦河西岸地区发生多起流血冲突,造成巴勒斯坦人3死6伤,14名以色列士兵和警察受伤。[1] 2月6日,加沙地带安全部门消息人士说,以军战机当天空袭了加沙地带巴武装人员控制的多处军事目标,以报复巴武装人员向以色列境内发射火箭弹。[2] 2020年8月20日,以色列为了报复加沙地带曾对其发射气球燃烧弹,又对加沙地带发动了炮击,且对巴勒斯坦的哈马斯组织的分支卡桑旅的阵地发动炮轰。

(三)小结

2019~2020年度,全球武装冲突的数量比上一年有所减少,冲突主要集中在中东和北非、撒哈拉以南非洲以及南美洲等地,形式主要是国家内部反对派冲突、领土争端等。其中,中印之间因边境领土争端引发冲突;印度和巴基斯坦之间冲突持续升级;也门冲突升级;叙利亚局势不容乐观;巴以冲突长期存在,难以解决。

二 年度全球重要军事演习情况

(一)北约

为了遏制和威慑俄罗斯,2019~2020年,北大西洋公约组织(北约)仍然陆续开展军演,但受疫情影响,次数有所减少,规模有所缩小。

2019年10月18日,北约组织成员国在德国举行模拟核战的秘密联合演习。2020年3月,北约举行了"欧洲捍卫者-2020"(Defender Europe

---

[1] 《巴以发生多起流血冲突,以色列加强戒备》,新华网,2020年2月7日。
[2] 《巴以冲突造成一名巴勒斯坦人死亡》,新华网,2020年2月8日。

2020）军事演习。2020年3月12日，北约在挪威北部展开"寒冷反应"军事演习，但因疫情而暂停。2020年6月29日至7月10日，北约在冰岛海岸外举行了一次大型水下军演"活力猫鼬"。2020年9月7日至18日，格鲁吉亚与美国等北约国家在格首都第比利斯附近的瓦贾尼军事基地举行代号为"高贵伙伴"的年度联合军演。①

2019年12月2日至6日，北约"网络联盟"（Cyber Coalition）军演在爱沙尼亚的"国防军事学院"基地举行。②2020年4月20日至21日，北约及其伙伴国空军在立陶宛举行了代号"拉姆施泰因联合20-1"的军演。③

（二）美国

2020年1月6日，美国在犹他州希尔空军基地举行了"F-35A作战能量演习"。2020年3月3日，美国和以色列举行第10次大规模反导联合军演，代号为"杜松眼镜蛇2020"。2020年8月2日，以色列和美国的空军在以色列南部举行代号为"持久闪电2"的联合军事演习。2020年4月20日至24日，韩美举行大队级联合空中演习。2020年6月11日，韩美举行导弹防御体系整合及联动演习。2020年8月15日，韩美举行联合军演，以计算机模拟为主。2020年5月8日，美国和菲律宾在菲律宾海域举行了"先进作战训练"演习。2020年3月2日，美国与乌兹别克斯坦在乌中部地区的吉扎克州福里什山地训练场举行了"无敌守卫2020"联合军演。美国与日本的军事演习主要包括2019年12月9日在日本陆上自卫队朝霞基地举行的联合军演、2020年4月在印度-太平洋地区举行的联合军演、美日澳2020年7月20日在菲律宾海和西太平洋的联合军演、2020年8月18日在西太平洋的联合军演。2020年6月28日，美国海军尼米兹号航母和里根号航母在西太平洋海域举行针对"高端战争"的双航母舰队演习。

---

① 《格鲁吉亚与北约多国举行"高贵伙伴"联合军演》，新华社，2020年9月8日。
② 《"网络联盟"军演开练 看北约如何锻造坚强"网盾"》，《科技日报》2019年12月11日。
③ 《北约在立陶宛举行军演》，新华社，2020年4月22日。

（三）俄罗斯

2019年11月5日，俄罗斯海军和空天军在地中海水域按照作战兵团作训总结性考核的要求举行了联合演习。[①]2019年12月23日，俄罗斯首次举行了全国网络运行稳定保障演习。2020年1月9日，俄罗斯北方舰队和黑海舰队在克里米亚半岛附近的黑海海域举行大规模联合演习。2020年6月2日，俄罗斯黑海舰队在黑海某区域进行大规模军事演习。2020年9月，俄罗斯邀请上海合作组织成员国及中亚国家参与在俄罗斯南部阿斯特拉罕州举行的"高加索-2020"军事演习。

俄罗斯也开展了双边军事演习。2019年10月26日至11月7日，俄罗斯与埃及防空联合分队在开罗附近埃及防空战术训练中心内进行国际演习。

2020年1月，中俄伊海上联合军演圆满完成。1月20日，波罗的海舰队同日本海上自卫队在亚丁湾举行联合反海盗演习。2020年9月4日，俄罗斯和印度在孟加拉湾举行为期两天的"因德拉-海军"联合演习。

（四）日本

2019年12月2日至6日，日本首次参加了北约主办的大规模网络战演习——"网络联盟2019"。12月9日，日本自卫队和美国陆军在日本陆上自卫队朝霞基地举行大规模联合军演。2020年1月，日本和俄罗斯在亚丁湾举行联合反海盗演习。2020年4月，美日在印度-太平洋地区举行联合军演。2020年6月27日，日本和印度在印度洋联合展开海上军事演习。2020年7月20日，美日澳在菲律宾海、西太平洋举行联合军演。2020年8月18日，美日在西太平洋再次举行联合军演。2020年8月17日开始，多国在夏威夷海域举行了两年一度的"RIMPAC 2020"环太平洋军事演习，受疫情影响，只有10个国家的20艘舰艇和5300名军人参加。9月4日，日本爱宕级驱逐舰参加此次军演，并罕见地发射了"标准2"舰空导弹。

[①] 《俄军在地中海举行海空联合演习，"成功跟踪外军战舰"》，澎湃新闻，2019年11月5日。

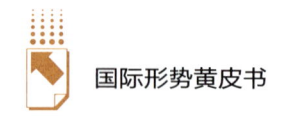

（五）小结

2019~2020年度，受到全球新冠肺炎疫情的影响，各国开展军事演习的频率和规模都有所缩减。以美国为首的北约在俄罗斯周边区域依旧多次展开联合军演，但俄罗斯对此回应度不高。美国的军演主要集中在国内和双边军演上，双边军演的联合以以色列和日本最为密切。日本和美国、北约的军事合作关系进一步加强，美日联合军演较多。

三 全球主要国家的军费状况

（一）全球军费开支状况

斯德哥尔摩国际和平研究所（SIPRI）在2020年4月27日发布的年度报告显示，2019年，全球军费开支（部分为估算值）超过1.917万亿美元，总额较上一年度增长3.6%。2019年军费支出位列前十的国家分别为美国、中国、印度、俄罗斯、沙特、法国、德国、英国、日本、韩国（见图1）。

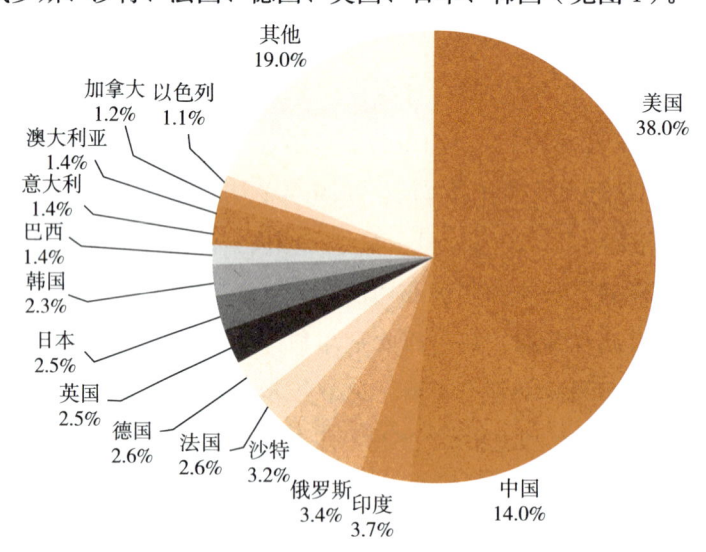

图1 2019年全球军费开支排名靠前国家所占比例

资料来源：斯德哥尔摩国际和平研究所，https://www.sipri.org/research/armament-and-disarmament/arms-and-military-expenditure/military-expenditure#。

北非、中美洲和加勒比地区、北美洲、中亚和南亚、东亚、东南亚、中欧、东欧军费开支较上年有所增长,撒哈拉以南非洲、南美洲、大洋洲军费开支较上年有所下降,西欧保持不变。

2019年度,亚太地区的军费开支达到5230亿美元,较上一年度增长3.2%。其中,中亚和南亚、东亚、东南亚地区的军费开支有显著增长,大洋洲的军费开支则有所下降。

欧洲地区的军费开支为3560亿美元,相比上年增长2.3%。其中,中欧地区的军费开支同比增长10.5%,达到315亿美元,东欧地区的军费开支增长幅度为7.4%,达到740亿美元。而西欧地区的军费开支保持不变,仍旧是2510亿美元。

美洲地区的军费开支在本年度达到8150亿美元,比上年增长了6.1%。其中,北美地区的军费开支占据该地区军费开支总额的92.5%,因为美国依然保持了巨额的军费投入。而中美洲和加勒比地区的军费开支较上年增长了10.1。南美地区的军费开支下降了4.3%。

非洲地区的军费开支较上一年度上涨0.5%,为412亿美元。考虑到中东地区部分国家的军费开支数据无法获得,该地区的情况可能被低估(见表2)。

表2 2019年全球各地区军费开支情况

单位:十亿美元,%

地区	2019年军费	增长率
非洲	(41.2)	0.5
北非	(23.5)	5.4
撒哈拉以南非洲	17.7	-4.8
美洲	815	6.1
中美洲和加勒比地区	8.7	10.1
北美洲	754	7.0
南美洲	52.8	-4.3
亚太地区	523	3.2

续表

地区	2019年军费	增长率
中亚和南亚	90.3	5.5
东亚	363	2.5
大洋洲	29.0	-1.7
东南亚	40.5	6.6
欧洲	356	2.3
中欧	31.5	10.5
东欧	74.0	7.4
西欧	251	0
中东	—	—
总计	1917	3.6

注:( )代表不确定的估算。开支以当年美元（2019年）计算，－代表该地区有部分国家军费数据缺失。增长率为2019年较2018年的增长率，以2018年的即时汇率比较得出。

资料来源：Military Expenditure Data 1949-2019, https://www.sipri.org/databases。

（二）美国的军费与军备发展状况

2019年，美国军费继续保持增长态势（5.3%），比上一年（4.6%）增长更多，军费总额高达7320亿美元，占全球军费总额的38%，在全球排名第一。

2020年，美国的国防预算总额为7380亿美元，其中，6350亿美元是美国国防部的基础开支，231亿美元是美国能源部的核武器项目开支，715亿美元是美军作战费用，另有53亿美元是美军基地的紧急灾难应对费用。[①] 国防部国防预算具体分配情况如图2所示。

2020年，美国国防部致力于在所有作战领域优先考虑创新和现代化，以增强竞争优势。为了保证美国在国防安全领域的优势，增强竞争力，国防部重点发展的方面如下：投资新兴的太空和网络战领域，促进空域、海域和陆域的现代化，在关键运营领域快速创新以增强竞争力，启动并维持战备状态。

[①] 《美参院通过2020国防预算：组建太空军、军人加薪等创新高》，环球网，2019年12月18日。

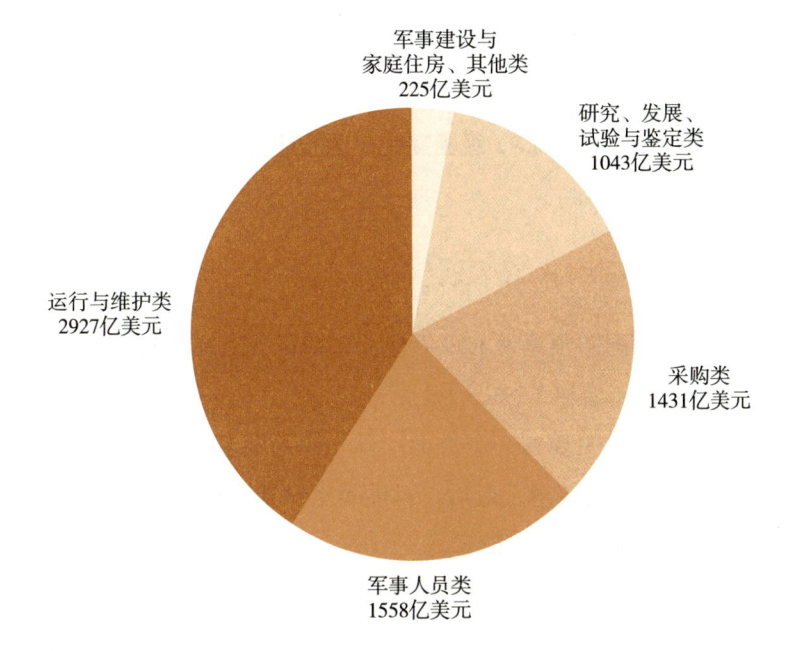

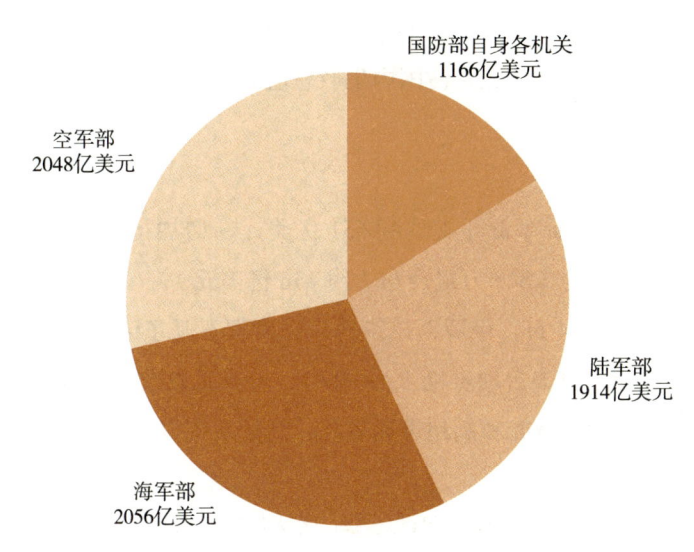

全球武装冲突与军事形势评估（2019~2020）

饼图1（国防预算按类别分布）：
- 军事建设与家庭住房、其他类 225亿美元
- 研究、发展、试验与鉴定类 1043亿美元
- 采购类 1431亿美元
- 军事人员类 1558亿美元
- 运行与维护类 2927亿美元

饼图2（国防预算按部门分布）：
- 国防部自身各机关 1166亿美元
- 陆军部 1914亿美元
- 海军部 2056亿美元
- 空军部 2048亿美元

图2 美国2020财年国防部国防预算分布详情

资料来源：美国国防部官网，https://media.defense.gov/2019/Mar/12/2002099931/-1/-1/1/FY-2020-BUDGET-ROLLOUT-BRIEF.PDF。

045

2020年美国国防预算法案将太空认定为"作战领域",批准设立美国第六大军种——太空军。法案还授权美国空军用90亿美元购买90架F-35战斗机和8架F-15EX战斗机,授权美国海军用230亿美元建造12艘海军舰艇,包括三艘阿利伯克(Arleigh Burke)级驱逐舰、两艘弗吉尼亚级攻击潜艇、一艘新护卫舰和两艘登陆舰等。[①]

(三)中国的军费与军备发展状况

2019年,中国国防预算为1.19万亿元,军费支出位列全球第二,总额达2610亿美元,较上年增加5.1%。

中国的军费支出主要在三个方面:首先,大批老旧装备的更新;其次,提高200万军人的福利待遇;最后,目前美军频繁在南海、台海挑衅,气氛日益紧张,促使中国增加国防预算。

2020年,中国国防预算预计增长6.6%,预算草案为1.268万亿元(约为1768亿美元),低于2019年7.5%的增长率。十三届全国人大三次会议的大会发言人张业遂2020年5月21日表示,中国奉行防御性国防政策。中国的国防开支无论总量、人均还是占国内生产总值的比重,都是适度和克制的。[②]

(四)俄罗斯的军费与军备发展状况

2019年,俄罗斯军费开支达到651亿美元,增加了4.5%。2020年,俄罗斯国防部的预算为1.849万亿卢布(约256亿美元)。

2019年10月24日,俄罗斯总统普京在索契召开了俄非峰会。峰会展示了下一代卡拉什尼科夫自动步枪(AK-47)、直升机以及脸部辨识系统。[③] 据普京说,俄军计划将激光和高超声速系统、高频系统投入使用。[④] 俄罗斯将大

[①] 《美参院通过2020国防预算:组建太空军、军人加薪等创新高》,环球网,2019年12月18日。
[②] 《中国2020年军费预计增长6.6%,低于往年》,观察者网,2020年5月22日。
[③] 《俄罗斯举行首届俄非领袖峰会 军备展示成为重头戏》,中国新闻网,2019年10月25日。
[④] 《俄军能花小钱办大事,军费仅及美国零头,综合核战力却居全球前两位》,腾讯新闻,2020年5月17日。

力发展战略核武器，包括"萨尔马特"洲际导弹、"先锋"高超音速导弹、航空团装备 X-47M2"匕首"导弹。

2020年2月22日，俄成功发射"子午线-M"军事通信卫星。5月22日，俄罗斯军方在位于俄西北部阿尔汉格尔斯克州的普列谢茨克发射场实施航天发射，用一枚"联盟-2.1b"运载火箭成功将一颗军用卫星送入预定轨道。[①] 2020年7月，在俄罗斯纪念卫国战争胜利75周年阅兵式上，俄军展示了不少高端武器装备，包括RS-24"亚尔斯"陆基洲际弹道导弹，图-160M、图-22M3、米格-31K、苏-57战斗机，S-350"勇士"中程防空导弹系统，"山毛榉"M3和S-300V4野战防空系统等。此外，俄罗斯预计在2020年底前使俄军现代化武器装备率达到70%，且已经开始制造新一代隐身战略轰炸机PAK-DA的样机，安加拉-A5重型运载火箭第二次试验性发射计划将于11月3日实施。

（五）中国周边国家军费与军备发展状况

2019年，日本的军费开支达453.62亿美元，较上一年度略有下降，占同期世界军费总开支的2.5%，位居世界第八。2019年8月31日，日本防卫省发布《2020财年防卫预算申请》，申请总额为5.3223万亿日元（约合500亿美元）。此外，日本还要扩建网络防卫队。2020年1月9日，日本防卫省公布了2019~2023年《中期防卫力整备计划》。其中涉及日本要采购的主要防卫装备，包括F-35A战斗机、潜艇、"全球鹰"无人侦察机、陆上部署型导弹拦截系统陆基"宙斯盾"等。2020年5月18日，日本还宣布正式成立"宇宙作战队"。

2019年度，印度的军费开支总额达到771亿美元，占当年全球军费开支总额的3.7%，居世界第三位，军费开支较上一年度增长6.8%。2019~2020财年，印度的国防预算为43101.1亿卢比（约合609.63亿美元），较2018~2019财年增长6.6%。印度将一部分军费用于三军采购飞机、航空发动

---

① 《俄罗斯成功发射一颗军用卫星》，新华社，2020年5月22日。

机、重型及中型车辆、舰船和电子、通信、导弹等武器装备。

越南对外公布的数据显示，2019年度越南的军费开支为50亿美元，较上一年有所下降。根据斯德哥尔摩国际和平研究所的评估，菲律宾2019年度的军费开支约为34.72亿美元，较上一年有所增长。

（六）小结

2019年全球军费开支超过1.917万亿美元，占全球GDP的2.2%。全球实际军费开支相比2018年增长3.6%。全球军费开支排名前十的国家为美国、中国、印度、俄罗斯、沙特、法国、德国、英国、日本、韩国。其中，美国的军费开支出现显著增长；中国的军费开支继续保持稳定增长；俄罗斯的军费开支增加了4.5%；作为地区主要国家，日本军费支出有所下降，印度军费支出增长幅度较大。斯德哥尔摩国际和平研究所研究员对法新社表示，近年来全球军费支出加速上涨，不过2020年受到新冠肺炎疫情影响，经济衰退，军费上涨趋势可能会出现逆转。[1]

四 全球主要国家国防战略动向

（一）美国

2020年，美国国防法案授权美国2020财年国防支出7380亿美元，比上一财年增长约2.8%。其中6350亿美元被批准用于国防项目基本支出，715亿美元用于海外军事活动。法案还要求五角大楼进行改革以提升效率、加强同科技创新领域的互动与合作等。[2]

2020年3月18日，特朗普首次发布行政令授权卫生与公众服务部部长负责针对疫情实施《国防工业生产法》。特朗普动用这项法案购买了一些医疗物资以应对疫情。

2020年5月20日，白宫方面发布《美国对中国战略方针》。美国政府

---

[1] 《2019年全球军费报告出炉，美国军费占全球总额38%》，《新京报》2020年4月27日。
[2] 《美国会众议院通过2020财年国防授权法案》，新华网，2019年12月12日。

通过这份文件重申了两大战略目标：一是提高与各组织机构、盟友和合作伙伴之间关系的弹性，二是"迫使中国停止或减少损害美国利益的行为"。[1] 此文件内容透露出美国的强硬态度，美国认为中国在经济、价值观、国家安全方面都对美国有影响。对此，美国将持续对中国政府施加压力，在必要时将会采取行动，并与自己的盟友和合作伙伴一道抵制来自中国的威胁，以保护美国的利益。[2]

（二）俄罗斯

据有关学者[3]分析，俄罗斯未来对外战略将会出现新动向，政治上，以保守主义为原则；经济上，致力于改变俄罗斯能源依附型的经济模式；对外关系上，坚持独立、支持和平、自由选择发展道路、反对霸权、领导"新不结盟运动"、维护地球环境，强调中俄合作。俄罗斯的"国际新战略"包括从"大欧洲"转向"大欧亚"；从"大三角"转向探索中、俄、美关系的新定位；从全方位布局拓展中寻觅新机会。在军事战略上，俄罗斯2014年后以实施防御性军事战略和形成"北极战略体系"为主。[4] 俄罗斯海军战略生变，当前，俄罗斯海军不再追求苏联时代种类齐全的建军方针，转而强调舰艇的"一专多能"，如俄海军新装备的22160型护卫舰。[5] 俄罗斯海军战略的动向包括强化远程精确打击能力、加强火力以小击大、重视"一专多能"。

（三）中国周边其他国家

受新冠肺炎疫情影响，莫迪政府将工作重心更多地放在抗疫防疫之上，国防战略基本保持稳定。据报道，2020年，印度将投入GDP的10%增强国产武器能力，实现国防自主。印度打算增强"印度制造"武器装备的能力，控制军备进口。印度国防工业改革的具体措施，包括禁止进口某些武器装备，

---

[1] 《白宫发布美国对华最新战略方针，想合作但很霸道》，观察者网，2020年5月21日。
[2] 《白宫发布美国对华最新战略方针，想合作但很霸道》，观察者网，2020年5月21日。
[3] 《冯绍雷：普京执政20年与俄罗斯对外战略新动向》，观察者网，2020年9月13日。
[4] 《俄罗斯军事战略及军事力量探析》，环球视野，2019年10月12日。
[5] 《俄罗斯海军战略生变》，新华网，2019年11月21日。

以及对弹药工厂进行企业化改制。①

2019~2020年度，日本未推出新的国防战略方面的报告或文件，仍旧以2018年推出的新版《防卫计划大纲》和《中期防卫力整备计划》为主。

本年度受疫情的影响，东南亚主要国家把工作重点放在防疫抗疫上，国防战略的改动并不大。2019年末，越南发布了《2019越南国防》白皮书。《2019越南国防》白皮书最关键的亮点，是越南对外实行"四不"政策，即不参加军事联盟、不联合一国反对另一国、不允许外国在越南建立军事基地或利用越南领土来反对其他国家、在国际关系中不使用武力或威胁使用武力。②印尼旨在建设独立自主的国防力量。2019年7月，菲律宾推出《国家安全战略》，提出在继续应对国内安全挑战的同时，将大国之间的竞争作为本地区"最重要的长期战略关切"，规定菲律宾应促进"与所有国家的友好与合作"。③

（四）小结

受疫情影响，各国政府将工作重点主要放在防疫抗疫上，对国防战略的关注度稍有下降。美国成立太空军，推动军事科技创新，明确将中国作为竞争对手，加强对中国的遏制。俄罗斯重点发展战略核力量，更加注重欧亚方面势力，海军战略有所调整。中国周边的国家继续追求军事装备的现代化，提升军队战斗能力和应急反应能力，重点发展海上军事力量，国防战略基本保持稳定。

五 总结

2019~2020年度的全球重大武装冲突数量与上一年度相比有所减少，主要冲突集中在非洲、美洲、中东和北非地区。其中，中印边境发生冲突，局

---

① 《印度将投入GDP的10%，增强国产武器能力，实现国防自主》，《环球时报》2020年5月21日。
② 《〈2019越南国防〉白皮书发布仪式在河内举行》，新浪网，2019年11月26日。
③ 米科·A.加朗：《中美对抗与菲律宾的〈国家安全战略〉》，唐龙编译，知远战略与防务研究所，2020年8月6日。

势陷入紧张状态之中，但总体是稳定可控的。印巴冲突持续升级，克什米尔地区局势不稳。也门冲突不断，持续升级。叙利亚局势不容乐观。巴以冲突热度不减，局势持续紧张。

2019年全球军费开支总额为1.917万亿美元，占全球GDP的2.2%，较上年增长3.6%。北非、中美洲和加勒比地区、北美洲、中亚和南亚、东亚、东南亚、中欧、东欧地区军费开支较上年有所增长，撒哈拉以南非洲、南美洲、大洋洲地区军费开支较上年有所下降，西欧保持不变。

本年度，受到全球疫情的影响，各国开展军事演习的频数有所下降。以美国为首的北约在俄罗斯周边地区展开多次具有针对性的军事演习，但是俄罗斯并未做出强硬回应。美国以双边军事演习为主，合作对象包括以色列、韩国、菲律宾、乌兹别克斯坦、日本、澳大利亚。日本主要参与了双边军演和多边军演。

在国防战略方面，美国成立太空军，推动军事科技创新，明确将中国作为竞争对手，加强对中国的遏制。俄罗斯重点发展战略核力量，更加注重欧亚方面势力，海军战略有所调整。中国周边的国家继续追求军事装备的现代化，提升军队战斗能力和应急反应能力，重点发展海上军事力量，国防战略基本保持稳定。

可以预见的是，在未来一段时间内，全球武装冲突的形势将会此消彼长，部分地区仍然存在激烈且升级的冲突，如中东地区。军事实力仍然是国家综合实力的基础，因此，全球军费开支也将继续增长，不同地区将根据经济和安全形势的变化出现不同状况。但是受疫情影响，经济衰退，军费上涨趋势可能会出现逆转。大国之间的权力竞争和政治博弈日趋激烈，尤其在中美之间。

2019~2020年度，全球疫情给国际关系带来巨大的影响。由于疫情形势的严峻，各国政府将工作重点放在防疫抗疫方面，对军事演习、国防战略等方面的关注度稍有下降，尤其是小国。为应对全球疫情，全球治理、国家间合作的形势进一步发展。美国对中国仍然抱有一定敌意，将中国明确作为竞争对手，加大抵制力度。美俄关系也长期处于摩擦之中。美国联合北约对俄

罗斯进行军事威胁，但俄罗斯方态度不如从前强硬。中俄关系将继续深化，展开系列合作。中国周边国家更注重国内建设与发展，谋求生存空间。

参考文献

Heidelberg Institute for International Conflict Research at The Department of Political Science, University of Heidelberg, *Conflict Barometer* 2019, https://hiik.de/konfliktbarometer/aktuelle-ausgabe/.

观察者网，https://www.guancha.cn/。

环球网，http://www.huanqiu.com/。

新华网，http://www.xinhuanet.com/。

《解放军报》，http://www.81.cn/res/app.htm。

《科技日报》，http://digitalpaper.stdaily.com/http_www.kjrb.com/kjrb/html/2020-09/11/node_2.htm。

《参考消息》，http://www.cankaoxiaoxi.com/。

澎湃新闻，https://www.thepaper.cn/。

腾讯新闻，https://news.qq.com/。

《中国青年报》，http://zqb.cyol.com/html/2020-09/11/nbs.D110000zgqnb_01.htm。

《新京报》，http://www.bjnews.com.cn/。

环球视野，http://www.globalview.cn/。

东方军事，https://mil.eastday.com/zhongguo.html。

新浪网，https://www.sina.com.cn/。

米科·A.加朗:《中美对抗与菲律宾的〈国家安全战略〉》，唐龙编译，知远战略与防务研究所，2020年8月6日。

Y.4
中国周边安全形势评估（2019~2020）

王 雷*

摘 要： 过去一年，中国周边安全形势呈现五方面新特征：第一，美印太战略对中国的指向性愈发明显，中美博弈更加激烈化、台面化；第二，周边大国对华战略加快调整，日本对华战略软制衡倾向日益明显，印度对华战略投机性成分显著增多；第三，朝核问题、南海局势、中印边界争端等周边热点问题变数加大、隐患难消、前景难测；第四，周边中小国家对华战略趋于务实，面对大国在区域内的互动与博弈，它们不愿选边站队，希望对华关系保持稳定；第五，随着全球化在地区层面的加速发展，东亚一体化、"一带一路"经济合作正在迎来新契机。

关键词： 周边安全　中美关系　中印边界争端　南海问题

近年来，中国周边安全形势复杂多变的特征日益凸显。过去一年，随着国际形势的发展变化、地区秩序的不断演进，特别是新冠肺炎疫情的冲击和影响，中国周边安全形势正在呈现一系列新变化、新趋势、新特点。

一　2020年周边安全形势总体概览与解析

首先，从国际形势的发展变化来看，2020年中国周边安全形势受到四方

---

* 王雷，中国社会科学院世界经济与政治研究所助理研究员，主要研究领域为周边安全、中国对外战略等。

面因素的冲击和影响。第一，国际格局"一超多强"的特性在减弱，"复杂多极"的特征在加强。当前，美国正在经历从"一超"到"弱超"的明显转变，世界经济中心加速东移，新冠肺炎疫情打破了西方文化、制度优势的"神化"，暴露了美欧内部严重的社会、经济问题。第二，疫情危机、经济危机、全球治理危机多重叠加加剧了"美式全球化"的困境。欧美发达国家的全球化理念和舆论加速转向"有限的全球化"。全球化在全球层面的推进开始减缓。但随着各国产业链的重新布局，全球化在地区层面的推进开始加速。[1] 第三，随着上轮科技革命产生的红利逐渐消退，国家间的竞赛愈发由增量博弈转向存量博弈，围绕市场份额、制造业占比的竞争日趋激烈。疫情暴发后，外部对中国作为全球供应链中心节点的质疑和责难开始增多，[2] 欧美国家开始加大对制造业回归的支持力度，越南、印度等国试图吸引更多中低端制造业向本国迁移，各国围绕新科技革命的竞赛日趋激烈。第四，"后疫情时代"大国关系合纵连横态势日趋明显，地缘、文化价值、发展模式竞争不断凸显。显然，上述因素正在重塑中国周边安全的大环境，推动周边国家的内外政策、对外战略发生新一轮调整与转变。

其次，从地缘政治层面来看，一些新势态趋于明朗。第一，随着中美实力快速接近，中国周边"一超多强"的权力格局正在加速重构，中国在周边地区的综合国力优势趋于明显。第二，随着美国"一超"地位不断弱化，周边国家的战略自主性显著增强。目前，俄、日、印等大国都在加快战略调整，试图在地区秩序变局中抢占先机，周边中小国家也在积极转变政策，努力适应新变局。第三，周边大国关系趋于复杂，合作竞争成分相互交织。随着中国实力、影响力的进一步提升，中印、中日关系的变数在增多，中美博弈更加激烈化、台面化。第四，周边国家对美关系也在调整，过去侧重依附，现在注重周旋。在应对美国霸权主义问题上，也尝试抱团取暖、加强合作。

再次，从周边国家对华战略取向来看，一些新变化加速显现。第一，无论是出于防疫推责的需要，还是对中国崛起的疑惧，特朗普政府试图对华挑

---

[1] 王湘穗：《全球化迭代演进：走向多样化世界》，《文化纵横》2020年第3期，第70页。
[2] 张蕴岭：《疫情加速第四波全球化》，《文化纵横》2020年第3期，第48页。

起"新冷战"。在战略上,大搞"离岸平衡",谋求借助日本分化东亚一体化,利用日、印、澳等国对中国的防范推进印太战略。在经济层面,谋求推行产业链的"去中国化"。在科技层面,对中国发动科技战,企图延缓中国科技进步。第二,日本对华战略"软制衡"倾向明显。面对中国崛起以及对华密切的经济联系,日本不希望与中国发生直接对抗,在经济上注重竞争与合作、安全上注重防范与制衡、政治上注重沟通与协调。第三,印度对华战略投机、对抗成分显著增多。随着中美竞争不断加剧,印度在边界争端问题上对华不断施压、制造纷争,企图迫使中国让步。第四,周边中小国家对华战略趋于务实。面对大国在区域内的互动与博弈,它们拒绝选边,主张"包容性合作"。过去一年,面对疫情的冲击以及美国愈发严重的单边主义、贸易保护主义倾向,周边中小国家加强对华经济、安全合作的意愿在增强。

复次,从与周边国家关系所处状态来看,一些新动向引人关注。第一,受疫情引发的激烈争端以及美国对华不断加大打压、遏制力度等因素的影响,过去一年中美关系陷入了建交以来最困难的时期。第二,中日关系在改善中艰难前行。2020年两国在共同抗击疫情中积极互助,经济合作保持稳定。但是,当前日本国内仍有部分保守势力在竭力制造事端,破坏中日关系改善势头。2020年8月安倍因病辞去了首相职务,"后疫情时代"中日关系走向何方有待进一步观察。第三,中日韩三边合作重回良性互动轨道。[①]2019年12月中国成功举办了第八次中日韩领导人会议。2020年以来随着中日关系逐步改善,日韩关系也有所缓和。当前,中日韩三边互动仍受到外部因素干扰,但随着区域经济一体化的新一轮发展,东亚区域整合正在迎来新动力。第四,疫情之下中国与东盟国家的经贸关系取得逆势发展。[②]2020年中国和东盟在支持多边主义和自由贸易领域保持紧密合作,双方最终签署《区域全面经济伙伴关系协定》(RCEP)。第五,过去一年中印关系出现严重倒退。印度在中印边界争端区域不断制造事端,致使两军爆发

---

① 江瑞平:《中日韩合作:重回良性互动轨道》,《世界知识》2020年第2期,第28页。
② 《中国—东盟合作逆势走出新高度》,中国政府网,2020年9月9日,http://www.gov.cn/xinwen/2020-09/09/content_5542050.htm。

了45年来罕见的暴力冲突，相关势态给两国政治互信、经贸合作、民意基础带来了严重损害。

最后，从地区安全热点问题来看，一些新趋势也值得注意。第一，朝鲜半岛局势再生变数。随着朝美峰会无果而终，朝鲜逐渐认识到短期内已无法实现对美关系全面改善。2019年底朝鲜召开了劳动党七届五中全会，确立以军事和外交手段相结合促使美方让步的新方针。[①]但从目前情况来看，该策略收效有限，随着朝美对话陷入停滞，朝韩关系再度转冷。第二，在南亚地区，印度陆续挑起与巴基斯坦、中国、尼泊尔的边境冲突与争端。莫迪政府对外战略愈发严重的投机、冒险主义倾向正在导致南亚地区的安全局势动荡不安。第三，在印太方向，美国加大了对中国香港、台湾、南海事务的干涉力度。在东南亚、南亚区域，美国对一些国家也在积极进行拉拢与分化，试图削弱中国的影响力。当前，台湾、香港事务已成为美国对华战略博弈的筹码，南海问题成为美国牵制、遏制中国的主要抓手。随着印太方向地缘政治、经济博弈不断加剧，中国维护"一带一路"中海上丝绸之路方向安全稳定的挑战在增大。第四，过去一年中亚一些国家受政治经济转型、疫情冲击因素影响，内外挑战开始增多。阿富汗局势依然错综复杂，未来走向仍具有较大的不确定性。

总之，随着国际形势的深刻转变，周边国家内外政策、对外战略的不断调整，中国周边安全形势正在累积各种新变化、新张力、新动能。受之影响，新时期中国周边安全形势日益错综复杂、变数加大，但机遇与挑战并存。

二 2020年周边安全热点问题追踪与评估

为了对上述新变化、新张力、新动能有一个更为准确的认知和把握，本报告以下部分将对2020年一些较为典型的周边安全热点问题进行专题分析与评估。

---

① 《朝鲜劳动党七届五中全会释放重大信号》，新华网，2020年1月2日，http://www.xinhuanet.com/2020-01/02/c_1125416394.htm。

（一）朝鲜半岛局势再生变数

朝鲜半岛形势经过 2018 年一连串快速的变化后，2019 年进入了一种"僵持状态"。虽然 2019 年 6 月金正恩与特朗普出乎意料地举行了板门店会晤，但会谈结果不如预期。事实上，继河内会晤不欢而散后，国际社会为半岛无核化进行的努力，皆因朝美双方拒绝妥协而驻足不前。随着 2019 年 10 月朝美在斯德哥尔摩举行的无核化问题工作层磋商无果而终，朝鲜转变对美政策的意愿愈发强烈。

2019 年 11 月底，朝鲜进行了大型火箭炮试射。12 月初在西海卫星发射场进行了两次火箭发动机测试。2019 年 12 月 22 日劳动党中央军委召开第七届第三次扩大会议，会议决定"重新组建或扩大改组部队，强调朝鲜将继续快速发展自卫性国防力量"。12 月 28 日至 31 日，朝鲜召开劳动党七届五中全会，确立了以军事和外交手段相结合促使美方让步的新方针。全会公告表示，要采取"积极和进攻性"的措施彻底保障国家主权和安全，朝鲜领导人金正恩批评美方言行不一、在谈判上缺乏诚意、一味拖延时间，表示面对敌对势力的制裁压力，朝鲜必须展开"正面突破战"，通过自力更生发展经济，同时继续研发新型战略武器，加强国防力量建设。[①]

显然，朝鲜试图通过对美施压迫使其重返谈判桌，但这一策略并未奏效。从美国方面来看，特朗普本人谋求将朝核问题作为竞选连任的政治资本，希望通过朝美首脑对话为总统选举加分。但是美国国内对朝鹰派势力以及相关行政部门仍致力于加强对朝施压，继续执行"以压促变"的老模式。由此，在过去一年中，特朗普政府的对朝政策基本上在两个轨道同时运行：一个是以特朗普为中心的接触轨道，强调继续维系朝美首脑的私人关系；另一个是鹰派势力、官僚机构的传统对朝政策轨道，强调对朝施压、谋求政权更迭。这两条轨道并未得到很好的协调，施压路线仍占据主导地位。不仅如此，随着美国大选逐步临近，朝核问题已不属于白宫的优先事项。显然，只要局势

[①] 李枏：《从朝鲜七届五中全会看 2020 年半岛局势》，《世界知识》2020 年第 3 期，第 28 页。

不出现严重恶化，特朗普政府也希望现状可以延续。

但是，随着朝美谈判陷入僵局，另一个不利的局面再度出现，即朝韩关系迅速从热络变为冷淡。2018年以来，朝韩虽然实现了多次元首会晤并达成多项协议，但韩国将南北关系完全寄托于朝美关系实现突破的做法令朝方不满日益增多。显然，文在寅政府希望在不触碰韩美关系底线的前提下推动朝美对话，也希望以经济合作为诱饵，促朝走依附于韩国的发展道路。但一年多来，美韩军演没有完全终止，朝韩经济合作也没有恢复。朝鲜认为韩国没有履行几次首脑会晤达成的共识，韩国则对朝鲜连续发射中短程导弹表示焦虑。这种互不信任、彼此不满的状态无疑为朝韩关系再度生变埋下伏笔。

2019年12月朝鲜劳动党七届五中全会公报只字不提北南关系，这显示出朝方对韩国的失望以及对继续改善北南关系的消极立场。2020年6月韩国"脱北者"团体向朝散发传单，引发朝鲜极度不满。6月9日朝鲜切断了北南通信联络线，16日又炸毁了位于开城工业园区的北南共同联络办事处。[1] 面对朝韩关系再度转危，文在寅政府全面调整国安及对朝部门班底，希望寻找南北关系突破口，并谋求在11月美国大选前促成新的朝美峰会。[2] 但目前来看，效果依然不佳。显然，只要韩国将朝韩关系与朝美关系挂钩，韩国的政策调整空间就比较有限。一旦朝美关系发生倒退，北南关系会因各自国内政治及"第三方"因素的影响而产生较大变数。

当前局势表明，推动朝核问题和平解决，保持半岛形势稳定向好发展依然挑战艰巨。由于朝美严重缺乏互信，双方在如何界定无核化、如何实现无核化，以及美国如何为朝鲜提供安全保证、提供经济发展援助等问题上立场相去甚远，难以达成妥协。就朝韩关系来讲，短期内也看不见迅速升温的迹象。显然，左右半岛局势发展的主要变量更多受制于无核化谈判的进展或朝美关系的走向。

---

[1] "North Korea Halts all Communications with South in Row over Leafleting", *BBC NEWS*, June 9, 2020, https://www.bbc.com/news/world-asia-52974061.

[2] Sean Lee, "Moon Jae-in Holds on to His Dream of North Korea Diplomacy," *The Diplomat*, June 2, 2020, https://thediplomat.com/2020/06/moon-jae-in-holds-on-to-his-dream-of-north-korea-diplomacy/.

（二）印度挑起与周边多国边界冲突

过去一年，印度在领土争议问题上不断制造纷争，几乎同时挑起了与巴基斯坦、中国、尼泊尔等邻国的边界冲突与争端。

从印巴边界冲突来看，过去一年，莫迪政府仍然拒绝与巴基斯坦、克什米尔分离主义政党通过谈判方式解决争端。新德里试图加强对克什米尔的控制，同时为更多的亲印度势力创造空间，这种做法引发了印控克什米尔分裂势力以及巴基斯坦的强烈不满。2020年印巴在克什米尔争议地区冲突频发，两国一度互逐外交官。不难发现，此轮印巴领土争端被激化主要是因为2019年8月印度政府宣布废除授予印控克什米尔地区（即原"查谟和克什米尔邦"）特殊地位的宪法第370条，成立了"查谟和克什米尔"以及"拉达克"两个联邦直辖区，这种单方面改变现状的做法严重威胁地区和平与稳定。[1]

首先，对巴基斯坦和中国的主权构成挑战。对于巴基斯坦来讲，克什米尔归属问题事关巴基斯坦立国之本。巴基斯坦以"南亚穆斯林的家园"立国，巴基斯坦认为克什米尔作为穆斯林人口占多数的地区，理应加入本国。印度单方面改变印控克什米尔地区现状的做法导致巴基斯坦举国上下群情激愤，两国军队在克什米尔控制线冲突不断。对中国而言，印度将隶属于中国新疆和西藏地方管辖的部分地区，划入其所谓的"拉达克"联邦直辖区，将巴控克什米尔地区划入其所谓的"查谟和克什米尔"联邦直辖区，等于强行将中国拉入了克什米尔争端，刺激中巴在克什米尔问题上做出反制行动，这无疑大大增加了中印边界问题的解决难度，导致中印关系更加复杂。

其次，印度以国内立法改变印控克什米尔地区地位的做法违背了联合国决议。1947年印巴围绕克什米尔归属开战，联合国展开积极调停，随后通过一系列决议，认定克什米尔地位尚未确定，克什米尔是国际社会公认的争议地区。正因为此，2019年8月联合国安理会举行克什米尔问题非正式闭门磋

---

[1] Michael Kugelman, "India and Pakistan are Edging Closer to War in 2020," *Foreign Policy*, December 31, 2019, https://foreignpolicy.com/2019/12/31/afghanistan-taliban-nuclear-india-pakistan-edging-closer-war-2020/.

商会议，听取了联合国秘书处就克什米尔局势和联合国印巴军事观察组就工作情况所做的通报，联合国秘书长古特雷斯认为"查谟和克什米尔"的最终地位将根据《联合国宪章》通过和平手段解决，呼吁各方不要采取可能影响"查谟和克什米尔"地位的步骤。① 但印度拒绝国际社会合理关切的举动显示出该国南亚政策十足的霸权色彩。

应该看到，克什米尔危机难以化解的根源在于印度对巴基斯坦的孤立和排斥政策。莫迪政府一直希望抓住美国调整对巴政策，以及阿富汗-巴基斯坦关系恶化的契机，以压促变，恶化巴基斯坦的国际处境。但克什米尔对巴基斯坦具有极高的战略价值，无论是基于地缘安全考虑，还是基于民族宗教情感，巴方都不会轻易让步。可见，只要印度继续奉行对巴高压政策，印巴关系将很难缓和，两国军事、外交层面的斗争料将持续。

同样，就中印边界冲突来讲，正是由于印度的一系列挑衅行为，双方边界争端在过去一年也趋于激化。2020年6月15日印军先是在中印边境加勒万河谷地区蓄意越线，引发了流血冲突。随后于8月29日再次非法越线，进入中印边境西段班公湖南岸地区；9月7日印军对前去交涉的中国边防部队巡逻人员鸣枪威胁，严重违反中印双方有关协议协定，推高地区紧张局势。不仅如此，印度政府还企图利用中美贸易摩擦和中国暴发新冠肺炎疫情之机，游说在华跨国公司将产业链转移到印度，推动全球产业链和价值链"去中国化"。中印边界冲突爆发后，印度对中国企业在印度的经商、投资活动也采取了全方位的打压政策。②

显然，印度当前对华战略投机、对抗成分正在显著增多。这种新变化无疑受到三方面因素的影响。第一，印度对国际、地区形势的变化存在误判。印度战略界认为，特朗普上台后美国对中国的遏制进一步增强，中国正在承受巨大压力。因此，疫情暴发后，印度战略界认定中国内有疫情、外有美国

---

① "UNSC Opens Closed Door Meeting on India Revoking Special Status to J&K," *Bloomberg*, August 16, 2019, https://www.bloombergquint.com/politics/unsc-opens-closed-door-meeting-on-india-revoking-special-status-to-jammu-kashmir-2.

② Toru Takahashi, "Can India Economically Decouple Itself from China?" *Nikkei*, August 18, 2020, https://asia.nikkei.com/Spotlight/Comment/Can-India-economically-decouple-itself-from-China.

压力，无暇他顾，于是在边界问题上咄咄逼人。但是，随着印度在边界争端中占不到便宜，且自身疫情失控又导致经济停摆、中印实力差距进一步拉大，印度战略界又变得愈发焦虑和冲动。事实上，无论是污蔑中国抗疫斗争，还是攻击中国发展模式，或者破坏中印经济关系，都是印度企图通过挑起争端转移内部矛盾，通过极限施压迫使中国让步。这种非理性、投机性的战略思维方式严重扭曲了印度的对华政策。

第二，印度对自身国际地位存在误判，对中国在南亚的经济活动存在偏见。应该看到，近年来随着印度经济实现快速发展，印度执政精英在印度教民族主义情绪的鼓动下，愈发认为印度已成为世界一极。作为南亚实力第一档的国家，印度始终认为自己是南亚、印度洋的霸主，并以此为基础推行地区强权政治。在印度看来，中国力量的迅速上升及其在南亚、印度洋影响力的不断扩大侵犯了印度的势力范围，是要在战略上包围印度。因此，对于中巴经济合作，中国在南亚地区推进"一带一路"经济合作，印度始终抱有强烈的怀疑态度和戒备心理。这种战略猜忌也影响了中印关系的发展走向。

第三，印度对中方捍卫国家领土主权等核心利益的决心存在误判。自2014年以来，印度政府在中印边界争端问题上所采取的手段就是不断推行"前进政策"或"攻势防御"。中方顾及地区稳定、中印关系大局，倾向于通过和平对话方式解决纷争，但印度将中方的善意当成软弱。此次印度在加勒万河谷等地越过中方实控线架桥修路、搭建工事，制造对抗不过是故伎重演。面对这种局面，中方不得不采取果断措施，维护国家主权和领土完整。

当前，印度与周边多国的边界纷争仍处于僵持状态。对印度来讲，想要获得邻国的真正尊重，确保边界地区形势稳定，获得更好的发展机遇，需要从根本上转变对外战略愈发严重的投机性、冒险性偏好。显然，爆发冲突对各方都没有好处，对话谈判才是缓解地区紧张局势、解决纷争最务实的选择。

（三）美国印太战略的新近变化

过去一年，随着美国国防部、国务院相继出台《印太战略报告》，美国

进一步明确了印太战略的总体规划和实施路径。① 正是基于上述战略思路和规划，美国显著加快了印太战略在中国周边地区的投子布局。

首先，可以看到在印太框架内美日印澳四国外交、安全合作机制日渐"充实"。2019年9月，四国外交对话机制已从司局级升级为部长级。2020年3月，四国举行了线上会议，表示要加强疫情应对合作，并首次邀请越南、韩国和新西兰参加。10月6日美日澳印四国第二次外长会议在东京举行。在安全领域，可以看到三个新动作。一是加强情报共享。2020年6月，日本修改立法，允许与澳印等国分享情报，这表明美日印澳四国在情报共享方面已迈出实质步伐。二是缔结后勤支持协议。6月印澳签署了《军事后勤支援和防务技术合作协议》，9月印日签署了《物资劳务相互提供协定》，这些举措连同印美已签署的后勤保障协议正在推动四国军事后勤合作进入新阶段。三是加强联合军演。7月美国里根号航母战斗群与日澳海军在南海举行联合军演。美国尼米兹号航母战斗群在印度洋与印度海军举行联合演习。9月印度和澳大利亚在印度洋东部海域举行联合军演，同时印度还计划邀请澳大利亚参加美日印三国"马拉巴尔"海上联合军演。显然，这些动作也表明四国海军合作正在进入新阶段。

在东北亚方向，为了强化美日安全合作，美国进一步放松了对日本军工业发展的限制，不仅向日本销售隐形舰载机F-35，还致力于共同构建新的导弹防御体系。继2019年美国退出《中导条约》后，特朗普政府正谋求在日本部署中程弹道导弹，意图打破地区军事平衡。同样，日本也希望借助印太战略重振海洋大国之梦。2020年日本新版防卫大纲在超越"专属防卫"架构的同时，愈发强调印太方向的战略布局。② 在实际操作中，日本致力于推

---

① "Preparedness, Partnerships, and Promoting a Networked Region," The Department of Defense Indo-Pacific Strategy Report, June 1, 2019, pp.11-42, http://www.andrewerickson.com/wpcontent/uploads/2019/06/DoD_Indo-Pacific-Strategy-Report_201906.pdf; "A Free and Open Indo-Pacific—Advancing a Shared Vision," The Department of Defense Indo-Pacific Strategy Report, Nov.4, 2019, https://www.state.gov/wp-content/uploads/2019/11/Free-and-Open-Indo-Pacific-4Nov2019.pdf.

② "Defence of Japan (2020 Annual White Paper)," Ministry of Defense, July 4, 2020, https://www.mod.go.jp/e/publ/w_paper/.

动美日印澳四边安全合作机制，以及进一步充实美日澳、澳日印三边协调机制。在南海问题上，日本也加大了介入力度，谋求在南海形成常态化的军事存在。①

在台海方向，随着中美战略竞争不断加剧，美国显著加大了对台湾事务的介入力度。2020年美国先是将所谓的"台北法案"签署成法，随后又拉拢少数国家炒作"台湾参加世卫大会"话题，之后又对台湾多次军售，通过了所谓的"2021财政年度国防授权法"，邀请台湾参与环太平洋军事演习，甚至还多次派遣在职高级官员访问台湾。显然，特朗普政府大打"台湾牌"的目的就是要将台湾问题与中美经贸摩擦、战略竞争问题挂钩，以台湾为"筹码"与中国大陆进行讨价还价，谋求实现美国在其他议题上的利益。正因为此，随着美国印太战略的逐步推进，台湾问题已成为美国对华战略博弈的重要筹码。

同样，在美国推进印太战略的新动作中，香港事务也成为美国对华"极限施压"的重要组成部分。过去一年，特朗普政府极力阻止香港修订《逃犯条例》，为香港反对派和激进势力从事反中乱港活动提供保护伞，对香港进行制裁，出台所谓的"香港人权与民主法案""香港自治法案"。这些举动的目的无非要将香港局势与中美贸易谈判挂钩，试图借助香港乱局在中美贸易谈判、中美博弈中寻找突破口，试图通过"极限施压"迫使中方让步。当前态势表明，随着美国印太战略的不断推进，香港已经成为中美地缘战略竞争的新"战场"，美国妄图让香港乱局长期化，借搞乱香港来遏制中国发展的意图十分明显。

在南海方向，为了推进印太战略，美国全面升级了对华挑衅行动。在外交上，美国公开为越、菲、马、印尼等国的非法主张和行动撑腰打气。鼓动有关国家进行油气开发、海上执法、岛礁建设等行动，给中国制造麻烦。在军事上，美军舰机在南海地区从事所谓的"自由航行行动"更加频繁和激进。

---

① Gurjit Singh, "Japan's Defence White Paper 2020: An Enhanced Role Emerging?" July 27, 2020, https://www.orfonline.org/expert-speak/japans-defence-white-paper-2020-an-enhanced-role-emerging/.

在法律上，美国以《联合国海洋法公约》维护者自居，不择手段地就南海问题对中国展开围攻。2020年7月13日，美国发表了《南海政策声明》，除督促中国执行所谓的"南海仲裁案裁决"外，首次正式否认中国在南海的九段线主张。① 由于有了美国的暗中怂恿和公开支持，过去一年，越、马等国加快了南海油气勘探开发活动，印尼、越、菲等国干扰中国维权执法的动作也不断增多。

在南亚方向，美国试图在印太框架内将印度引导成制衡中国的一个重要力量。2020年2月，美国总统特朗普对印度进行了访问，美印达成多项军购协议，美国表示要进一步加强与印度的军事合作关系，包括允许印度购买美国先进武器，共同分享敏感技术，交换军事情报，增加联合军演。新冠肺炎疫情暴发后，特朗普政府还邀请印度参加G7峰会，拉拢印度组建排斥中国的"G11集团"。② 2020年中印爆发边界冲突后，美国对中印边界争端的关注度和参与度明显提升，虽然表面上呼吁和平解决争端，但真实立场更偏向支持印度，利用中印争端，强化美印战略协作的意图十分明确。

总之，过去一年美国印太战略对中国的指向性愈发明显。在军事安全层面，该战略致力于加大在本地区的军事力量投入，防范、牵制、监控中国军事现代化进程和海上维权行为显然是其重点。在经济层面，美国印太战略与中国"一带一路"倡议之间显然存在竞争关系。从地理范围来看，印太战略的覆盖范围与中国"一带一路"建设的"海上丝绸之路"部分有较大重合，这也导致双方在这个区域的地缘政治、经济博弈不断加剧。

（四）中亚安全形势与阿富汗变局

过去一年，新冠肺炎疫情、油价暴跌对中亚国家的经济造成了严重冲击。疫情导致中亚国家财政税收疲软、公共支出扩大、政府债务高企。乌、吉、

---

① Olli Pekka Suorsa, "South China Sea:New US Policy and Its Implications,"RSIS Commentary, No. 144-16 July, 2020, https://www.rsis.edu.sg/wp-content/uploads/2020/07/CO20144.pdf.
② Manoj Kumar, "India's Modi Gets Trump Invite to Attend G7 Summit," Reuters, June 3, 2020, https://www.reuters.com/article/us-india-usa-idUSKBN2392NY.

塔三国是中亚地区主要劳务输出国，受俄疫情影响，中亚劳务人员大量失业、返乡，这也导致中亚国家侨汇收入锐减。疫情给中亚安全也带来一些不稳定因素。由于哈、俄等传统粮食生产国陆续推出禁运、限额措施，中亚国家粮食进口渠道收窄，食品价格持续上涨，通胀压力加大。不仅如此，随着大批企业停工停产、劳务移民回国。中亚国家失业人口激增，民众情绪起伏加大，对治安、维稳领域产生了较大压力。[1] 近年来，中亚国家一直面临着极端组织渗透和恐怖主义活动的威胁，安全领域潜伏着诸多风险。当前，疫情带来的经济危机已现端倪，中亚国家社会治安案件陡增，这很可能会给极端组织提供生存的土壤。

阿富汗局势一直是影响中亚地区安全的重要因素。自2019年9月28日阿富汗举行总统选举以来，时任总统加尼与首席执行官阿卜杜拉展开了激烈的争斗。2020年2月18日计票结果显示，加尼以微弱过半优势胜出。但3月9日两人同时在喀布尔举行了各自的"总统就职典礼"。在阿富汗内外多方的斡旋下，直到5月17日两人才正式签署《政治协议》，划分彼此权力，结束了"两个总统"的僵局。此次大选风波再次显示出阿富汗政局依然没有摆脱"双头政治"的窠臼。[2]

不仅如此，受疫情暴发、总统选举纷争、政府与塔利班互释囚犯不顺等因素的影响，过去一年阿内部政治谈判进展十分迟缓。不难发现，自开启与美国政府直接谈判以来，塔利班国际活动空间迅速扩大，在以"阿富汗伊斯兰酋长国"名义与美国签署协议后，其政治地位已攀至阿富汗战争爆发以来新高。军事上，塔利班以美塔协议并不约束其对阿政府军动武为由，不断以武力对阿政府施压。政治上，塔利班对各主流政治派别采取分化措施，拒绝将阿富汗政府视作唯一谈判方。

不难发现，过去一年特朗普政府为了加快撤军进程，对塔利班的武力行动

---

[1] 高熔迅：《中亚疫情缓中有急，经济安全形势不容乐观》，《世界知识》2020年第12期，第39页。
[2] 林一鸣：《阿富汗政府内部达成分权协议，和平道路依然坎坷》，《世界知识》2020年第12期，第36页。

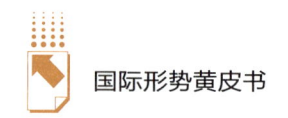

表现出较大程度的克制。随着美国对阿富汗问题的投入持续减弱，地区国家在阿富汗问题上开始发挥越来越大的影响力。目前，俄罗斯、伊朗、巴基斯坦、印度等国对阿富汗事务的介入力度都在加大，美国对阿战略正在逐渐转向离岸平衡，谋求借助各方博弈获得利益。对于已经高度"碎片化"的阿富汗政治生态而言，这种势态无疑加剧了该国局势的复杂性。不仅如此，美塔协议并未给阿邻国带来"绝对"安全。"伊斯兰国"等极端组织在美塔协议签署后宣布要加大力度向中亚扩张，中亚与阿接壤国家面临恐怖主义渗透的风险依然很大。

三 未来中国周边安全形势的展望与预判

总之，随着国际形势的深刻转变，周边国家内外政策、对外战略的不断调整，中国周边安全形势正在累积各种新变化、新张力、新动能。过去一年，这主要表现在以下五个方面：第一，美印太战略对中国的指向性愈发明显，中美博弈更加激烈化、台面化；第二，周边大国对华战略加快调整，日本对华战略软制衡倾向日益明显，印度对华战略投机性成分显著增多；第三，朝核问题、南海局势、中印边界争端等周边热点问题变数加大、隐患难消、前景难测；第四，周边中小国家对华战略趋于务实，面对大国在区域内的互动与博弈，它们不愿选边站队，希望对华关系保持稳定；第五，随着全球化在地区层面的加速发展，东亚一体化、"一带一路"经济合作正在迎来新契机。

当然，过去一年中国周边安全也遇到了一些比较严峻、棘手的挑战。比如，中美关系进入了建交以来最困难的时期，中印关系因边界争端出现了严重倒退。但是也要看到，目前这些新变化带来的冲击和影响仍然是有限的、可控的，并没有从根本层面动摇中国周边和平稳定的大环境。当然，中国周边一些区域的安全形势存在进一步紧张化、波动性加大的可能性，但失控、无序的风险依然较小。事实上，无论是中美关系还是中印关系，摩擦发生后，可以发现各方都不希望局势脱离管控。大家十分清楚，解决分歧与矛盾，最现实、有效的方式还是对话。如果任由摩擦、冲突发展到不可收拾的地步，各方都会付出无法承受的代价。

当前，美国对华战略正在做出重大调整。无论是出于防疫推责的需要，还是对中国崛起的疑惧，特朗普政府试图对华挑起"新冷战"。战略上企图拉帮结派围堵中国，经济上谋求推进产业链"去中国化"，科技上致力于延缓中国科技进步。过去一年，中美两国在台湾、香港、南海问题上激烈对抗，双边关系中的竞争性、冲突性因素被急剧放大。但是也要看到，全球化时代中美关系已是共生关系，美国无法做到与中国彻底脱钩，双方各领域相互依赖很深，共同利益依然很多。中美都清楚，两国爆发冲突，只会两败俱伤，有利于第三方，因此仍维系着"斗而不破、竞合并存"的底线共识。就未来前景而言，中美关系依然形势严峻，如何防止两国关系掉进长期对抗的"深渊"是中美必须面对的紧迫任务。

同样，随着地区形势的快速转变，中国应对周边安全热点问题的挑战也在加大。当前，朝美对话陷入僵局，朝美关系、朝韩关系由热络转向冷淡，如果这种局面延续下去，半岛安全局势再度恶化的风险势必加大。就南海形势而言，总体趋稳向好的大方向没有逆转，但同前两年相比，已经出现分歧凸显、稳中有乱、竞争加剧的新势态。未来一段时间，如果域内外势力挑起事端，也不能排除局势再度生变的可能性。就中印领土争端而言，短期内解决矛盾也不现实，中印第六轮军长级会谈后，双方承诺停止向一线地区增加兵力，但如何脱离对峙，双方分歧依然很大。考虑到当前印度对华战略的对抗性、投机性依然很强，不排除紧张局势再度升温的可能性。就台海形势而言，随着美国印太战略的逐步推进，中美在此方向的博弈料将持续，未来局势走向仍具有较大的不确定性。

参考文献

高焓迅：《中亚疫情缓中有急，经济安全形势不容乐观》，《世界知识》2020年第12期。

李枬：《从朝鲜七届五中全会看2020年半岛局势》，《世界知识》2020年第3期。

林一鸣:《阿富汗政府内部达成分权协议,和平道路依然坎坷》,《世界知识》2020年第12期。

江瑞平:《中日韩合作:重回良性互动轨道》,《世界知识》2020年第2期。

王湘穗:《全球化迭代演进:走向多样化世界》,《文化纵横》2020年第3期。

张蕴岭:《疫情加速第四波全球化》,《文化纵横》2020年第3期。

《朝鲜劳动党七届五中全会释放重大信号》,新华网,2020年1月2日。

《中国—东盟合作逆势走出新高度》,中国政府网,2020年9月9日。

Gurjit Singh, "Japan's Defence White Paper 2020: An Enhanced Role Emerging?" July 27, 2020.

Manoj Kumar, "India's Modi Gets Trump Invite to Attend G7 Summit," *Reuters*, June 3, 2020.

Michael Kugelman, "India and Pakistan are Edging Closer to War in 2020," *Foreign Policy*, December 31, 2019.

Olli Pekka Suorsa, "South China Sea:New US Policy and Its Implications, " RSIS Commentary, No. 144-16, July, 2020.

Sean Lee, "Moon Jae-in Holds on to His Dream of North Korea Diplomacy," *The Diplomat*, June 2, 2020.

Toru Takahashi, "Can India Economically Decouple Itself from China?" *Nikkei*, August 18, 2020.

"A Free and Open Indo-Pacific——Advancing a Shared Vision," The Department of Defense Indo-Pacific Strategy Report, Nov.4, 2019.

"Defence of Japan (2020 Annual White Paper)," Ministry of Defense, July 4, 2020.

"North Korea Halts all Communications with South in Row over Leafleting," BBC NEWS, June 9, 2020.

"Preparedness, Partnerships, and Promoting a Networked Region," The Department of Defense Indo-Pacific Strategy Report, June 1, 2019.

"UNSC Opens Closed Door Meeting on India Revoking Special Status to J&K," *Bloomberg*, August 16, 2019.

全球问题与全球治理
Global Issues and Global Governance

Y.5
全球治理与国际组织：进展与趋势（2020）

任 琳　郑海琦[*]

摘　要： 2020年的全球治理呈现如下特征：大国竞争冲击多边秩序、美国"退出"加剧治理赤字、区域一体化态势增强、双边机制加强而多边机制走弱、全球卫生治理能力亟待提升等。在大国竞争和新冠肺炎疫情的冲击下，联合国、世贸组织的作用面临一定程度的削弱，区域一体化程度加深，跨区域合作机制作用增强。在"后疫情时代"，全球治理将面临"两极化"和碎片化的难题。鉴于疫情期间的表现，区域治理成绩有待进一步观察。有效改善全球治理需要大国协调与合作，大国应发挥主体作用，同时机制间应加强

---

[*] 任琳，中国社会科学院世界经济与政治研究所副研究员；郑海琦，中国人民大学国际关系学院博士研究生，中国社会科学院世界经济与政治研究所国际经济与战略研究中心研究助理。

合作，共同应对全球性危机。

关键词：全球治理　国际组织　大国竞争　新冠肺炎疫情

一　2020年全球治理的特点

（一）大国竞争持续冲击多边秩序

随着中美战略竞争的加剧，国际秩序面临重大挑战。美国对华贸易战和对世贸组织（WTO）的攻击大大冲击了多边主义，国际合作举步维艰。当前中美竞争在政治、经济和安全等多个领域同时开始，美国国务卿蓬佩奥宣称中国是美国利益和美主导国际秩序的最大威胁，对中国进行意识形态攻击，中美"新冷战"前景浮现。[①] 早在疫情出现前，多边主义的基础就已经开始动摇；疫情暴发后，美国出于国内政治目的，不断升级对华舆论战。两国政治互信缺失，长期竞争态势明显。这在贸易领域尤为突出，以WTO为基础的贸易多边主义是当今国际秩序的重要组成部分，WTO也曾是美国维持全球领导权、治理全球经济的重要依托平台。然而，美国一再强调中国是既有多边秩序的获益者，而自身却从国际秩序的缔造者、维持者和最大受益者逐渐变成最大的受损者，因此对WTO职能的维系和改革态度消极。2020年9月，特朗普在和WTO高级官员的接触中甚至要求将美国列为发展中国家，威胁否则将从WTO"退群"。

大国竞争加剧波及多边机制，双边协调缺乏不仅使中美两国在多边层面难以合作，在某种程度上也加快了国际体系的"两极化"趋势，动摇了多边主义的基础。在世卫组织、世贸组织等多边机制中，美国的策略是"退出"甚至破坏机制，削弱中国的影响力。这不仅损害了美国在多边机制中的信誉，更是致使联合国、G20等机制内部因中美竞争而产生分裂，进而在一定程度

[①] Michael R. Pompeo, "Communist China and the Free World's Future," US Department of State, July 23, 2020, https://www.state.gov/communist-china-and-the-free-worlds-future/.

上出现职能弱化，治理绩效降低。如果中美战略竞争演变成一场持久冲突，美国可能绕开当前多边机构，乃至构建排除中国的机构，最终导致"平行秩序"的出现。①例如在联合国成立75周年大会期间，中国积极倡导多边主义，维护当前世界秩序的稳定；而美国部分媒体却在鼓吹美国"退出"并要求其他发达国家退出联合国，其目的是建立排他性的"民主国家联盟"。

（二）美国"退出"加剧治理赤字

2020年美国继续"退出"或威胁退出一系列国际机构，诸多领域的公共产品短缺，治理赤字加剧。2020年5月，美国宣布退出与俄罗斯和欧洲其他国家签署的《开放天空条约》，理由是"俄罗斯不遵守该条约"。有评论认为，此举可能是美国退出新《削减战略武器条约》的前奏，全球安全治理赤字和发生潜在冲突的风险有加大趋势。此外，美国刻意指责世卫组织故意掩盖疫情，宣布停止缴纳会费，并威胁永久冻结世卫组织资金。7月，美国正式通知联合国退出世卫组织，计划在2021年7月完成退出手续后，将原本向世卫组织提供的资金转用于其他联合国项目。疫情当前，美国的退出加剧了全球卫生领域的治理赤字，诸如此类的全球性问题更加突出。美国此前是世卫组织最主要的捐助者之一，每年捐款超过4亿美元，是大多数国家的两倍。美国与全球卫生机构的技术合作曾为世界各国的安全和健康做出了贡献，但当下这种合作却呈现岌岌可危的局面。由于美国的"退出"，消灭传染性疾病计划遭受沉重打击，并可能对地区公共卫生产生重大影响。例如由于美国未支付会费，泛美卫生组织（PAHO）处于破产边缘。美国目前是主要债务国，总共拖欠了67%的分摊会费，随着美国冻结世卫组织的资金，储备资金将很快耗尽。②在疫情大流

---

① 袁鹏：《新冠疫情与百年变局》，《现代国际关系》2020年第5期，第3页；Mira Rapp-Hooper, "China, America, and the International Order after the Pandemic," *War on the Rocks*, March 24, 2020, https://warontherocks.com/2020/03/china-america-and-the-international-order-after-the-pandemic/。

② PAHO, "Current Financial Situation and Adjustments to the Pan American Health Organization Strategic Priorities," May 29, 2020, https://www.paho.org/hq/index.php?option=com_docman&view=download&alias=51989-cess1-2-e-financial-situation-paho&category_slug=ce166-en&Itemid=270&lang=en.

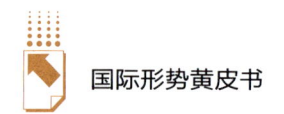

行之前，泛美卫生组织就为拉美国家提供了重要的技术援助和专业知识，其破产将对区域卫生计划产生严重影响，可能会造成重大生命损失。[1]美国的持续"退出"将冲击现行全球治理体系，进一步加剧当下公共产品供给不足的问题，影响全球公共问题的解决。

（三）区域一体化重要性凸显

面对大国竞争和美国"退出"，部分地区性国家在全球治理方面选择抱团取暖，区域一体化趋势因此增强。在全球疫情治理相对缺位的状况下，许多区域间组织在诸边框架下交换抗疫信息，加强多部门合作，规范程序并提高透明度。[2]例如，非盟、东盟、海湾合作委员会和南亚区域合作联盟均制定了应对危机的区域性整体方案。其中，海湾合作委员会建立了联合行动办公室，分享每个成员国控制病毒传播的经验、最新数据和应急能力，南亚区域合作联盟建立了应急基金，南方共同市场国家建立了基金，旨在促进与病毒相关的研究、教育和生物技术发展。虽然疫情逐步得到控制，但全球经济颓势短期内难以逆转，不少国家出于规避系统风险的考虑，愈发重视供应链的完整性和自主性，采取诸多手段推动供应链的区域化集聚，进一步加快了区域一体化的趋势。[3]

2020年的区域一体化突出表现在东南亚、非洲和北美地区。在东南亚地区，包括东盟和中国在内的15个国家最终签署《区域全面经济伙伴关系协定》，构建亚太地区的自由贸易平台。在非洲地区，区域经济一体化进程也在加快。非洲于2018年发起自贸区倡议，并提出在2020年7月正式启动，但在疫情影响下，非盟委员会已经提出将自贸区的正式启动推迟到2021年1月

---

[1] Adam Kamradt-Scott, "Lives at 'Grave Risk': Trump's Withdrawal from the WHO is a Hit to Global Health," *The Conversation*, July 8, 2020, https://theconversation.com/lives-at-grave-risk-trumps-withdrawal-from-the-who-is-a-hit-to-global-health-142266.

[2] Anastasia Kalinina, "What the World can Learn from Regional Responses to COVID-19," Atlantic Council, April 24, 2020, https://www.atlanticcouncil.org/blogs/new-atlanticist/what-the-world-can-learn-from-regional-responses-to-covid-19/.

[3] 王义桅:《新冠疫情是世界历史发展分水岭》,《参考消息》2020年6月4日, http://www.cankaoxiaoxi.com/china/20200604/2412189.shtml。

1日。非洲力图建立世界上最大的自贸区,涵盖12亿人口和2.5万亿美元的经济总量,在54个国家和地区建立商品和服务的单一市场,使人员和资本自由流通,通过简化贸易程序吸引长期投资。在北美地区,《美加墨协定》的生效标志着北美地区经济一体化的最新进展。2020年1月,特朗普签署修订后的《美加墨协定》(USMCA),替代《北美自由贸易协定》的新贸易机制正式生效。相对其他地区一体化而言,该地区的大国主导色彩浓重,尽管如此,该协定也相对提升了北美地区的经济一体化程度,减少了贸易和联合生产的壁垒,促进了边境的货物和服务流动,使供应链变得更有效率和更具韧性,降低了联合生产网络的成本。

(四)双边走强与多边示弱

在全球治理领域内,双边走强与多边示弱的现象明显升温。近两年来,全球范围内产生了多项双边经贸协定,2019年底,中美正式达成第一阶段经贸协议。2020年9月,中国与欧盟宣布签署《中欧地理标志协定》,这是中欧签署的第一份重要的双边贸易协定,有助于进一步拉动双边经贸合作。双方还同意在年内达成《中欧全面投资协定》。10月,中国与柬埔寨签署了《中柬自贸协定》,是疫情发生以来中国签署的第一个自贸协定。此外,英国和日本于2020年9月达成《全面经济伙伴关系协定》,有助于两国商品出口和市场准入的便利化。目前,美国还和印度、英国等展开双边经贸协定谈判,美印倾向于达成小型贸易协定,但双方对短期内达成协议并不乐观,贸易代表莱特希泽取消了前往印度的行程。特朗普访问印度期间也没有宣布任何标志性协议。[①] 美国与英国的贸易协定在进口标准问题上陷入停滞,莱特希泽明确表示在11月总统大选之前,美国不太可能与英国达成协议。尽管如此,双边互动明显频繁于多边互动,且现实影响力亦更为突出。例如中美诉诸双边谈判路径而非WTO多边平台达成了第一阶段协议。

---

① Akshobh Giridharadas, "Despite Trump's Visit, A U.S.-India Trade Deal Isn't Close," *The National Interest*, February 24, 2020, https://nationalinterest.org/blog/buzz/despite-trumps-visit-us-india-trade-deal-isnt-close-126537.

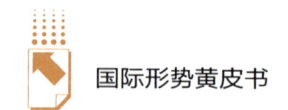

相比之下，多边主义面临重重挑战。例如，欧盟是多边主义的产物，是多边主义和全球治理的捍卫者，但2020年1月底英国正式启动"脱欧"，在某种程度上冲击了欧盟的多边主义事业，致使欧盟内部统一问题再次凸显。再如，疫情更加暴露了当下多边主义的颓势：国际社会存在一系列应对全球公共卫生紧急情况的多边机制，但是这些机制未能有效阻止大多数国家采取单边应对的态度。其中G7、G20和联合国安理会等机构在抗疫行动上缺乏协调，G7成员国更加突出强调边境封锁，G20对疫情虽有反应但相对迟缓，安理会则未能出台相关决议协调大国行为。此轮疫情带来的教训是多边协调与合作绩效的有限性，特别是在面临突发性危机的情况下，既有的多边体系并不能采取即时行动进行自我调节，进而采取及时有效的应对措施。①

（五）全球卫生治理能力亟待提升

2020年最突出的治理问题就是针对新冠肺炎疫情的全球卫生治理。在疫情出现全球大流行后，各国并未如愿紧密合作共同抗疫，特别是以美国为代表的发达国家采取了各自为政、以邻为壑的方式。随着疫情扩散加之特朗普政府应对不利，美国的对华舆论战和口水战一度升级，试图抹黑中国积极抗疫和参与全球卫生治理的正面形象。疫情出现后，特朗普、蓬佩奥等美国高层并未及时有效地组织国内抗疫，而是声称病毒源于中国，指责中国在疫情管控上信息分享不及时、不公开、不透明，将中国与疫情的全球传播生硬地联系在一起，从而达到转移国内视线、推卸自身责任、"甩锅"其他国家的目的。欧洲国家阻止出口和扣押关键抗疫物资，损害了相关国家的利益。部分欧洲国家更加内向化，民族主义和孤立主义倾向增强，进一步加剧了"去全球化"态势。对亚非拉国家而言，这些国家缺乏必要的医疗基础设施和专业技术人员、卫生条件差、难以有效实施限制行动，因此面对疫情风险的脆弱性较高，成为全球卫生治理的薄弱环节。

此次疫情充分暴露了世卫组织在全球卫生治理中发挥中心协调作用的

---

① Stewart Patrick, "When the System Fails," *Foreign Affairs*, Vol. 99, No. 4, 2020, pp. 44-50.

不足。全球卫生治理机制起步较晚，直到 2005 年修订的《国际卫生条例》诞生后，世卫组织才具备独立监测疾病的能力，并被授权根据官方和非官方信息发布突发公共卫生事件警报。此外，世卫组织创立伊始主要由美国和西欧国家提供运作资金，此后业务预算被一再削减，而美国等主要捐助国逐步转向自愿捐款，目的是确保世卫组织符合其自身利益，导致机构的独立性和运作能力受限。疫情暴发后，这种治理缺陷尤为明显。发达国家间歇性地提供资金，致使世卫组织并没有在受援国建立起基本的卫生治理能力①，进而使之在疫情应对方面存在明显短板。加之美国的缺位和不当作为，G20 和世卫组织等国家间合作机制没有充分发挥应有的协调作用。②

二　国际组织和多边机制的动态

（一）联合国地位下降，改革压力重重

2020 年是联合国成立 75 周年，但在大国政治的冲击下，加之受机构改革迟滞不前的影响，该机构在国际体系中的作用有所式微。

首先，大国竞争在某种程度上影响到联合国的有序运行。联合国秘书长古特雷斯（António Guterres）表示，中美两国竞争关系的不断升级可能会将世界分裂成两个集团，对世界构成巨大风险。③ 美国对联合国机构运行的干扰尤为突出。2017 年，联合国秘书长古特雷斯宣布任命巴勒斯坦前总理萨拉姆·法耶兹（Salam Fayyad）出任联合国利比亚问题特使，遭到美国的否决。2020 年，古特雷斯有意提名加纳前外长汉娜·特塔赫（Hanna Tetteh）接替卸

---

① Shahar Hameiri, "Covid-19: Why did Global Health Governance Fail?" The Lowy Institute, April 15, 2020, https://www.lowyinstitute.org/the-interpreter/covid-19-why-did-global-health-governance-fail.
② 贾庆国：《从新冠疫情下国际合作看全球治理面临的困境和挑战》，《国际政治研究》2020 年第 3 期，第 17~18 页。
③ "U.N. Head Says U.S.-China Tensions Risks Dividing World," Time, August 18, 2020, https://time.com/5879439/antonio-guterres-un-us-china/.

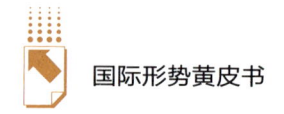

任的利比亚问题特别代表,再次遭到了美国的反对和阻挠。[①] 在中国顺利当选2021~2023年度人权理事会成员后,美国部分议员再次提出抗议,要求联合国暂停任命,对机构运行横加干涉。

其次,近年来围绕联合国改革的争论愈发激烈。联合国因效率低下、流程不透明以及缺乏问责制而面临一定的外部压力。民调显示,只有34%的美国受访者认为联合国在相关事务中表现出色。[②] 资金动员力不足限制联合国治理能力的发挥。3月25日,联合国秘书长古特雷斯发起了全球疫情人道主义应对计划,旨在减轻疫情对脆弱和贫困国家的影响,但受制于20亿美元的庞大预算,该计划的落实和预期效果并不乐观。因此,联合国机构改革的必要性不断凸显。然而,联合国机构改革压力重重。

以安理会改革为例,各利益攸关方的诉求大相径庭。以印度、德国、日本和巴西为代表的国家认为,当前的机制安排无法反映国际政治现实,因此有必要增加安理会常任理事国和非常任理事国数量,并借此谋求获取常任理事国身份。它们还主张取消否决权。印度一直处于推动安理会改革的最前沿阵地,呼声尤为强烈。2020年6月,印度第8次当选安理会非常任理事国,发布《改革多边体系的新方向》(NORMS),用以指导联合国安理会改革。不过,印度的根本诉求几乎不可能在短期内实现,五大国基本不可能在相关议题上保持一致。

疫情也再次推迟了联合国机构改革的进程。2020年5月,讨论安理会改革问题的政府间谈判联合主席致信联合国大会,将政府间谈判的时限推迟至"另行通知"。由于疫情的全球大流行,联合国总部一度暂停了面对面会议。有学者断言,在当今的政治环境下,联合国安理会改革几乎是不可能迅速推进的,仅就否决权而言,任何常任理事国都不会轻易放弃否决权,仅可能同

---

① 《德国不满美国阻挠联合国任命利比亚特使》,新华网,2020年8月1日,http://www.xinhuanet.com/world/2020-08/01/c_1210729808.htm。

② Daniel F. Runde, "Competing and Winning in the Multilateral System: U.S. Leadership in the United Nations," Center for Strategic and International Studies, May 1, 2020, https://www.csis.org/analysis/competing-and-winning-multilateral-system-us-leadership-united-nations.

意在特定情况下自愿限制使用。① 此外，安理会的扩容亦不可能一蹴而就。联合国安理会的架构会对国际政治格局产生深远影响，改革倡议需在谨慎权衡各方利益的基础上，确保国际秩序的稳定。

（二）WTO几近停摆，替代方案空位

特朗普政府单边主义行为一再冲击WTO，上诉机构面临停摆僵局。2019年12月，世界贸易组织争端解决机制两位大法官任期届满，在美方阻挠下未有补进，机构在低于三名法官的情况下无法受理任何新案件，上诉机构正式进入停摆状态。2017年以来，美国就一直对上诉机构的职能表现出不满姿态，认为其正在行使职能范围以外的管辖权，并在条约范围之外解释WTO的规则。美国以争端解决机制的"系统性"问题为由，单方面反对启动新法官的甄选程序，多次动用否决权加以阻挠。美国宣布在自身关切得到充分解决之前，不会取消对上诉机构成员任命的否决。

更有甚者，随着全球化的弊端显现，在国内国际治理挫败感的推动下，美国国内认定中国不公平地利用WTO实现实力跃升，进而要求退出WTO的呼声高涨。②2020年5月初，共和党参议员约什·霍利（Josh Hawley）提出了一项退出WTO的联合决议，随后，民主党人彼得·德法齐奥（Peter DeFazio）和弗兰克·帕隆（Frank Pallone Jr.）在众议院提出了类似的提案。这些提案在某种程度上表明，美国会两党就此问题与特朗普政府立场一致。特朗普政府一再阻挠机构改革进度，妄图在短期内使其停摆，其实质是为今后重置于己有利的治理方案铺路。

为应对WTO职能缺位，成员方开始寻求替代方案。1月，中国、欧盟和澳大利亚等17个WTO成员方开始倡议在没有美国的情况下建立多方临时上诉仲裁安排，该安排于3月正式建立，希冀在上诉机构处于停摆期间能够起到

---

① Rein Müllerson, "The UN Security Council at 75: Potential and Challenges," Valdai Club, June 12, 2020, https://valdaiclub.com/a/highlights/the-un-security-council-at-75-potential/.
② Keith Johnson, "U.S. Effort to Depart WTO Gathers Momentum," *Foreign Policy*, May 27, 2020, https://foreignpolicy.com/2020/05/27/world-trade-organization-united-states-departure-china/.

解决贸易争端的作用。然而，作为当前全球最主要的大国，美国的缺位将导致替代机制运行困难。成立WTO是为了尽可能实现自由贸易，并帮助解决成员方之间的争端，但成员方不得不寻求其他方法解决争端，虽在某种意义上有违当初成立WTO的初衷，但也实属无奈之举。

美国已经从多边贸易转向双边贸易协定谈判，其他国家也开始更多关注区域或跨区域贸易集团，这对WTO而言预示着更大的危机。尽管一些成员方建立了临时性的仲裁机制，但过去几年对争端解决机制的根本性改革诉求并未在实际上得到回应。欧盟也在发展监管机构，于2019年12月通过了《欧盟行使申请和执行国际贸易规则》的修正案，意图对破坏国际贸易规则和影响欧盟利益的国家实施制裁。此举既使欧盟在某种意义上确保了多边主义拥护者的身份，但同时也使其在WTO之外采取了超越全球多边的相关行动。[1]

（三）区域内抱团，一体化增强

亚太区域一体化趋势增强，主要表现在两个方面。一是区域内国家推进具有包容性和非排他性的一体化进程。东盟曾在《2020年愿景》中提出在东盟内部建立更加紧密的经济一体化联系，全面建立东盟自由贸易区，加快贸易自由化，增强区域多边贸易体系。[2] 在2020年6月的东盟峰会上，与会各国领导人都同意进一步推动区域一体化进程，建立一个高度一体化以及具有凝聚力、创新性和弹性的东盟经济共同体。[3]《区域全面经济伙伴关系协定》（RCEP）的推进是东盟经济一体化的最新成果。中国与日、韩等15个国家达成RCEP，成功建立全球最大的自贸区，该协定将为区域产业对接提供平台，有助于整合东亚地区经济，便利区域内人员和资本的流动，加强区域贸易一体化。

---

[1] Terence P. Stewart, "WTO Dispute Settlement in 2020: Forward Movement or Further Crisis?" Current Thoughts on Trade, April 20, 2020, https://currentthoughtsontrade.com/2020/04/20/wto-dispute-settlement-in-2020-forward-movement-or-further-crisis/.

[2] ASEAN, "ASEAN Vision 2020," https://asean.org/?static_post=asean-vision-2020.

[3] ASEAN, "Final ASEAN Leaders Vision Statement on a Cohesive and Responsive ASEAN," June 26, 2020, https://asean.org/storage/2020/06/Final-ASEAN-Leaders-Vision-Statement-on-a-Cohesive-and-Responsive-ASEAN-final.pdf.

二是区域内外大国主导的具有排他性嫌疑的"建群"行为。例如9月1日，日澳印三国组织了一次部长级会谈，就启动《供应链弹性倡议》（SCRI）达成一致，力图建立供应链联盟。单纯地从经济维度看，该倡议旨在应对疫情蔓延带来的经济危机等外部不确定性，具有一定的合理性；但从政治维度看，该倡议涉及国家在对华政策上具有相似处，都受到美国区域战略的深刻影响，协议框架与美印澳日"四方安全对话"的成员国完全重叠，因此倡议本身很难摆脱排他性和针对特定国家战略的嫌疑。此外，日澳印三国还呼吁，希望更多东南亚国家能够加入供应链联盟，保证供应链的完整性，但潜在目的是使地区国家在供应链上"去中国化"，转而依赖美国及其盟友。

（四）美谋求G7扩容，跨区域多边生变

跨区域多边的变数体现在两个方面：G7内部渐生嫌隙，美国的需求和供给意愿下降[1]；美国意图重塑跨区域多边，突出表现为G7扩容。

传统意义上，G7一直是由美国及其主要盟友组成的协调机制。特朗普政府的"美国优先"原则却在某种程度上影响G7机制的稳定性和效用发挥。在过去一段时间，G7国家很少就相关议题发布联合声明，尤其是在气候变化和自由贸易问题上，各国在机制框架内缺乏共同立场。

美国意图借助G7扩容重塑全球领导力。2020年5月30日，特朗普表示希望邀请俄罗斯、韩国、印度和澳大利亚参加G7峰会，认为G7机制已经过时，应当扩大为G11或G12机制。部分学者认为，此举目标直指中国，在中美竞争日趋激烈的背景下，美国团结更多所谓"志同道合"的国家遏制中国，构建独立于中国的经济机制。[2]

---

[1] 任琳、彭博：《全球治理变局与中国应对》，《国际经济评论》2020年第1期，第117页。

[2] Mark Sobel and Matthew P. Goodman, "G7 Needs the Right Kind of Reset," Center for Strategic and International Studies, June 12, 2020, https://www.csis.org/analysis/g7-needs-right-kind-reset; "Donald Trump's 'G11' Plan Heightens Speculation over Efforts to Build New Anti-China Alliance," *South China Morning Post*, May 31, 2020, https://www.scmp.com/news/china/diplomacy/article/3086886/donald-trumps-g11-plan-heightens-speculation-over-efforts; Xin Qiang, "G7 Expansion more Symbolic than Substantive," *Global Times*, June 2, 2020, https://www.globaltimes.cn/content/1190349.shtml.

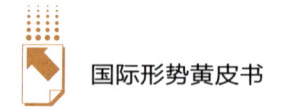

围绕 G7 扩容，美国大多数传统盟国的态度却相对谨慎。欧洲国家反对俄罗斯的加入，也并不愿轻易选边站，不想与美国联合对抗中国。英国、德国和加拿大明确拒绝俄罗斯的加入，认为邀请俄罗斯回到 G7 是对国际法和全球安全的破坏。尽管作为 2020 年 G7 峰会的东道主，美国可以邀请他国参与，但不能单独决定扩员提议，G7 每个成员国不仅必须同意特朗普扩员的提议，而且必须在新成员问题上形成共识。此外，新成员的增加可能使议程复杂化和出现更多分歧，扩容后的 G7 可能更加缺乏足够的凝聚力。

（五）G20 与国际经济秩序的调整

近年来，G20 作为全球经济治理核心协调机制的作用愈发重要，且在诸多特殊年度议题中发挥了不可或缺的协调作用，例如 2020 年为呼吁各国合力抗击新冠肺炎疫情召开了 G20 特别峰会。在特别峰会上，与会各国发表联合声明承诺将通力合作应对疫情，启动 5 万亿美元经济刺激计划，保持全球金融稳定和经济增长，减少疫情对全球供应链的干扰。G20 在疫情防控和经济纾困方面协调大国一致，尽可能确保公共产品供应，向欠发达国家提供必要帮助，且致力于恢复和稳定世界经济。[1] 4 月 15 日举行的 G20 财长和央行行长会议上制定了《G20 行动计划》，提出了采取具体行动推动经济合作的关键原则，促进稳健、可持续、平衡和包容性的全球经济复苏；还宣布为低收入国家减免债务，通过世界银行和多边开发银行提供 2000 亿美元的紧急融资支持。[2] 7 月召开的 G20 财长会议重申了上述计划和原则，承诺在即将举行的领导人峰会上定期审查、更新、跟踪该行动计划的实际落实情况。11 月，G20 领导人第十五次峰会召开，各方达成关于应对疫情挑战、推动全球经济包容性复苏的利雅得宣言，在贸易投资、国际金融、可持续发展等领域落实了多项具体合作成果和举措。在全球治理面临困境的情况下，G20 作为全球

---

[1] 任琳：《通力合作保障全球公共产品供应》，《光明日报》2020 年 3 月 30 日，http://epaper.gmw.cn/gmrb/html/2020-03/30/nw.D110000gmrb_20200330_1-02.htm.

[2] G20, "Finance Ministers and Central Bank Governors Communiqué," April 15, 2020, https://g20.org/en/media/Documents/G20_FMCBG_Communiqu%C3%A9_EN%20(2).pdf.

治理重要协调机制的作用得到充分展示。

G20面临的挑战亦有升级趋势,例如美国未承担全球金融领导作用,对既成的多边组织存有敌意;G20很难在中美贸易摩擦、美国借疫情传播"政治病毒"等问题上发挥缓和作用,都在某种程度上危及机制的国际声望。此外,G20本身面临机制优化的压力,G20机制的非正式性虽然更易凝聚各成员方,但议题设定缺乏稳定性,且无法有效设定目标、衡量并跟踪目标的实现进度。[1]

三 疫情后对全球治理的反思

此次疫情充分暴露了在面对全球共同危机之际,各国选择各自为政,难以形成及时有效的全球合作治理,公共产品赤字和治理赤字现象明显。许多国家质疑全球机构应对危机的能力。此外,在中美大国博弈的背景之下,美国针对世卫组织的不实指控和不负责任的"退出"行为大大加剧了全球卫生治理的难度。在疫情大流行后,应对全球挑战的集体行动困境可能会比以前更加严重。[2]

根据疫情中的国家间关系和各类治理机制的表现,可以预计全球治理未来可能面临两种局面。第一,全球治理碎片化和"两极化"现象更为严重,交易成本提升。中美竞争目前是塑造全球治理体系最主要的外部变量。如若两国矛盾持续升级,国际多边机制内部将进一步出现分裂,国际机构的不少成员方将可能被迫围绕特定议题在中美之间选边站。陆克文(Kevin Rudd)指出,随着中美对抗加剧,多边体系及其规范和制度开始动摇,不仅没有主导

---

[1] Jim O'Neill, "Does the G20 Still Matter?" Chatham House, July 16, 2019, https://www.chathamhouse.org/expert/comment/does-g20-still-matter.

[2] Sachin Chaturvedi, "Post-COVID-19 Development and Global Governance: The Emerging Role of Science and Technology," OECD, September 10, 2020, https://oecd-development-matters.org/2020/09/10/post-covid-19-development-and-global-governance-the-emerging-role-of-science-and-technology/.

国保持国际体系的正常运转，许多机构本身也将成为大国竞争的舞台。[①]此外，中美都倡导建立了一些全球性或地区性机制，提出了关于全球治理的不同理念。美国的全球治理构想往往依托联盟体系，以建立所谓自由民主的国际秩序为目标，具有排他性。拜登上台后，美国可能恢复一定程度的全球治理参与，此前拜登明确表示将重新加入《巴黎协定》、世卫组织等多边机制。然而，拜登的基调仍是奉行对华强硬政策，力图与志同道合的国家共同建立民主联盟，组织召开民主国家峰会，建立对华统一战线。尽管拜登提出在一些全球性问题上与中国进行合作，但双方空间相对有限。拜登提名的国家安全顾问杰克·苏利文（Jake Sullivan）提出，在对华关系方面，竞争是美国与中国进行有效合作所必需的手段，美国应该保持竞争优先、合作第二。[②]在此理念指导下，美国可能会在全球治理体系中通过多边途径强化与中国的竞争。相比之下，中国的全球治理观则更具备包容性，以"共商共建共享"的理念为基础，以"一带一路"倡议等包容性机制为依托。美国在退出一系列多边机制的同时，也在试图构建将中国排除在外的治理体系，例如提供不同于"一带一路"和亚投行的投资模式，拉拢地区盟友和伙伴打造亚洲版"小北约"。但由于第三方国家不愿意在中美之间选边站，美国构建平行体系的意图恐难奏效。尽管如此，由于中美依托差异性的治理理念和治理机制，全球治理碎片化的现象将更为明显，在同一议题领域内，不同机制存在制度博弈、竞争甚至制衡的关系，全球治理的交易成本随之大为增加了。

第二，区域治理的有效性和持续性仍有待观察。在全球治理面临一系列挑战的情况下，区域一体化进程趋暖。在疫情之前，多个地区已经呈现一体化增强的态势。疫情的出现为区域一体化增添了外部动力，一些国家倾向于依靠区域内合作应对危机，克服国际政治经济格局的不确定性。尤其是面对中美博弈的情况，地区国家倾向于内部抱团取暖，一方面避免卷入大国政

[①] Kevin Rudd, "The Pandemic Bodes Ill for Both American and Chinese Power," *Foreign Affairs*, May 6, 2020, https://www.foreignaffairs.com/articles/united-states/2020-05-06/coming-post-covid-anarchy.

[②] Kurt M. Campbell and Jake Sullivan, "Competition Without Catastrophe," *Foreign Affairs*, Vol. 98, No. 5, 2019, pp. 109-110.

治博弈，另一方面增强应对外部风险的能力。例如，东盟近期的一系列举措都在突出区域"中心性"。当然，区域治理的持续性问题也依然存疑。一方面，疫情使各国认识到，非传统安全威胁需要区域内的相互依存，进行更大程度的协调与合作；但另一方面，为应对危机各国不得不封锁边界，在一定程度上又破坏了区域一体化的前景。[1] 作为区域一体化的重要力量，欧盟在应对疫情和经济纾困方面整体表现不佳。因此有学者呼吁，欧盟有必要在追求主要领域区域一体化方面发挥领导作用，将区域主义推广到全球范围之内。[2]

我们认为，当下亟须推进全球治理体系改革，在兼容大国利益的基础上，有效调动大国的积极性。正如王毅部长指出的，疫情暴露出全球治理体系存在的短板和不足，改革全球治理体系是大势所趋。全球治理依靠国际制度，大国是全球公共产品的主要提供者，因此亟须改革现有国际制度，加强大国间协调与合作。[3] 美国应当放下一己之见，停止对全球治理事业的破坏。如若美国选择继续"退出"和弱化多边机制，中国乐意联合志同道合的国家，共同倡导和维护多边主义和全球治理事业。中国在大流行期间积极向其他国家提供医疗物资、技术等援助，分享抗疫经验，彰显了对多边合作的承诺。在多边主义问题上，中国与不少国家存在共同利益，也取得了重要成果，例如2020年4月16日，25个国家成立多边主义联盟，旨在采取合作、透明的全球疫情应对方式，最大限度减少对跨境贸易和全球供应链的破坏。中国明确表达了对多边主义联盟的支持，随时准备与各方合作维护国际秩序和致力于多边主义。中国还与欧盟共同致力于维护国际多边秩序，尽管双方在世贸组织中关注议题不同，但在上诉机构停摆后携手合作，共同采取举措推动世贸

---

[1] Monalisa Adhikari, "Responding to COVID-19: The Coming of Age of Regionalism in Asia," Political Settlements Research Programme, June 4, 2020, https://www.politicalsettlements.org/2020/06/04/responding-to-covid-19-the-coming-of-age-of-regionalism-in-asia/.

[2] Yaroslav Lissovolik, "A Post-Pandemic Revival for Regionalism: The Role of the EU," Valdai Club, August 5, 2020, https://valdaiclub.com/a/highlights/a-post-pandemic-revival-for-regionalism/.

[3] 孙吉胜：《新冠肺炎疫情与全球治理变革》，《世界经济与政治》2020年第5期，第90~94页。

组织改革。在东亚峰会系列会议上，中国表示将继续与东盟坚定支持多边主义和自由贸易，保持紧密合作关系。

此外，加强机制间合作也是提高治理绩效的重要途径。全球治理现阶段存在的一个问题就是各个机构分头治理，合作和协同性不强，一个领域的治理组织之间并不能有效协调分工。因此，今后有必要进一步加强全球治理专业组织和国际合作平台之间的合作。[1] 在面对共同危机时，各类国际多边机制的协同能够有效分担成本，增加公共产品的供应。例如，G20 与联合国下属相关机构的合作与协调能够有效增强全球经济治理能力，限制全球大流行所造成的社会经济混乱，从总体上减少全球经济的动荡。[2]

---

[1] 吴国鼎：《疫情暴露全球治理部分失灵，未来变革有五大方向》，澎湃新闻，2020 年 4 月 12 日，https://www.thepaper.cn/newsDetail_forward_6868159。

[2] Banou Arjomand, *UN 2.0: Ten Innovations for Global Governance 75 Years beyond San Francisco*, Stimson Center, July 2020, pp. 30-31.

Y.6
疫情冲击下数字时代的大国竞争

郎 平[*]

摘　要： 一场突如其来的新冠肺炎疫情席卷全球，世界格局加速演进，中美两国在网络空间的竞争日趋白热化。近一年多来，美国在关键技术领域、信息通信产业以及外交层面加大对华遏制与围堵力度，其背后则充分体现了数字时代大国竞争的焦点：科技主导权、数据安全以及军事优势。展望未来，数字时代的大国竞争将更加聚焦于网络空间，但由于颠覆性技术快速发展带来的不确定性、网络空间国际规范推进进程缓慢以及中美关系发生质变等因素叠加，网络空间还将在较长时期内处于失序的状态，而未来的大国竞争将由综合国力竞争转向"融合国力"竞争。

关键词： 网络安全　数字竞争　中美关系　网络空间国际治理

世界正在经历百年未有之大变局，大国力量此消彼长，中美关系发生质变，国际格局面临解构与重建；在全球新冠肺炎疫情的冲击下，世界政治经济格局加速演进，国际形势的不稳定性、不确定性更加突出。一方面，世界经济深度衰退，国际贸易和投资大幅萎缩，国际金融市场动荡，一些国家保护主义和单边主义盛行，经济全球化遭遇逆流；另一方面，国际安全形势更加错综复杂，传统安全和非传统安全威胁相互交织，地缘冲突和局部战争持

---

[*] 郎平，中国社会科学院世界经济与政治研究所研究员，主要研究领域为网络空间国际治理与网络安全等。

续不断，大国竞争持续加剧。在此背景下，美国对华加大遏制与围堵力度，中美两国在网络空间竞争与对抗加剧，围绕信息技术的产业链脱钩趋势明显，网络空间进一步分裂的风险加大。

一 美国加大对华遏制与围堵力度

自2018年美国政府对华贸易摩擦逐步升级以来，以华为、中兴为首的中国高科技企业开始成为美国政府制裁的对象，这一趋势在2020年进一步加剧和扩大化。截至2020年8月末，共有10个批次296家中国企业受到美国制裁，制裁领域从5G、人工智能等信息技术核心产业链扩展至电信运营商、内容和云服务商以及相关的高校和科研机构，其制裁手段包括贸易、投资以及人员交流限制等多种措施，旨在遏制中国对美核心竞争力优势领域的挑战能力，从而确保美国在大国竞争中的霸权地位和绝对领先优势。

（一）技术封锁

美国对华遏制措施首先从技术封锁开始。早在2018年8月1日，美国商务部工业安全局（BIS）开始以国家安全和外交利益为由，将包括航天二院、中电科、中国高新技术产业进出口总公司等在内的44家中国企业（8家实体和36家附属机构）列入出口管制实体清单。[1] 2019年5月15日，美国商务部再次以"国家安全方面的担忧"为由，将华为及其68家非美国关联企业列入实体清单，今后如果没有美国政府的批准，华为将无法向美国企业购买元器件；[2] 同日，美国总统特朗普依据《国际紧急经济权力法》（International Emergency Economic Powers Act，IEEPA），签署了《确保信息通信技术与服

---

[1] BIS, "Addition of Certain Entities; and Modification of Entry on the Entity List," August 1, 2018, https://www.federalregister.gov/documents/2018/08/01/2018-16474/addition-of-certain-entities-and-modification-of-entry-on-the-entity-list.

[2] US Department of Commerce, "Department of Commerce Announces the Addition of Huawei Technologies Co. Ltd. to the Entity List," May 15, 2019, https://www.commerce.gov/news/press-releases/2019/05/department-commerce-announces-addition-huawei-technologies-co-ltd.

务供应链安全》(EOSICTSSC)行政令,要求美国企业不得使用对国家安全构成风险的企业所设计、开发、制造的通信技术或提供的服务。[1] 随后,谷歌、ARM、微软和 Facebook 等陆续停止与华为的合作。2019 年 6 月 21 日,美国商务部再度将中科曙光、天津海光等 5 家中国实体列入出口管制实体名单,禁止美国供应商采购这 5 家中国实体的部件,其理由是这些中国实体"参与了旨在违背美国国家安全和外交政策利益的活动";[2] 8 月 19 日,美国商务部宣布将华为购买美国产品的"临时通用许可证"(TGL)再次延长 90 天(至 11 月 19 日),同时在实体清单中新增 46 家与华为有关联的企业;[3] 10 月 7 日,实体清单增加了包括大华技术、海康威视、科大讯飞等在内的 28 家中国机构和公司,原因是它们"参与或有能力威胁美国政府的海外政策利益"。[4]

如果说 2019 年美国对华技术封锁的理由主要是供应链安全,那么疫情暴发之后,中美竞争进一步加剧,美国对华企业技术封锁的范围和理由不断扩大和升级。2020 年 5 月 15 日,美国商务部发布公告,将针对华为出口管制规则中 25% 的美国技术含量标准降低至 10%,以严格和战略性地限制华为获得所有利用美国软件和技术生产的产品;5 月 23 日,美国商务部再次将实体清单中的 28 家中国企业扩大至 33 家;[5] 7 月 20 日,美国商务部工业安全局宣布,将 11 家中国企业列入实体清单,这 11 家公司将无法购买美国原创产品,

---

[1] The White House, "Executive Order on Securing the Information and Communications Technology and Services Supply Chain," May 15, 2020, https://www.whitehouse.gov/presidential-actions/executive-order-securing-information-communications-technology-services-supply-chain/.

[2] BIS, Commerce, "Addition of Entities to the Entity List and Revision of an Entry on the Entity List," June 24, 2019, https://s3.amazonaws.com/public-inspection.federalregister.gov/2019-13245.pdf.

[3] BIS, Commerce, "Addition of Certain Entities to the Entity List and Revision of Entries on the Entity List," August 21, 2019, https://s3.amazonaws.com/public-inspection.federalregister.gov/2019-17921.pdf.

[4] BIS, Commerce, "Addition of Certain Entities to the Entity List," October 9, 2019, https://s3.amazonaws.com/public-inspection.federalregister.gov/2019-22210.pdf.

[5] US Department of Commerce, "Commerce Department to Add Nine Chinese Entities Related to Human Rights Abuses in the Xinjiang Uighur Autonomous Region to the Entity List," May 22, 2020, https://www.commerce.gov/news/press-releases/2020/05/commerce-department-add-nine-chinese-entities-related-human-rights.

包括商品和技术；① 8月17日，美国商务部工业安全局进一步升级了对华为及其在实体清单上的非美国分支机构使用美国技术和软件在国内外生产的产品的限制，并将华为在全球21个国家或地区的38家分支机构纳入实体清单，对所有受出口管理条例（EAR）约束的项目都规定了许可证要求，全面封杀华为向第三方采购芯片；②8月26日，美国商务部宣布将24家中国企业列入制裁名单，限制其获取美国技术，原因是这些企业"帮助中国军方在南海修建人工岛"；③ 8月28日，美国国防部决定将包括中国交通建设集团有限公司等在内的11家中国企业列入中国军方拥有或控制的公司清单，为美国出台新一轮的制裁措施奠定了基础。

（二）净网行动

除技术封锁之外，中美科技领域摩擦正在向整个网络空间蔓延。2020年4月29日，美国国务卿蓬佩奥宣布，美国国务院将要求所有进入和离开美国外交机构的5G网络流量通过的是"清洁路径"。5G"清洁路径"是一种端到端的通信路径，其中不使用任何不可信IT厂商（如美国所认为的华为和中兴通讯）的传输、控制、计算或存储设备，这也意味着在即将到来的5G网络中，进入美国外交系统的移动数据流量如果经过华为设备，将受到新的严格要求。8月5日，美国国务卿蓬佩奥宣布从五个方面扩大针对中国的净网行动范围，涉及电信运营商、应用商店、应用程序、云服务和海底光缆五大方面，试图在通信网络领

---

① US Department of Commerce, "Commerce Department Adds Eleven Chinese Entities Implicated in Human Rights Abuses in Xinjiang to the Entity List," July 20, 2020, https://www.commerce.gov/news/press-releases/2020/07/commerce-department-adds-eleven-chinese-entities-implicated-human.

② US Department of Commerce, "Commerce Department Further Restricts Huawei Access to U.S. Technology and Adds Another 38 Affiliates to the Entity List," August 17, 2020, https://www.commerce.gov/news/press-releases/2020/08/commerce-department-further-restricts-huawei-access-us-technology-and.

③ US Department of Commerce, "Commerce Department Adds 24 Chinese Companies to the Entity List for Helping Build Military Islands in the South China Sea," August 26, 2020, https://www.commerce.gov/index.php/news/press-releases/2020/08/commerce-department-adds-24-chinese-companies-entity-list-helping-build.

域与中国企业完全脱钩，以便全面保护美国公民隐私和关键基础设施安全。该计划指出，"清洁网络"旨在应对威权恶意行为者对自由世界产生的数据隐私、安全、人权和有原则合作的长期威胁；"清洁网络"植根于国际公认的数字信任标准，它意味着政府需要在可信赖的合作伙伴联盟的基础上，基于迅速变化的全球市场技术和经济状况，制定一个长期的、全政府的、持久的战略加以推进。①

树大招风，位居美国市场下载量第二的 TikTok 和在中国社交媒体市场占据绝大多数份额的微信成为美国"清洁网络"计划的第一批目标。蓬佩奥表示，特朗普政府因安全风险，敦促美国公司从手机下载应用商店中删除不可信的中国应用程序，并将 TikTok 和微信称为"重大威胁"。8 月 6 日，美国总统特朗普依据 5 月宣布的《确保信息通信技术与服务供应链安全》关于在国家紧急情况可行使《国际紧急经济权力法》（IEEPA）职权的规定，签署两项行政命令，自发布日后 45 天起禁止 TikTok 和 WeChat（微信英文名）两款应用程序与美国公司进行任何交易，以防范其带来的国家安全、外交政策和经济威胁。8 月 14 日，根据美国外国投资委员会（CFIUS）建议，美国总统特朗普发布第二道行政令，要求字节跳动 90 天内必须完成 TikTok 美国业务出售交易的交割。② 与 8 月 6 日的行政令相比，此次行政令的依据为美国《1950 年国防生产法》修正案，其内容包括强迫字节跳动在限期内剥离 TikTok 美国业务，并明确了 TikTok 美国业务完成交易的交割时间为 11 月 12 日；命令字节跳动立即着手按照 CFIUS 要求从 TikTok 中撤资，包括一切与 TikTok 有关的有形及无形资产，以及所有从 TikTok 或 Musical.ly 提取或衍生出的与美国用户有关的数据；字节跳动须在剥离后，向 CFIUS 确认其已销毁所有需要剥离的数据及副本，并接受 CFIUS 的审计。

（三）外交围堵

在遏制中国的道路上，美国以保护国家安全和数据安全为名，一方面试

---

① US Department of State, "The Clean Network," Aug.15,2020, https://www.state.gov/the-clean-network/.
② Paul LeBlanc and Maegan Vazquez, "Trump Orders TikTok's Chinese-Owned Parent Company to Divest Interest in US Operations," CNN, Aug. 15, 2020, https://edition.cnn.com/2020/08/14/politics/tiktok-trump-executive-order/index.html.

图游说其盟友禁用华为的 5G 设备，另一方面也加紧抵制华为参与全球产业规则的制定，大力呼吁各国政府和行业盟友加入其中，对华实行外交围堵。2019 年 5 月，美国联合全球 32 国政府和业界代表共同签署了"布拉格提案"，警告各国政府关注第三方国家对 5G 供应商施加影响的总体风险，特别是那些易于受国家影响或尚未签署网络安全和数据保护协议国家的 5G 通信系统供应商。尽管该提案并未直接提及中国，却是在美国大肆渲染中国通信系统威胁的背景下产生的，其背后的真实意图已不言而喻，美国政府更是表示"计划将该提案作为指导原则，以确保我们的共同繁荣和安全"。[①] 此后，美国在欧洲展开一系列外交活动，与波兰、爱沙尼亚、罗马尼亚、芬兰等国发布了一系列包含 5G 内容的联合声明，其中部分声明直接提到"来自中国公司的 5G 安全风险"，试图将"布拉格提案"的内容落实到双边协议中，用双边规范将华为等中国企业排除在欧美市场之外。进入 2020 年，美国陆续与多国签署 5G 安全宣言，承诺在开发 5G 网络时严格评估供应商和供应链，认真考虑"法治、安全环境、供应商的道德状况以及供应商是否符合安全标准和最佳实践"。7 月 15 日，英国政府正式做出决定，将禁止本国运营商采购华为的 5G 设备，并要在 2027 年前逐步将华为设备从本国 5G 网络中清除。目前已有 30 多个国家和地区与美国签署了有关 5G 安全的条款，其中包括加拿大、澳大利亚、英国、法国、希腊、挪威、瑞典、日本、越南、斯洛文尼亚、塞尔维亚和中国台湾等。

在美国示范效应的影响下，印度、澳大利亚等国纷纷跟进，借机加大对华互联网企业的打压和围堵力度。2020 年 6 月 29 日，印度信息技术部援引印度 2000 年《信息技术法案》第六十九条第一款（"发出指令以阻止通过任何计算机资源公开访问任何信息的权力"），宣布在移动和非移动互联网接入设备中禁用包括 TikTok、微信等在内的 59 款中国应用，理由是这些中国应用"盗用并以未经授权的方式秘密地将用户数据传输到印度以外的服务器"，声称这些应用"损害印度的主权和完整，损害国家安全和公共秩序"并存在数

---

① The White House, "Statement from the Press Secretary," May 3, 2019, https://www.whitehouse.gov/briefings-statements/statement-press-secretary-54/.

据安全以及个人隐私保护等方面的安全问题。① 据印度媒体报道，印度将对 270 多款中国应用进行审查以确定是否存在任何所谓"损害印度国家安全及侵犯用户隐私"的行为。9 月 2 日，印度电子和信息技术部（MEIT）发布公告，宣称禁用 118 款"涉嫌参与危害印度主权与（领土）完整、印度国防、国家安全和公共秩序活动"的中国应用，其中包括微信企业版、微信读书、支付宝等。② 此外，据彭博社报道，日本、印度和澳大利亚正在就"供应链弹性计划"进行磋商，意图寻求建立更强大且多元化的供应链系统以对抗中国的主导地位。③

二 数字时代的大国竞争

数字时代，网络空间已经成为大国竞争的重要领域和重要工具，而在全球疫情的冲击下，国际格局加速演进，网络空间的大国竞争也愈发激烈和白热化。随着近一年来中美两国在网络空间的竞争，当前大国竞争的焦点主要集中在技术、数据安全以及网络战三个领域，而其背后则是中美两个大国全方位的世界地位竞争。如果说中美关系从整体上看仍然是竞争与合作共存，那么在网络空间，美国对华遏制和打压的决心已经彰显无遗，大国竞争将是一场融合意识形态、科技、经济和安全等多领域实力和治理能力的比拼和较量。

（一）科技主导权

科技革命是人类社会演进的重要驱动力量，科技也在很大程度上影响着国际政治的发展进程。进入 21 世纪，以互联网、大数据、人工智能和物联网

---

① "India Bans 59 Chinese Apps," June 29, 2020, https://indianexpress.com/article/india/china-apps-banned-in-india-6482079/.
② 《印宣布禁用 118 款中国 App，称其"参与危害印度主权与完整的活动"》，环球网，2020 年 9 月 2 日，https://baijiahao.baidu.com/s?id=1676725958849839694&wfr=spider&for=pc。
③ 《日本、印度、澳大利亚计划联手重组供应链》，腾讯网，2020 年 9 月 2 日，https://new.qq.com/omn/20200902/20200902A0KDW900.html。

为重要驱动力，人类正在逐步迈向数字化和智能化的新时代。克劳斯·施瓦布等在著作《第四次工业革命》中提出"全世界进入颠覆性变革新阶段"这一论断，他们认为"假以时日，这些技术必将改变我们现在习以为常的所有系统，不仅将改变产品与服务的生产和运输方式，而且将改变我们沟通、协作和体验世界的方式"[①]。对于美国而言，自19世纪以来，美国在所有的关键科技领域均保持着显著的领先优势，科技领先是美国确保其霸权地位的根本保证，那么在数字时代，确保美国在先进技术方面的战略优势就成为中美竞争的关键。

5G技术是当前中美战略竞争的焦点。从技术上看，它的特点是超宽带、超高速度和超低延时，基于5G的一系列新技术将会带来从无人驾驶汽车到智能城市，从虚拟现实到作战网络等众多领域的重大创新。然而，美国联邦通信委员会将毫米波频谱作为5G核心的选择策略给了在Sub-6G领域拥有优势的中国领先机会，这也使得中国第一次在一个通用技术领域实现了超越，这对美国而言是不可接受的。2019年4月，美国国防部创新委员会发布的《5G生态系统：对美国国防部的风险和机遇》报告指出，5G给美国国防部的未来带来严重的潜在风险，如果中国在5G基础设施和系统领域处于领先地位，那么国防部未来的5G生态系统可能会将中国组件嵌入其中，从而对国防部业务和网络安全构成严重威胁。[②]2020年2月，美国司法部部长威廉·巴尔（William Barr）再次明确与中国进行5G斗争的重要性，他认为中美博弈实质上是一种零和游戏，中国目前已经在全球5G基础设施市场占据了40%的市场份额，如果工业互联网依靠中国技术，中国就有能力切断外国消费者与工业赖以生存的技术和设备，让美国目前的经济制裁手段在中国的技术优势面前失效。[③]

---

① ［德］克劳斯·施瓦布、［澳］尼古拉斯·戴维斯：《第四次工业革命——行动路线图：打造创新型社会》，世界经济论坛北京代表处译，中信出版社，2018，第23页。
② Defense Innovation Board, "The 5G Ecosystem: Risks & Opportunities for DoD," April 3 2019, https://media.defense.gov/2019/Apr/03/2002109302/-1/-1/0/DIB_5G_STUDY_04.03.19.PDF.
③ "Barr's Call for U.S. Control of 5G Providers Quickly Rebuked," Associated Press, February 7, 2020, https://www.usnews.com/news/business/articles/2020-02-07/barrs-call-for-us-control-of-5g-providers-quickly-rebuked.

在此背景下，美国政府不断强化国家立法和战略设计，为从贸易、投资、人才等多渠道打压中国在 5G 领域的领先优势铺平道路。2020 年 3 月 12 日，美国总统特朗普签署《2019 年安全可信通信网络法案》，该法案禁止使用联邦资金从对美国国家安全构成威胁的公司购买设备，并制定了一项补偿方案，以支持运营商拆除和更换由存在安全风险的实体制造的设备，该法案被认为针对美国农村地区使用的华为和中兴网络设备。3 月 23 日，白宫发布《5G 安全国家战略》，制定了"与我们最亲密的合作伙伴和盟友紧密合作，领导全球安全可靠的 5G 通信基础设施的开发、部署和管理"的战略目标，并提出了四项实施路径：①促进国内 5G 的推广；②评估风险并确定 5G 基础架构的核心安全原则；③利用 5G 基础架构来管理对美国经济和国家安全的风险；④促进负责任的全球 5G 基础设施开发和部署。[1] 同日，特朗普签署《2020 年 5G 安全和超越法案》，对国家战略的实施提出了详尽的路径。[2] 8 月 24 日，美国国土安全部网络安全和基础设施安全局（CISA）发布了《5G 战略：确保美国 5G 基础设施安全和韧性》，提出五项战略举措，承诺提供一个供应链框架，研究使用"不可信"设备的长期风险，以保障美国 5G 网络免受广泛的漏洞威胁。[3]

（二）数据经贸规则

数据被认为是数字时代重要的战略资源，因而成为各大国争夺的重要内容。不同于传统战略资源的有限性，数据具有非排他性，信息资源具有无限性，在大数据技术和人工智能的助力下，数据的加工能力和使用能力不断提升，数据的信息价值和战略价值得以充分彰显。麦肯锡全球研究院报告《数

---

[1] The White House, "National Strategy to Secure 5G of the United States of America," March 2020, https://www.whitehouse.gov/wp-content/uploads/2020/03/National-Strategy-5G-Final.pdf.
[2] "Public Law 116‑129," March 23, 2020, https://www.congress.gov/116/plaws/publ129/PLAW-116publ129.pdf.
[3] CISA, "CISA 5G Strategy: Ensuring the Security and Resilience of 5G Infrastructure in Our Nation," August 24, 2020, https://www.cisa.gov/sites/default/files/publications/cisa_5g_strategy_508.pdf.

据全球化：新时代的全球性流动》指出，自 2008 年以来，数据流动对全球经济增长的贡献已经超过传统的跨国贸易和投资，不仅支撑了商品、服务、资本、人才等其他几乎所有类型的全球化活动，而且发挥着越来越独立的作用，数据全球化成为推动全球经济发展的重要力量。①正因为如此，数据具有"一物三性"的特质：在个人层面它具有个人隐私和财产的属性；在经济层面它是重要的生产要素，关系到产业竞争力和创新活力；在安全层面大数据分析具有战略价值，事关国家的信息安全和政治安全。

在中美围绕 TikTok 的角力背后，就体现了个人隐私、产业竞争和国家安全三个层面的考量，也折射出全球背景下大国之间的数据战略竞争。欧盟近年来追求"数字主权"的呼声越来越高，2019 年 11 月，德国总理默克尔在一场德国企业领袖会议致辞中呼吁，欧盟必须发展自家的资料管理平台，并减少对亚马逊、微软与谷歌等美国提供云服务科技大厂的依赖，从美国巨头手中夺回"数字主权"。② 2020 年 7 月，欧洲议会研究服务中心发表《欧洲的数字主权》，报告指出："近年来出现的'技术 / 数字主权'是促进欧洲在数字领域提升其领导力和捍卫其战略自治的一种途径，欧盟提出的'数字主权'是指欧洲在数字世界中自主行动的能力，是一种保护性机制和防御性工具，其目标是促进数字创新以及与非欧盟企业的合作……欧洲理事会强调欧盟需要进一步发展具有竞争力、安全、包容和具有伦理道德的数字经济，应重点关注数据安全和人工智能问题。"③ 2018 年 5 月正式生效实施的欧盟《一般数据保护条例》（GDPR）是欧盟维护其数字主权的一项重要手段，而欧美之间的跨大西洋个人数据保护机制则通过 2016 年 2 月达成的"隐私盾协议"加以规制。2020 年 7 月 16 日，欧盟法院（CJEU）在 Schrems II（case C-311/18）

---

① Mckinsey Global Institute, "Digital Globalization," November 2, 2018, http://www.mckinsey.com/business-functions/mckinsey-digital/our-insights/Digital-globalization- The-new -era-of-global-flows.
② 《默克尔：欧盟应从美国巨头手中夺回"数字主权"》，参考消息网，2019 年 11 月 15 日，http://news.sina.com.cn/o/2019-11-15/doc-iihnzhfy9301185.shtml。
③ Tambiama Madiega, "Digital sovereignty for Europe," European Parliamentary Research Service Ideas Paper, July 2020, https://www.europarl.europa.eu/RegData/etudes/BRIE/2020/651992/EPRS_BRI(2020)651992_EN.pdf.

案中认定欧盟与美国签订的隐私盾协议无效,并对欧盟与美国之间的跨境数据转移标准合同(SCCs)的有效性提出了重大质疑,这无疑对欧美甚至全球跨境数据流动都产生深远的影响。

随着中美摩擦加剧,国际数据规则的谈判进程中大国地缘政治博弈的角力愈加显著。与欧盟保护主义色彩浓厚的数字战略相比,美国的数字经济战略更具扩张性和攻击性,其目标是确保美国在数字领域竞争的优势地位。美国一方面主张个人数据跨境自由流动,进一步扩大自身的领先优势;另一方面界定重要数据范围,限制重要技术数据出口和特定数据领域的外国投资,遏制战略竞争对手的发展。2020年6月,美国在APEC事务会议上提议修改APEC成员方和地区的企业跨越边境转移数据的规则,即"跨境隐私规则"(CBPR),使其从APEC中独立出来。有分析认为,美国意在将加入APEC的中国从框架中排除,避免中国获取左右国家竞争力的数据。[1] 面对美国的攻势,中国也在积极调整本国的政策立场,目前来看,由于国内相关治理机制尚不完善,中国在跨境数据流动、电信服务市场准入、网络内容管理、计算设施本地化和数据管辖权等议题上仍处于被动防守地位;但同时,中国在网络设备进入国际市场、其他国家滥用出口管制、跨境电子商务等方面也形成了鲜明的进攻性立场。[2] 2020年9月8日,中国外交部部长王毅发布《全球数据安全倡议》,对当前围绕数据和供应链安全的中美争议给出了正式回应,并呼吁开启全球数据安全规则谈判。

(三)网络空间军事化

数字时代的大国竞争同样离不开对军事优势的争夺,这也导致了网络空间的军事化进程不断加速,网络攻击肆虐,网络军备竞赛风险急剧上升,网络空间的和平与稳定受到极大的挑战。网络空间正在变成一张"渐暗的网",如网络攻击肆虐致使国家关键基础设施面临重大的安全风险,利用网络环境实施的传统犯罪行为和利用网络攻防技术实施的网络窃密等犯罪行为

---

[1] 《美国提议修改APEC数据流通规则》,日经中文网,2020年8月21日。
[2] 徐程锦:《WTO电子商务规则谈判与中国的应对方案》,《国际经济评论》2020年第3期。

屡有发生，利用网络对他国的政治攻击和政治颠覆活动愈演愈烈，恐怖组织将网络空间作为新的战场并利用社交媒体作为其宣传、招募人员、行动组织的重要工具，等等。肖恩·鲍尔斯（Shawn Powers）和迈克尔·雅布隆斯基（Michael Jablonski）认为美国正在陷入一场"持续的以国家为中心的控制信息资源的斗争，其实施方式包括秘密攻击另一个国家的电子系统，并利用互联网推进一个国家的经济和军事议程，其核心目标是运用数字化网络达到地缘政治目的"。①

在此背景下，网络空间的军事化进程不断加快。2019年12月，北约成立70周年之际，29个成员国领导人发布《伦敦宣言》，强调其作为一个防御联盟正面临包括来自网络空间的安全威胁，北约将制定应对新兴和破坏性技术的计划，加强盟国关键基础设施防护能力建设，并在爱沙尼亚举行了大规模网络军事演习。同月20日，美国通过《2020财年国防授权法案》，强调美国必须采取各种措施以确保军事优势，并对网络空间作战的战略、机构、人员配备等提出新的要求。该法案授权美国国防部实施信息环境下的军事行动，以保卫美国及其盟友的利益，包括回应外国势力对美国及其公民的攻击或恶意影响活动。2020年5月，美国白宫发布《美国对中国战略方针》，指责中国实施网络商业窃密以及其他网络攻击行为，美国司法部和联邦调查局正在调拨资源，以查明和起诉窃取商业机密、黑客攻击和经济间谍活动，并加大对美国基础设施的恶意外国投资、供应链威胁和试图影响美国政策的外国代理人的执法力度。同月，德国政府正式提请欧盟对2015年针对德国联邦议院发起大规模黑客攻击的俄罗斯个人实施制裁。②

此外，网络空间的内容——信息和数据——也会被一国利用或操纵来实现其针对他国的地缘政治目标。随着大数据时代的到来，个人信息和数据对国家安全的重要性与日俱增，如果大多数公民有关政治立场、医疗、生物识

---

① Shawn Powers and Michael Jablonski, *The Real Cyber War: The Political Economy of Internet Freedom*, Chicago: University of Illinois Press, 2015.
② 《网络空间国际规则前沿与态势简报第五期》，网络空间国际法前沿，https://mp.weixin.qq.com/s/CxM4KO3-zWAdC2bZswSdkA。

别等的隐私数据被敌对国家或他国政府捕获，经过人工智能大数据分析，都可能产生巨大的安全风险——信息操纵。2018年4月，美国智库兰德公司发布报告《现代政治战》(Modern Political Warfare)，强调信息域将是一个争夺日趋激烈甚至是决定性的政治战领域，其本质就是一场通过控制信息流动来进行的有关心理和思想的斗争，其行动包括舆论战、心理战以及对政治派别或反对派的支持。[①] 2019年9月，兰德公司报告《敌意的社会操纵：现状与新趋势》指出："敌意社会操纵的实践者指的是利用有针对性的社交媒体活动、复杂的伪造、网络欺凌和个人骚扰、散布谣言和阴谋论，以及其他工具和方法对目标国家造成损害，包括'宣传'、'积极措施'、'假情报'和'政治战争'等方式。"[②] 此次疫情期间，在Twitter、Facebook等社交媒体上，以美国政治家操纵的针对中国的政治宣传集中显现，澳大利亚研究人员发现，有关"新型冠状病毒是中国制造的生物武器"的阴谋论，在社交媒体Twitter经由支持特朗普的机器人账号集中传播的可能性远高于其他可能性。[③] 由此可见，随着国家安全的威胁日趋多元化以及"混合战"和"灰色地带"战争理论的兴起，信息域的政治战已经成为不容忽视的新的战争形式，这也是特朗普认为TikTok作为社交媒体"可能会危害美国国家安全"的深层次原因。

三 趋势展望

世界正在经历百年未有之大变局，大国力量此消彼长，中美关系发生质变，国际格局面临解构与重建。在全球疫情背景下，世界政治经济格局加速演进，国际形势的不稳定性、不确定性更加突出。在不确定性中锚定

[①] Linda Robinson, et al., "Modern Political Warfare: Current Practices and Possible Responses," Rand Corporation, 2018, p.229.
[②] Micheal J. Mazarr, et al., "Hostile Social Manipulation: Present Realities and Emerging Trends," Rand Corporation, September 4, 2019.
[③] 邢晓婧：《美媒：调查显示特朗普支持者在社交媒体上散布中国谣言》，环球网，2020年6月3日，https://www.sohu.com/a/399422300_162522?_trans_=000014_bdss_dkmgyq。

确定性，可以看到数字时代的大国竞争将聚焦于网络空间，网络空间不仅是大国竞争的重要领域，更是大国竞争的重要工具。考虑到中美关系正在经历质变、网络空间国际规范缺失以及颠覆性技术快速发展带来的不确定性，网络空间的碎片化和无序态势将会加剧，未来出现两个平行体系的可能性增大。

第一，网络空间大国竞争和地缘政治对抗加剧，多边治理机制的有效性被削弱。近两年世界经济形势下行风险加剧，促使原本激烈的大国竞争与日俱增，作为大国竞争的一个核心场域，地缘政治对抗使国家安全概念极度泛化，供应链安全与数据安全成为当今大国竞争的焦点，给全球的信息技术创新、数字经济发展以及网络空间和平与稳定带来更加动荡和不确定的前景。由于竞争性的上升，国家间合作的意愿大大降低，多边治理机制的有效性下降，多边合作的难度加大，从而给联合国、WTO、G20、APEC等平台的国际规则谈判带来消极的影响。在美国的大力鼓动下，以意识形态安全风险为由，欧美国家针对中国的遏制和封堵有扩大和蔓延的可能，中国互联网企业出海的难度持续加大；世界产业链将出现以脱钩为目的的重新调整，两个平行体系出现的可能性上升，分别以美国和中国为中心的双边、区域和集团合作可能性呈现上升趋势。

第二，网络空间安全形势恶化，军事化和武器化进程加快。如果说这次疫情带来了新一轮的信息化和数字化浪潮的话，那么依赖的程度越高，其网络安全的脆弱性也会越高。国际刑警组织警告称，网络犯罪正在通过勒索软件威胁医疗卫生关键设施；钓鱼软件、恶意网站和恶意软件更是急剧增长；数据泄露事件更是频频发生，不仅威胁到个人的信息安全，而且带来了严重的经济损失。与此同时，在大国竞争背景下，网络空间的军事化和武器化将会改变未来的战争形式：随着人工智能等新技术被运用到军事领域，自主性武器的使用将会在很大程度上改变未来战争的格局，也急需新的规则来规范各国的行为；网络空间还面临被武器化的安全风险，以国家为主导、多种行为体参与、理性和算法驱动、利用政治机器人散播虚假信息的计算政治宣传正在越来越多地被应用在国家的政治战或混合战中，信息域将成为一个越来越重要甚至是决定性的政治战领域。

第三，网络空间国际规范不断涌现，大国博弈围绕国际话语权的争夺更加激烈。过去一年来，有关网络空间行为规范的制定和探讨在不同层面得到推进：法国、美国、俄罗斯和荷兰都提出了适用于网络空间行动的国际法立场文件，美国等27国发布了《关于推进网络空间中负责任国家行为的联合声明》，全球网络空间稳定委员会（GCSC）发布"推进网络空间稳定性"的总结报告，提出应建立一个网络稳定框架、四项原则、八条行为规范以及促进网络空间稳定的六点建议。在联合国层面，第六届UNGGE召开非正式磋商和第一次会议；不限成员工作组（OEWG）也先后举行了磋商和两次实质性会议，就六大议题进行了深入探讨；联合国"致命性自主武器系统"专家组通过了2018年确认的指导原则和人机交互的另一项原则；联合国大会通过决议，正式开启谈判制定打击网络犯罪的全球性公约。世界经济论坛发布报告认为，2020年是网络安全的一个拐点，新的规范不断涌现，大浪淘沙的过程到了一个重要的节点，[①] 可以判断，随着网络空间国际规范的生命周期由规范兴起向规范普及过渡，大国围绕规范制定话语权的博弈将更加激烈。

第四，未来的大国竞争将进入全政府-全社会模式的"融合国力"竞争时代。随着大数据、人工智能等信息技术的快速发展，网络空间与现实空间开始深度融合。一方面，信息革命逐渐渗透经济、社会、政治、安全的方方面面，各个领域都需要在时代大潮中重新调适；另一方面，互联网企业和社交媒体平台的崛起正在分享原本属于政府的部分权力，无论是产业的发展还是网络安全的维护都需要各方协作来完成。因此，无论是由于信息技术在各领域的应用还是地缘政治因素的强力介入，网络空间的碎片化趋势都已经成为必然，这就决定了大国对网络空间话语权的争夺将在多领域多节点展开，在客观上对一国政府的治理能力以及融合、调配各领域资源的能力提出了更高的要求。正如美国在强夺TikTok事件中所采取的全政府-全社会模式所揭

---

① WEF, "Why 2020 is a Turning Point for Cybersecurity," January 23, 2020, https://www.weforum.org/agenda/2020/01/what-are-the-cybersecurity-trends-for-2020/.

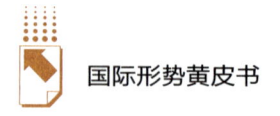

示的，哪个国家能够更有效地融合各领域的国力并将其投射在网络空间中，哪个国家就能够在新一轮的科技革命竞争中获胜。

参考文献

新华网。

环球网。

中国政府网。

《参考消息》。

腾讯网。

《国际经济评论》。

www.un.org.

www.rand.org.

www.weforum.org.

www.state.gov.

www.congress.gov.

www.whitehouse.gov.

Y.7 全球能源政治（2019~2020）

薛 力*

摘　要： 受新冠肺炎疫情、"欧佩克+"减产计划、特朗普外交政策、中美关系紧张等因素影响，2020年能源政治博弈较为激烈，全球化进入较大的漩涡期，全球经济陷入明显的负增长。能源政治方面，美国与欧洲国家在欧洲的斗法互有胜负。沙特阿拉伯、俄罗斯与美国促成的"欧佩克+"减产协议得到了有效落实，伊拉克保持石油明显增长的势头并超越了伊朗的产量，越南可能为了开采南海油气对中国发起"南海仲裁"，中国需要谋划能源进口新布局。美国抗疫失败且2020年油气增长势头将受挫，但坐稳了全球第一大油气生产国的位子。巴西抗疫也不成功但油气产量大幅度增长，这部分与博索纳罗的能源政策有关。墨西哥的能源改革未见成效且前景堪虞。虽然美国施加的制裁越来越严厉，委内瑞拉的石油产量也继续大幅下降，但马杜罗在与反对派的斗法中依然不落下风。利比亚两派之间的"代理人冲突"将继续，但不会改变石油产量增长的整体趋势。南苏丹和苏丹都在落实各自的和平协议，因此石油产量增加。2021年疫情的影响将明显弱化，因此会促成经济复苏、油价回升。

关键词： 能源政治　新冠肺炎疫情　"欧佩克+"　特朗普外交政策　中美关系

---

* 薛力，中国社会科学院世界经济与政治研究所研究员、博士生导师，主要研究领域为国际战略与中国外交。

一年来，与全球能源政治相关的主要因素有新冠肺炎疫情、欧佩克及其伙伴国的竞争与合作、特朗普政府的外交政策、中美关系恶化。

疫情对全球影响巨大，其对全球政治的影响已经超过了2001年的"9·11"事件，对全球经济的影响则超过了2008年的国际金融危机。

人类应对传染病的历史表明，全球协作是必要且有效的，消灭天花就是典型案例。但全球分裂势头凸显，主要大国间矛盾加深，以至于难以协调制定出全球方案来应对疫情的全球大流行。全球抗疫措施不协调乃至分裂，与特朗普的对内对外政策有重大关系。美国在全球的角色地位目前还没有国家可以取代，而国内抗击疫情惨败的美国，[1]不可能在全球抗疫中发挥领导作用。

经济上，国际货币基金组织预计，全球GDP增长率将从2019年的2.9%下降到2020年的-3.0%，降幅达5.9个百分点。[2]而在全球金融危机爆发的2008年，全球GDP增长率不过从2007年的5.7%下降到2008年的3.0%，降幅只有2.7个百分点。国际货币基金组织估计，2020年和2021年全球经济损失将达到9万亿美元，超过日本与德国的经济总量。[3]

受疫情的影响，全球石油需求明显减少，产能过剩加剧，油价大幅度波动，WTI期货价从2020年1月的50美元/桶左右急跌，4月20日一度跌到-37.63美元/桶。尔后在各方的干预下，6月回升到40美元/桶左右，并维持到9月底，[4]这个价格仍比年初低20%左右。

受以下因素影响，欧佩克对全球能源市场的影响力呈下降趋势：天然气与可再生能源在全球能源消费中占比上升而石油占比下降、[5]欧佩克在全球石

---

[1] 作为唯一的超级大国，美国以不到世界5%的人口，"贡献"了全球22%的新冠肺炎患者与21%的死亡病例，到2020年9月22日，已经有710万患者与20.5万死亡病例。以至于特朗普自己也承认"这是一个耻辱"。参见《全球新冠肺炎疫情实时动态》，凤凰网，https://news.ifeng.com/c/special/7uLj4F83Cqm；《美国新冠死亡病例破20万 特朗普回应：这是一种耻辱》，环球网，https://world.huanqiu.com/article/3zzobOPDLk2。

[2] IMF, *World Economic Outlook*, April 2020: The Great Lockdown.

[3] 转引自魏晋《新冠疫情怎样影响世界经济》，《世界知识》2020年第12期。

[4] "Cushing, OK Crude Oil Future Contract 1 (Dollars per Barrel)," https://www.eia.gov/dnav/pet/hist/RCLC1D.htm.

[5] 在可再生能源领域，欧佩克并没有优势；而在全球天然气市场，无论是管道天然气还是液化天然气，欧佩克的影响力都明显弱于石油领域。参见 *BP Statistical Review of World Energy 2020*, p.10。

油产量中的占比下降、[①] 美国需要进口的原油大幅下降且可以就近进口满足所需、[②] 美俄等国家油气产量提升并在外交中更多地使用"能源武器"。疫情这个系统性风险更削弱了欧佩克的全球影响力。其结果是，2018年10月油价进入下降通道，全球主要石油出口国，不论是否为欧佩克成员国，为了增加收入与保住市场份额，都不愿意减产，加上疫情的"助力"，导致油价在2020年上半年暴跌，并出现负油价的奇观。

这显然严重违背上述国家的利益，而欧佩克无力应对这个系统性风险。对此，欧佩克强化了与俄罗斯、美国、加拿大等非欧佩克产油国的战略协作，以稳定与提升油气价格。经过反复谈判，欧佩克与非欧佩克产油国（以下简称"欧佩克+"）最终在4月13日达成了为期两年的史上最大规模石油减产协议。依据该协议，协议参与方将从5月1日起日均减产970万桶，首轮减产为期两个月（由于疫情继续扩大，实际上执行了三个月）；7月至年底减产规模降至每日770万桶；2021年1月至2022年4月减产规模将降至每日580万桶；并于2021年12月讨论协议延期事宜。[③] 这个协议的执行效果比较好，油价在此后几日虽然经历了探底，但随后进入上升期，5月1日油价为每桶19.78美元，31日已经涨到每桶35.45美元。[④]

美国作为唯一的超级大国，其外交政策对全球依然有重大的影响。就能源政治而言，明显的例子有3个。①"欧佩克+"能在2020年4月13日达成减产协议，就与美国直接相关：特朗普分别给俄罗斯、沙特、墨西哥领导人打电话，并承担了墨西哥40万桶/日减产份额中的30万桶/日。[⑤] 这是美国为世

---

① 欧佩克原油产量2006年占全球产量的41.7%，2019年下降到37.5%，参见 BP Statistical Review of World Energy 2007, P8; BP Statistical Review of World Energy 2020, p.18。
② 2006年每天原油产量为687.1万桶，而消费量为2058.9万桶，66.63%依靠进口；而2019年每天原油产量为1704.5万桶，消费量为1940万桶，只有12.14%依靠进口，加拿大的出口量就可以满足美国的进口需要。参见 BP Statistical Review of World Energy 2007, p.8,p.11; BP Statistical Review of World Energy 2020, p.16,p.21。
③ 《欧佩克与非欧佩克产油国达成历史性减产协议》，搜狐网，https://www.sohu.com/a/387646407_123753。
④ "Cushing, OK Crude Oil Future Contract 1 (Dollars per Barrel)," https://www.eia.gov/dnav/pet/hist/RCLC1D.htm。
⑤ 《"欧佩克+"再添"盟友"何日重现市场平衡》，中国石油网，http://center.cnpc.com.cn/sysb/system/2020/04/24/001772847.shtml。

界主要产油国谋集体福利的举动。②美国为了推销本国的液化天然气、支持波兰与乌克兰等国家而反对修建北溪-2天然气管道,加剧了东西欧一些国家间的矛盾,如引发德国的不满,以及法国强化欧洲内部合作、弱化北约作用的倾向。③美国对伊朗的制裁措施,严重影响了伊朗的石油生产(详见后述)。

特朗普出于内政的需要,以全政府模式从多方面对中国进行打压,使得中美关系陷入1979年两国建交以来最低水平。中美两大经济体关系的持续紧张,不但影响到两国之间的能源贸易,也对全球能源贸易产生了明显的影响,如2020年上半年中国减少从澳大利亚进口液化天然气,而增加从俄罗斯进口管道天然气。①这其中既有价格因素,也有政治因素。澳大利亚积极跟随美国从多方面施压中国的做法,使中国不得不减少对澳大利亚液化天然气的依赖。而2017~2019年澳大利亚一直是中国最大的液化天然气来源国。

受上述因素影响,2020年成为能源政治博弈较为激烈的一年,全球化进入较大的漩涡期。

一 欧洲能源政治:俄欧与美国互有胜负

欧洲能源政治的总体趋势是欧盟致力于在应对全球气候变化问题上扮演全球领导者的角色,为此积极推进可再生能源、清洁能源的使用,体现为减少核电、石油、煤炭的使用,增加风能、太阳能、植物能的利用。而增加天然气的使用也是其中的重要一环。但欧盟国家消费的天然气中有58%需要进口,②其中管道天然气价格便宜但主要来自俄罗斯,液化天然气价格较高但来自美国、卡塔尔(实际上是美国公司所生产)。因此,美国力主欧盟国家更多使用液化天然气,而欧盟国家倾向于增加管道天然气。结果形成两个"斗法"阵营:丹麦、波兰、乌克兰、波罗的海沿岸三国等国家支持或者

---

① 《澳洲迎坏消息:对华天然气出口额暴跌23%!或将失去中国市场》,搜狐网,https://www.sohu.com/na/412909838_334198。

② 2019年欧洲的天然气消费量为5541亿立方米,而产量为2359亿立方米。参见 BP Statistical Review of World Energy 2020, p.34, p.36。

偏向美国的主张，德国、法国、奥地利、瑞士等国家则更多地从本国利益与欧洲整合的立场出发制定能源政策。这在北溪-2（North-Stream 2）天然气管道项目上有集中表现。我们在2019年的报告中分析了支持方与反对方各自的理由，并就这个项目的未来进行了预测：工程会被拖延但大概率会在2020年投产。①

一年来的后续进展是，美国不断加码制裁措施。先是在2019年底对管道铺设船只实施制裁，迫使施工方瑞士Allseas公司停工，俄罗斯紧急采取补救措施，希望能在2020年底投产。② 美国国会则在2020年6月将制裁范围扩大到所有与北溪-2管道铺设相关的活动，包括为铺设船舶提供保险、公证、港口设施的公司。③ 7月，美国参众两院投票通过的新财年国防授权法修正案中，延长对参与"北溪-2"项目建设公司的制裁，120多家欧洲公司受到直接影响。欧盟24国则在8月中旬向美国国务院发照会抗议美国对这一项目的不断干涉。俄罗斯也再次表示要在年底完成这个项目。④ 但在众多公司因美国制裁无法施工的情况下，项目竣工日期很难确定，很可能要拖到2021年。值得注意的一点是，针对俄罗斯反对派人士纳瓦利内疑似中毒事件，德国总理默克尔9月一改以往"坚决支持"的立场，表示不排除以北溪-2项目制裁俄罗斯。⑤ 可见，这一问题上"美国意愿"暂时压过了"欧洲计划"。

伊朗油气出口问题则是欧盟与美国斗法的另外一个议题。我们在2019年的报告中指出，德国、法国、英国、俄罗斯与中国等伊核协议参与方在应对美国的制裁上并没有找到有效的办法，独立于美元与SWIFT的简单结算系统"支持贸易往来工具"（INSTEX）并不能用于油气贸易结算，因此价值很有

---

① 薛力：《全球能源政治（2018~2019）》，载张宇燕主编《全球政治与安全报告（2020）》，社会科学文献出版社，2020，第174页。
② 《俄能源部长："北溪-2"管线将在2020年底前竣工》，俄罗斯卫星通讯社，http://sputniknews.cn/economics/201912281030359661/。
③ 吴正龙：《一波三折的"北溪-2"项目》，国际网，http://comment.cfisnet.com/2020/0818/1320525.html。
④ 《欧盟24国抗议美搅局"北溪-2"项目》，搜狐网，https://www.sohu.com/a/414559371_119038。
⑤ 《德俄"北溪-2"天然气管道项目再生变，谁将渔翁得利？》，搜狐网，https://www.sohu.com/a/418571553_114986。

限。一年来的后续进展是各国能源公司出于全球业务的考虑，不得不延缓乃至退出在伊朗的投资计划，伊朗2019年的原油日产量比2018年剧降26.4%，从480.1万桶下降到353.5万桶。① 但伊朗的天然气产量依然增长2.4%，从2383亿立方米增长到2441亿立方米，② 略大于其2236亿立方米的国内消费量。③ 多出的205亿立方米中有74亿立方米通过管道出口到土耳其，其余部分去向不详。④ 这方面也是美国小胜。

土耳其溪（Turkey Stream）天然气管道项目则是俄罗斯、土耳其、东欧若干国家与美国"斗法"的又一个议题，也是俄罗斯为了绕开乌克兰与波兰而修建的南线项目（北溪-1与北溪-2则是北线项目）。2020年1月，项目启用，土耳其与保加利亚都从中"获气"，而塞尔维亚也希望早日连入这条管道。⑤ 可见，在这个议题上，欧洲国家小胜美国。

二 亚洲能源政治：东亚西亚热度不同

过去一年来，亚洲能源政治中的突出事件无疑是"欧佩克+"减产计划的制定与实施，其影响波及全球，因此在本报告开篇的全球能源政治部分做了阐述。这里想补充的是，沙特作为欧佩克的领头羊，与俄罗斯一起承担了减产数量的一半，但沙特减产达380万桶/日，远高于俄罗斯的190万桶/日。⑥ 因此，沙特可以要求减产执行不严格的尼日利亚、阿联酋、伊拉克、安哥拉等国家减产以遵守配额。⑦ 而伊朗、委内瑞拉等国家则因为产量已经大幅下降而得以豁免减产配额。这体现了"欧佩克+"在制定政策过程中注

---

① *BP Statistical Review of World Energy 2020*, p.16.
② *BP Statistical Review of World Energy 2020*, p.34.
③ *BP Statistical Review of World Energy 2020*, p.36.
④ *BP Statistical Review of World Energy 2020*, p.43.
⑤ 《"土耳其溪"天然气管道项目正式启用》，新浪网，https://news.sina.com.cn/w/2020-01-09/doc-iihnzhha1278444.shtml.
⑥ 《"欧佩克+"再添"盟友"何日重现市场平衡》，中国石油网，http://center.cnpc.com.cn/sysb/system/2020/04/24/001772847.shtml.
⑦ 《欧佩克宣布减产协议进入第二阶段》，中国石油网，http://news.cnpc.com.cn/system/2020/07/27/030005179.shtml.

意顾及不同国家实际情况，因而减产政策整体上比较合理，执行情况也比较好。

伊朗的案例前面已经分析，而伊拉克在中东产油国中的地位正在稳步提升。与伊朗石油产量大幅度下降形成鲜明对比的是伊拉克，其石油产量2019年同比上升3.2%，达到477.9万桶/日，这已经超越伊朗的产量，也比2002年（美国入侵伊拉克前一年）的211.6万桶/日[1]多一倍以上。而且，过去十年伊拉克的石油产量处于稳定增长通道上，依据这个趋势，不难超越500万桶/日。这说明，伊拉克的治安形势已经可以确保石油产量持续稳定增加。北部库尔德人居住区的形势不太稳定，但基尔库克大油田2018年已经在中央政府控制下，并与伊朗实现换油。因此，伊拉克有望坐稳全球第五大产油国的位子，并可能超越2019年日产量为565.1万桶的加拿大成为第四大产油国。

就东亚而言，越南案例值得关注。2019年越南石油消费量为52.8万桶/日，比上一年增长4.4%，[2]考虑到越南正处于经济高速增长期，其石油消费量将持续增长。但越南石油产量从2016年开始进入下降通道，2019年的产量只有23.6万桶/日，同比下降7.9%，只能满足44.7%的消费需求。越南的原油主要产自海上油田，其中一些油田已经接近或者进入与中国存在争议的海域。为了满足国内需要，越南必然加大海上油气开采力度。因此，中越之间围绕争议海域油气开采的争端将总体上升，一旦知华派现任领导人离任，两国关系可能恶化，越南甚至可能效法菲律宾的阿基诺政府，对中国发起"南海仲裁"。[3]而"强化在南海的军事存在、扶持东盟声索国制衡中国"是美国的既定南海政策。对此，中国有必要未雨绸缪。

中国的能源进口面临调整。中国的能源消费仍处于快速增长期，就化石能源而言，煤炭资源丰富但为了节能减排，需要降低消费比重与总量。石油

---

[1] *BP Statistical Review of World Energy 2007*, p.8.
[2] *BP Statistical Review of World Energy 2020*, p.21.
[3] 《提起南海仲裁，越南想清楚了吗？》，中国南海研究院网站，http://www.nanhai.org.cn/review_c/440.html。

产量难以提升，增加的消费主要靠进口，且大部分来自热点问题频出的中东地区，而进口石油在石油消费中的比重2019年已经达到72.71%。[1] 天然气消费增长迅速，国内产量只能满足部分需求，2019年自给率为57.80%。[2] 进口液化天然气价格较高，管道天然气虽然通达全国31个省份，但尚有大量终端用户没有通达。2019年12月单独组建了国家管网公司，[3] 这符合全球大势，但进口气源并不稳定。中俄东线天然气管道2019年12月开通后，中国"补上"了天然气进口的东北通道、增加了气源，但中亚输气管道D线迟迟难以落实，从土库曼斯坦进口管道天然气出现下降。中缅天然气管道输气量有限，并且孟加拉湾的气源不足。从美国和澳大利亚进口液化天然气、从加拿大进口石油均因为外交关系紧张而受到影响。如何布局石油与天然气进口来源、实现油气进口安全，中国需要进一步谋划。

三 美洲能源政治：有人欢喜有人愁

2019年，南北美洲主要产油国中，原油日产量增长的有美国（11.0%）、巴西（7.4%）、阿根廷（4.9%）、加拿大（2.7%）、哥伦比亚（2.4%），产量下降的有委内瑞拉（-37.7%）、墨西哥（-7.3%）。[4]

2020年，随着疫情的全球蔓延，南北美洲成了全球疫情的重灾区，上述国家普遍沦陷。截止到2020年10月6日，上述国家中疫情最轻的加拿大，也有16.4万人确诊，9462人死亡。[5]

从能源政治的角度看，加拿大、哥伦比亚与阿根廷在过去一年里值得关注的事件不多，因此，本报告仅分析另外4个国家。

---

[1] 2019年原油日产量为383.6万桶，而日消费量为1405.6万桶。参见 BP Statistical Review of World Energy 2020, p.16, p.21。
[2] 天然气消费量从2009年的902亿立方米增加到2019年的3073亿立方米，而2019年的产量只有1776亿立方米。参见 BP Statistical Review of World Energy 2020, p.34, p.36。
[3] 《又一家央企"巨无霸"诞生 国家管网公司正式成立》，新浪网，http://news.sina.com.cn/o/2019-12-09/doc-iihnzahi6278965.shtml。
[4] BP Statistical Review of World Energy 2020, p.16。
[5] 《全球新冠肺炎疫情实时动态》，凤凰网，https://news.ifeng.com/c/special/7uLj4F83Cqm。

1. 美国

特朗普以典型的商人思维治国，其"美国优先"理念主要体现在经济领域，包括贸易、就业机会、技术、制造业、矿产资源开发。2016年上任以来，以"有利于美国经济"为原则制定内政外交政策，在能源政治领域主要表现为退出关于气候变化的《巴黎协定》、任命怀疑气候变化者出任环保署署长、开放近海油气开采、加大北极近海油气开采力度，[①]他也支持页岩油与页岩气的开采。因此，2017~2019年美国原油产量增幅进一步加大，2019年日产量达到1704.5万桶，远远超过沙特与俄罗斯，坐稳了全球第一大产油国的位子。[②]在天然气领域美国也同样连年扩产并稳居世界第一。[③]

2020年，特朗普以"有利于连任、少影响经济"为原则制定抗疫政策，导致美国成为全球疫情最为严重的国家。其4月促成"欧佩克+"达成减产协议，一大原因是挽救国内高成本的页岩油与页岩气开采业。[④]4月初已经有页岩气公司破产。[⑤]4月以后油价虽然有所回升，但40美元/桶左右的价格与页岩油公司43.83美元/桶的平均成本很接近。因此，2020年美国的原油产量增幅将下降，不排除低于2019年。毕竟，"经济萎缩、需求不足"是原油价格不振的根本原因。

2. 巴西

2019年1月上任的博索纳罗总统的执政思路与特朗普一脉相承，抗疫措施也效法特朗普"经济优先"的思路，结果是，巴西成为全球新冠肺炎疫情最严重的国家之一，截止到2020年10月6日，确诊493万例，死亡人数14.67万。[⑥]

但在石油产量上则是另一幅景象。与2018年石油产量下降相比，2019

---

① 《特朗普政府拟开放90%近海油气开采：我们将成为最强大能源超级大国》，新浪网，http://k.sina.com.cn/article_1887344341_707e96d50200042uc.html。
② *BP Statistical Review of World Energy 2020*，p.16.
③ *BP Statistical Review of World Energy 2020*，p.34.
④ 《美页岩油大溃败！特朗普引以为傲的产业，今迎来惨烈一幕，数万人失业》，凤凰网，https://finance.ifeng.com/c/7vsnnfqADc8。
⑤ 《艾福：美国页岩油企业开始破产，特朗普还HOLD得住吗？》，中金网，http://www.cngold.com.cn/dealer/jysnews/20200402f12102n3239472763.html。
⑥ 《全球新冠肺炎疫情实时动态》，凤凰网，https://news.ifeng.com/c/special/7uLj4F83Cqm。

年产量提升，其增幅在拉美产油国中列第一位。①2020年1月，日产量达到创纪录的316.8万桶，同比跃升20.4%，也明显高于上年的日均产量287.7万桶。这些固然是因为一些新油井投产，特别是国际石油公司参与投资和运营的深海盐下石油的开采。这说明巴西前几届政府"打破石油垄断、吸引外资参与能源开发"的政策已经明显见效，②但也不能说增产与博索纳罗的能源政策无关。负责与外国公司合作的巴西国家石油公司贡献了全国石油产量的95%左右。为了应对疫情，该公司2020年3月削减了29%的年度开支，关闭了一些非经济油田，但这并没有影响产量的增加，8月日产量达到390万桶。③

3. 墨西哥

前总统涅托偏好市场经济，2012~2018年执政期间大力推行能源改革，旨在打破墨西哥国家石油公司（以下简称"墨国油"）的垄断地位、引进外资、增加产量，为此修改与制定了许多法律，并设立一系列机构来落实改革措施。但过多的机构导致彼此间陷于扯皮，而不是落实政策，进而导致其执政期间墨西哥石油产量保持着下跌的势头，且速度加快。④

反对能源私有化的奥夫拉多尔2018年12月上任后，希望"拯救石油、重振经济"，推出的能源政策是加大勘探开发力度特别是在风险较小的浅水区域、提升炼油能力、增加石油产量、减少政府开支、增加社会福利。⑤这些政策看上去挺合理，但他的左派色彩势必影响外国能源公司的投资积极性。2019年原油产量继续下跌乃意料中之事。

2020年的新冠肺炎疫情对墨西哥冲击甚大，截止到10月6日，共有76万确诊病例，列全球第九位；死亡7.9万人，位列全球第四。⑥这意味着疫情

---

① *BP Statistical Review of World Energy 2020*, p.16.
② 《中国三桶油中标巴西60亿吨级巨型油田区块，石油产量前景可佳》，搜狐网，https://m.sohu.com/a/201597273_188371。
③ 《低油价并未影响巴西的石油繁荣》，化工网，http://news.chemnet.com/detail-3496080.html。
④ *BP Statistical Review of World Energy 2020*, p.16.
⑤ 《2019年预算出炉，墨西哥全方位"拯救石油"》，搜狐网，http://www.sohu.com/a/284158476_468637。
⑥ 《全球新冠肺炎疫情实时动态》，凤凰网，https://news.ifeng.com/c/special/7uLj4F83Cqm。

严重,奥夫拉多尔的抗疫措施不怎么有力。2020年政府福利开支势必加大,对"财政奶牛"墨国油的依赖程度也会上升。这是4月墨西哥只同意削减日产量10万桶的两个原因之一。另一原因则是墨国油投资了主权石油对冲基金。① 这算是该公司运作中不多的亮点之一,值得借鉴。

4. 委内瑞拉

2019年委内瑞拉石油产量继续减少,且幅度较大,日产量跌至91.8万桶,首次低于100万桶。② 这除了内部原因外,也与国家间能源博弈有关。美国是委内瑞拉最大的石油出口对象国,委内瑞拉在美国境内有一家炼油厂并经营一些加油站。这一切于2019年开始改变了。为了把马杜罗拉下马并换上自己支持的瓜伊多,美国不断加大对委内瑞拉的制裁力度。2019年1月冻结委内瑞拉国家石油公司在美国境内总值70亿美元的资产,8月冻结委内瑞拉政府在美国境内全部资产。③ 尔后制裁措施开始针对运油船。2019年12月制裁6艘从委内瑞拉向古巴运输石油的船只。④2020年6月上旬制裁4家船运公司。下旬,16艘运油船因此被困海上。⑤ 美国还向船级社、轮船注册国施压。这使得大量海运公司不敢运输委内瑞拉石油,委内瑞拉因此强化了与伊朗的合作。据报道,5月,伊朗派出5艘船只运油到委内瑞拉。⑥9月,又有3艘伊朗船只为委内瑞拉运输石油。⑦ 显然,这种断断续续的运输无法满足委内瑞拉石油出口需要。

---

① 《"欧佩克+"再添"盟友"何日重现市场平衡》,中国石油网,http://center.cnpc.com.cn/sysb/system/2020/04/24/001772847.shtml。
② *BP Statistical Review of World Energy 2020*,p.16.
③ 《白宫公布行政命令 将冻结委内瑞拉政府在美资产》,中新网,http://www.chinanews.com/gj/2019/08-06/8918298.shtml。
④ 《古巴领导人谴责美国制裁向古运输石油的船只》,新华网,http://www.xinhuanet.com/world/2019-12/05/c_1125311842.htm。
⑤ 《为避免违反美国制裁措施 载有委内瑞拉石油的油轮被困海上》,新浪网,https://finance.sina.com.cn/stock/usstock/c/2020-06-24/doc-iirczymk8742791.shtml。
⑥ 《无视美国制裁!给委内瑞拉送石油的伊朗油轮进入委专属经济区,美国船只尾随》,搜狐网,https://www.sohu.com/a/397313860_162522?_f=index_pagerecom_7&spm=smpc.content.fd-d.7.1590290081102CLh5F15。
⑦ 《美制裁令成废纸,伊朗3艘油轮再次向委运油,并将拖回190万桶重油》,腾讯网,https://new.qq.com/omn/20200930/20200930A05WRA00.html。

内政上，马杜罗在强化支持力量的同时，也致力于分化反对派。2019年9月，与部分反对派达成协议。① 2020年1月，支持国民议会议员路易·帕拉替代瓜伊多出任国民议会议长。② 9月，宣布赦免100多名反对派，包括瓜伊多的助理罗伯托·马雷洛，③ 此举旨在影响12月举行的议会选举。目前反对派占议会的大多数席位。

委内瑞拉的新冠肺炎疫情整体上不算严重，截止到2020年10月6日，确诊人数排在拉美国家第13位，为7.76万，明显少于邻国哥伦比亚的85.5万，死亡人数为649人。④ 因此，2020年3~6月，居住在哥伦比亚的180万委内瑞拉人中，已经有8.1万选择回到委内瑞拉。⑤

总之，虽然美国施加的压力越来越大，石油收入越来越少，仍不能判定马杜罗将很快下台。他的韧劲、政治手腕、支持力量都被低估了，而2019年初以来，得到包括美国在内的50个国家支持的反对派，一直无法形成足够力量把马杜罗拉下马，未来一年也难以确认他们会拥有这种力量。

四 非洲能源政治："增产国""减产国"势头依旧

非洲前四大产油国中，2019年有两个增产两个减产：利比亚与尼日利亚分别增长5.3%与5.1%，阿尔及利亚与安哥拉分别减产1.6%与6.7%。而作为能源政治热点国家的"常客"，苏丹与南苏丹2019年分别实现了2.2%与8.7%的增产。⑥ 这六国均保持了上一年的势头。新冠肺炎疫情的影响、美国加大对

---

① 《委内瑞拉政府宣布与部分反对派达成协议》，新华网，http://www.xinhuanet.com/world/2019-09/17/c_1125005288.htm。
② 《委内瑞拉"议会政变"：瓜伊多议长头衔被抢，强闯议会被拒》，新浪网，http://mil.news.sina.com.cn/2020-01-06/doc-iihnzhha0735494.shtml。
③ 《为促进和解，马杜罗赦免上百名反对派人士包括瓜伊多助手》，新浪网，https://tech.sina.com.cn/roll/2020-09-01/doc-iivhvpwy4252992.shtml?cre=tianyi&mod=pcpager_inter&loc=6&r=9&rfunc=89&tj=none&tr=9。
④ 《全球新冠肺炎疫情实时动态》，凤凰网，https://news.ifeng.com/c/special/7uLj4F83Cqm。
⑤ 《疫情致哥伦比亚境内60%委内瑞拉居民无固定收入》，搜狐网，https://www.sohu.com/a/406339544_120607706?_trans_=000014_bdss_dkgyxqs。
⑥ *BP Statistical Review of World Energy 2020*, p.16.

非洲的投入以便与中国竞争、中国适度调整推进"一带一路"的规模等,都可能对非洲的能源政治产生影响。

1. 利比亚

利比亚石油产量从2017年以后连年增长,2019年日产量达到122.7万桶,与产量最高的2008年的182.0万桶相比,产能已经恢复了67.42%,[1]说明其安全形势有所好转。但是,2020年1月以来利比亚石油生产几乎中断,原因在于,土耳其应利比亚民族团结政府之邀出兵,这有效阻止了哈夫塔尔领导的国民军的攻势,解除了后者对的黎波里14个月的进攻。后者转而利用自己对港口的控制权阻止的黎波里政权出口石油,[2]但都无法消灭对方。从6月开始民族团结政府与国民军在埃及、俄罗斯的调解下进行谈判。8月双方宣布停火。民族团结政府总理法耶兹·萨拉杰9月宣布将在10月底前移交权力,呼吁组建新的行政机构,确保利比亚权力和平、平稳过渡。[3]9月中旬,哈夫塔尔表示将解除对油田的封锁。9月底,双方就完全恢复石油出口达成共识。

利比亚民族团结政府与国民军的身后都有外国势力的支持,它们虽然战斗不断且规模不小,但2017年以来大致做到了"不影响油气生产与出口",以便都能从中获得分成。因此,它们之间的战斗属于两个代理人之间的大规模冲突,简称"代理人冲突",而不是通常所说的"代理人战争",后者通常不会这样"有底线"。[4]而背后势力的存在也使得双方难以谈成全面结束冲突的条件,只有一方被消灭或者做出妥协,才能结束冲突。目前还看不到这一前景。

2. 尼日利亚

布哈里2019年2月连任总统,体现了选民对他四年执政成果的肯定。他

---

[1] *BP Statistical Review of World Energy 2012*, p.8.
[2] 《利比亚战争新阶段:军阀哈夫塔尔败退 土耳其大赢家?》,新浪网,https://news.sina.com.cn/w/2020-06-14/doc-iircuyvi8346447.shtml。
[3] 《利比亚对立双方埃及对话达成共识》,新华网,http://www.xinhuanet.com/world/2020-10/01/c_1210824828.htm。
[4] 这是本报告写作过程中的新体会。而在2019年的报告中,还将之当作"代理人战争",参见薛力《全球能源政治(2018~2019)》,载张宇燕主编《全球政治与安全报告(2020)》,社会科学文献出版社,2020,第186页。

注重经济发展，表示要学习中国的发展经验，为此成立新的国家指导委员会监督执行《2050年尼日利亚议程和中期国家发展计划》（MTNDP）。[1] 2019年尼日利亚石油产量增幅大于此前两年，巩固了非洲第一大产油国的地位。博科圣地虽然仍在制造恐怖事件，并衍化出"伊斯兰国西非省"这个新型跨国恐怖组织，但在过去一年里其制造的最大恐怖事件是在乍得，[2] 这可能与尼日利亚军队对博科圣地的打击有关。[3] 截止到10月4日，尼日利亚确诊新冠肺炎患者5.9万，死亡1113人，[4] 包括总统办公室主任。两个数据均排在南非与埃塞俄比亚之后。考虑到其2亿人口数量，尼日利亚的疫情显然比上述两国要轻。这与其实行比较严格的疫情封锁措施有关。[5]

3. 阿尔及利亚

阿尔及利亚所产原油为轻质低硫的优质油，但受油田老化、探明储量增长缓慢、油气公司管理不善、政局不稳等因素影响，2012年以来，原油日产量一直维持在150万桶左右。[6] 天然气产量2017年以后也稳中趋降。油气行业是该国的支柱产业，贡献了该国GDP的35%、预算的60%和出口收入的95%。为了吸引外资以增加油气产量，特别是开采页岩油，该国2019年底通过新能源法案，[7] 但其落实有待于新总统。

长期执政的布特弗利卡总统2019年4月辞职后，总统选举两次推迟，新总统阿卜杜勒－马吉德·特本12月才上任，他的经济政策除了改善投资环境外，还强调发展多元化经济，特别是促进旅游业和非能源产业发展。[8] 但是，

---

[1] 《尼日利亚总统：中国的发展计划值得效仿》，搜狐网，https://www.sohu.com/a/417651102_114731。
[2] 《"博科圣地"打死92名乍得军人》，新华网，http://www.xinhuanet.com/mil/2020-03/25/c_1210529619.htm。
[3] 《非洲多地面临严峻安全挑战》，人民网，http://world.people.com.cn/n1/2020/0902/c1002-31845378.html。
[4] 《全球新冠肺炎疫情实时动态》，凤凰网，https://news.ifeng.com/c/special/7uLj4F83Cqm。
[5] 《尼日利亚执行疫情封锁令打死18人，比新冠肺炎死亡数还多》，观察者网，https://www.guancha.cn/internation/2020_04_17_547280.shtml。
[6] *BP Statistical Review of World Energy 2020*，p.34.
[7] 《阿尔及利亚修改能源法吸引外资》，中国石油网，http://news.cnpc.com.cn/system/2019/12/12/001755302.shtml。
[8] 《阿尔及利亚新总统特本宣誓就职》，新华网，http://www.xinhuanet.com/2019-12/19/c_1125366960.htm。

依据其他产油国的经验，发展非能源产业说起来容易做起来难。特本总统能否扭转油气产量下跌的势头，还需要观察，而疫情大流行势必影响新能源法案的实施。

4. 安哥拉

从2016年起，安哥拉石油产量连年下降，2019年为141.7万桶，[①] 可能会进一步下降到130万桶。[②] 这与旧油田老化、新油田投资计划延迟有关。受其影响，安哥拉经济连续四年负增长，2019年为-0.87%。而2020年的疫情将进一步冲击其石油产量，经济进一步萎缩几成定局。而道达尔、埃尼和BP等国际能源公司的油气勘探在2020年上半年也陷于停顿。不过，道达尔公司8月恢复勘探活动。为了增加油气产量，安哥拉政府在2020年8月公布了2020~2025年能源规划，预计将开采570亿桶原油和27万亿立方英尺天然气。[③]

2017年上任的洛伦佐总统在站稳脚跟后，于2019年开始处理安哥拉国家石油公司（Sonangol）前首席执行官伊莎贝尔（前总统多斯桑托斯的女儿）的腐败问题，包括冻结她的一些财产、要求她赔偿国家超过50亿美元，等等。[④]

5. 苏丹

2019年4月，统治苏丹30年的巴希尔政府被推翻，此后组建的过渡政府把实现全面和平作为优先任务，因而在南苏丹政府的斡旋与主持下，从2019年下半年开始与"苏丹革命阵线"和谈，[⑤] 并在2020年8月底签署初步和平协议，10月初签署最后和平协议。由于达尔富尔州实力最强的努尔派并未参加谈判，协议的落实还存在不确定性，至少在达尔富尔州是如此。[⑥] 过渡

---

① *BP Statistical Review of World Energy 2020*, p.16.
② 《安哥拉的石油产量将下降到每天130万桶》，新浪网，https://finance.sina.com.cn/money/future/nyzx/2020-06-01/doc-iirczymk4580117.shtml。
③ 《安哥拉旨在扭转石油产量下降局面》，国际石油网，https://oil.in-en.com/html/oil-2904351.shtml。
④ 《非洲女"首富"将配合安哥拉的腐败调查》，新浪网，https://news.sina.com.cn/w/2020-07-07/doc-iircuyvk2383759.shtml。
⑤ 《苏丹政府与反政府武装签署最终和平协议 结束17年敌对》，中新网，http://www.chinanews.com/gj/2020/10-04/9306098.shtml。
⑥ 《最终和平协议能否给苏丹带来真正和平》，新华网，http://www.xinhuanet.com/world/2020-10/02/c_1126569963.htm。

政府过去一年的业绩还有允许非穆斯林饮酒、允许改变宗教信仰、禁止女性割礼。而过渡政府在提升石油产量方面的努力也初见成效。

6. 南苏丹

随着形势的缓和，2019年7月，因武装冲突而停产56个月的南苏丹1/2/4区项目全面复产，日产原油5万桶以上，这标志着1/2/4区项目五大油田已全部复产。这是南苏丹2019年实现增产的主要原因。2020年2月，马沙尔第三次出任过渡联合政府第一副总统，[①] 这是落实2018年9月签署的亚的斯亚贝巴和平协议的重要一步。

从4月初发现第一例新冠肺炎病例到9月7日，南苏丹新冠肺炎确诊病例2552例，累计死亡47例。患病人员中，包括马沙尔与几位政府部长，好在这些官员6月初即康复。[②] 受疫情影响，拟在3月召开的新一轮石油和天然气招标被暂停，而位于萨比纳特的南苏丹第一座炼油厂的投产也被推迟。[③]

五 总结与展望

新冠肺炎疫情对全球影响巨大，其对全球政治的影响已经超过了2001年的"9·11"事件，对全球经济的影响则超过了2008年的国际金融危机，普遍认为2020年全球经济会陷入明显的负增长。受一些因素影响，欧佩克对全球能源市场的影响力呈下降趋势。美国作为唯一的超级大国，其外交政策对全球依然有重大的影响。特朗普出于内政的需要，以全政府模式从多方面对中国进行打压，使得中美关系陷入1979年两国建交以来最低水平。受上述因素影响，2020年成为能源政治斗争较为激烈的一年，全球化进入较大的漩涡期。

就区域能源政治而言，欧洲地区主要是欧洲国家与美国博弈并且互有胜

---

① 《马沙尔宣誓就任南苏丹过渡联合政府第一副总统》，中新网，http://www.chinanews.com/gj/2020/02-23/9101333.shtml。
② 《南苏丹多名高官新冠肺炎治愈》，搜狐网，https://www.sohu.com/a/400364948_115239?_f=index_pagerecom_7。
③ 《南苏丹努力提高石油产量国》，国际石油网，https://oil.in-en.com/html/oil-2902605.shtml。

负。在北溪-2天然气管道、伊朗油气出口方面，美国在过去一年里占了上风。就土耳其溪天然气管道项目而言，俄罗斯、保加利亚与土耳其小胜。

亚洲地区，西亚热点明显多于东亚，其中最受瞩目的是"欧佩克+"减产计划的制定与实施，沙特联手俄罗斯与美国促成了这个计划。值得注意的是，伊拉克的治安形势已经恢复到可以确保石油产量持续稳定增长的水平，其2019年的产量已经超越伊朗，并处于继续增长的通道。东亚地区，越南经济高速发展而石油产量与需求的缺口越来越大，为了满足国内需要，越南必然加大对南海争议海域的油气开采力度，越南可能效法菲律宾对中国发起"南海仲裁"。中国的能源需求仍在增长，相当一部分需求需要通过进口来满足，因此需要调整能源进口政策，但如何布局石油与天然气进口来源、实现油气进口安全，中国需要进一步谋划。

南美洲、北美洲地区，以商人思维治国的特朗普虽然在抗疫问题上打了败仗，但在促进美国油气产量增长上毫不含糊。到2019年，美国已经坐稳了全球第一大油气生产国的位子。但受疫情影响，经济萎缩、油气需求不足，使得原油价格不振，2020年油气产量无法保持前几年的增长势头。巴西的能源改革已经进入收获期，产量大幅增长，即使在2020年也是如此。这也与博索纳罗的能源政策有关。墨西哥的能源改革则未见成效，对于2018年上台的左派总统的能源政策，也不能抱太大的希望。随着美国制裁措施不断加码，委内瑞拉石油产量下降、出口减少，但马杜罗仍能掌控政局。

非洲地区的主要产油国中，利比亚、尼日利亚、苏丹与南苏丹实现了石油增产，而阿尔及利亚与安哥拉的产量则下降，其原因都与油田老化、新项目开发延迟、管理不善等有关。利比亚有能力增加石油产量，影响产量的主要因素是两派之间的战争。由于都受到一些国际势力的支持，这种"代理人冲突"将继续。随着和平协议的落实，南苏丹的1/2/4区块内五大油田全部复产，这成为其2019年产量增加的主要原因。而苏丹也签署了和平协议，这有助于苏丹2020年延续上一年的产量增长势头。

展望未来，虽然新冠肺炎全球确诊病例仍然在增加，但2021年疫情对全球的影响将小于2020年，因为新型冠状病毒毒力弱化是必然趋势，而医学界

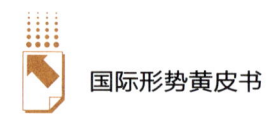

在治疗新冠肺炎上也更有经验。另外，疫苗可能在 2021 年投入使用，至少在小范围内使用。2021 年上半年对人员跨境流动的限制将弱化，2021 年底多数国家将取消大部分入境限制措施。这些将促进全球经济复苏，石油需求量会因此上升，从而推升油价从现有价位上升到 60 美元 / 桶左右。"欧佩克 +"的减产措施可能弱化乃至停止执行。

参考文献

BP Statistical Review of World Energy 2007.

BP Statistical Review of World Energy 2012.

BP Statistical Review of World Energy 2020.

"Cushing, OK Crude Oil Future Contract 1 (Dollars per Barrel)," https://www.eia.gov/dnav/pet/hist/RCLC1D.htm.

薛力:《全球能源政治（2018~2019）》，载张宇燕主编《全球政治与安全报告（2020）》，社会科学文献出版社，2020。

魏晋:《新冠疫情怎样影响世界经济》，《世界知识》2020 年第 12 期。

Y.8 应对气候变化：形势与前景

田慧芳*

摘　要：近年来各个国家、城市、投资者、企业和公众都采取了有力的减排行动，全球应对气候变化取得积极进展。2020年暴发的疫情危机是气候危机和自然灾害将如何威胁全球经济和社会的预警。它考验了各国政府的治理能力和决心。历史的经验表明，随着技术的进步和温室气体排放成本的增加，采取强有力的气候政策可以更好地实现经济复苏并增强经济韧性。本轮疫情危机同样为全球提供了加快向气候友好型未来过渡的契机。欧盟、中国、韩国等都是绿色发展的坚定支持者，在政策设计和财政投入等多方面为疫情后的经济绿色复苏提供支持。未来全球能否采取更具雄心的行动不仅受疫情持续时间、经济复苏模式以及各国是否采取绿色刺激计划等短期因素影响，也受能否调动足够的资源突破气候融资瓶颈，能否在储能、氢能、碳捕集利用和存储等关键清洁技术上取得突破，以及能否充分激发地方政府、私营部门等非政府行为体的减排潜力等长期因素影响。

关键词：气候变化　碳中和　清洁能源　气候融资

---

* 田慧芳，中国社会科学院世界经济与政治研究所世界能源研究室副主任、副研究员，主要研究领域为气候政策、CGE模型、全球治理等。

近年来，世界各地极端天气和气候事件愈演愈烈，气候变化影响日益显现。自2016年以来，世界经济论坛的年度《全球风险报告》所列的全球29项风险中排名前三的均是气候相关风险，分别是极端气候事件、气候变化减缓及应对措施不力和自然灾害。应对全球气候危机，将全球气温上升控制在工业革命前水平的1.5~2摄氏度，实现全球温室气体排放在2030年之前减少一半，在2050年左右达到净零排放，需要国际社会的紧密合作。尽管美国在2019年正式启动退出《巴黎协定》进程，但中欧仍然坚定引领全球气候进程。2020年新冠肺炎疫情流行造成的经济中断对区域供应链、就业和投资造成了不利影响，挑战了许多国家的经济基础，但中国在疫情期间做出的雄心勃勃的应对气候变化的承诺，有力增强了全球减少温室气体排放的信心和决心。

一 全球应对气候变化的重要进展

2015年12月，近200个缔约方一致通过的《巴黎协定》确立了以"国家自主贡献+每5年一轮盘点与政策评估"为核心的全球减排新模式，全球应对气候变化进入新的阶段。各个国家公司、投资者和公众等都采取了雄心勃勃的行动，全球应对气候变化取得积极进展。

煤炭产业进入深度调整期，可再生能源占世界电力供应的比例显著提升。当前燃煤电厂占到世界电力供应的近40%。全球能源监测的四家机构于2020年4月联合发布的最新报告显示，全球在建燃煤电厂数量连续四年大幅下滑，燃煤发电在2019年创下历史新低，煤电产能比2015年下降了66%。截至2020年9月，已有34个国家、33个地方政府和44家企业组织加入了"弃用煤炭发电联盟"（PPCA）[①]，承诺逐步淘汰燃煤发电，支持清洁发电。资本市场上，到2019年初，已有30多家全球性银行宣布停止为火电和煤电项目提供融资，多家保险机构也表示不再为煤电项目提供保险服务。到2018年底，已有近1000家资产超过6万亿美元的机构投资者承诺从化石燃料领域撤资，而

---

① 该联盟由英国和加拿大政府于2017年建立，汇集了各国政府、地区政府和企业，以支持欧盟和OECD国家在2030年前以及世界其他地区在2050年前逐步淘汰燃煤发电。

四年前这一数字仅为520亿美元。① 与之形成对比的是，可再生能源发电量持续上升，截至2019年底，可再生能源发电量占到全球装机容量的34.7%，在2014年底这一比例仅为22.8%；可再生能源发电量占到全球净发电量增量的72%，其中又有90%来自太阳能和风力发电。② 随着风能和太阳能发电成本的大幅下降，全球对可再生能源的投资也大大超过了对煤电的投资。

全球新能源汽车市场保持高速增长。根据国际能源署（IEA）的最新报告，2019年电动汽车的全球销量突破210万辆，占全球汽车销量的2.6%，同比增长40%。66个国家、71个城市或地区、48家企业已经宣布了逐步淘汰内燃机、改用零排放汽车的目标。在零排放交通路线方面，截至目前，已经有35个大城市的先锋领导人签署C40零化石燃料街道宣言，承诺从2025年开始只采购零排放公交车，到2030年在城市主要地区实现零排放。

全球绿色债券发行量在过去五年增长强劲（见图1）。根据2020年2月标普的最新统计数据，全球绿色债券已经从2013年的不足120亿美元增长到2018年的1676亿美元，2019年再度爆发式增长53.8%，达到2577亿美元，约占发行总债券的3.5%，而五年前占比还不足1.0%。中国已经成为全球最重要的绿色债券发行市场。2019年中国发行了3862亿元的绿色债券，贴标绿色债券发行总量居全球第一。2016年至2019年，中国金融机构和公司通过在境外市场发行绿色债券筹集了243.6亿美元。③

来自多边开发银行（MDBs）的气候融资规模持续上升（见表1）。2019年，MDBs气候融资规模为616亿美元，其中的76%投向减缓气候变化领域，24%投向适应领域。④ 从目的地看，其中的415亿美元流入中低收入国家。亚投行（AIIB）2019年的气候融资规模约为17亿美元，占到银行总运营的

---

① Arabella Investors, *The Global Fossil Fuel Divestment and Clean Energy Investment Movement*, https://www.arabellaadvisors.com/wp-content/uploads/2018/09/Global-Divestment-Report-2018.pdf.
② IRENA, *Renewable Capacity Statistics 2020*, https://www.irena.org/publications/2020/Mar/Renewable-Capacity-Statistics-2020,March 2020.
③ IEA, *Global EV Outlook 2020*, https://www.iea.org/reports/global-ev-outlook-2020, June 2020.
④ MDBs, *2019 Joint Report on Multilateral Development Banks' Climate Finance*, https://www.ebrd.com/news/2020/mdbs-climate-finance-in-low-and-middleincome-countries-in-2019-reaches-us-415-billion.html, August 2020.

图 1　2014~2019年全球绿色债券发行情况（分地区）

资料来源：气候债券倡议（CBI），Bloomberg，银行证券。

39%。多边开发银行是机构和私营投资者进入绿色金融领域的主要合作伙伴。2019年，在MDBs的带动下，约1027亿美元的公共及私人资金参与到气候行动当中，使得当年气候融资总额达到1643亿美元。

表 1　2015~2019年多边开发银行气候融资状况

单位：亿美元，%

指标	2015年	2016年	2017年	2018年	2019年
气候融资规模	251	274	352	431	616
气候融资占MDBs业务总额的比重	19.2	20	25	30	31

注：2018年前的报告由AfDB、ADB、EBRD、EIB、IDBG、IsDB和WB联合发布，2019年报告首次加入了AIIB的气候融资状况。

资料来源：2015-2019 Joint Report on Multilateral Development Banks' Climate Finance。

越来越多的私人投资者鼓励公司披露有关其活动对气候的影响信息并推动清洁能源转型。鉴于气候变化对金融体系的影响日益加深，联合国发起并制定的负责任投资原则（UN PRI），要求成员根据金融稳定委员会的建议进行有关气候的信息披露，提升公司抵御气候风险的能力。PRI特别要求签署者从

2020年开始强制报告其气候、治理和风险指标。预计到2020年将有2097位投资者（资产总额为97万亿美元）进入强制汇报行列，是2019年汇报者数目的3.5倍。

全球范围内使用碳定价机制的地区继续增加。根据世行最新碳定价进展报告，截至2019年底，全球已有61个碳定价机制（31个碳市场、30个碳税机制），覆盖了全球47个国家以及30个地区约22%的温室气体排放，各国政府通过碳定价机制筹集了450多亿美元。[1] 中国试点碳市场2019年累计成交量约为69600万吨二氧化碳当量，累计成交额约为15.62亿元，全国碳交易市场已在2017年启动并加速建设中。当前全球碳市场建设存在的主要问题是价格偏低。截至2020年4月1日，全球碳价为每吨1~119美元，近乎一半的碳价格在每吨10美元以下，仅有不到5%的碳价水平符合《巴黎协定》目标。[2]

尽管应对气候变化取得显著进展，但全球排放形势不容乐观。在过去的十年中，温室气体排放量以每年1.5%的速度增长，2018年更是达到创纪录的55.3吨。[3] 作为《巴黎协定》的一部分，所有国家都应在2020年底前提交更具雄心的新的国家贡献目标（NDC）。但截至2020年10月，WRI的NDC追踪器显示，仅有占全球排放量3.8%的14个国家提交了新的NDC，另有包括欧盟在内的33个国家（占全球排放量的8.3%）表示要在2020年底前更新NDC，103个国家（占全球排放量的38.4%）表示有意在2020年底前加强行动。此外，各国提交的国家自主贡献目标（NDCs）与全球1.5摄氏度温控目标依然存在巨大差距。根据气候行动追踪组织的最新报告，美、澳、俄、沙特等国自2015年以来一直拖延全球气候行动。在过去三年半中，特朗普政府不断放松对环境的监管，不仅废除了奥巴马时期制定的"清洁能源计划"，还于2019年11月宣布正式退出《巴黎协定》。2020年3月，特朗普政府进一步放宽了2012年规定的汽车和卡车的排放标准。2019年12月，

---

[1] World Bank, *State and Trends of Carbon Pricing 2020*, https://elibrary.worldbank.org/doi/abs/10.1596/978-1-4648-1435-8, June 2020.
[2] 《巴黎协定》的目标是到2020年碳定价达到40~80美元/吨二氧化碳当量，到2030年达到50~100美元/吨二氧化碳当量。
[3] 联合国环境规划署（UNEP）：《2019年排放差距报告》，https://www.unenvironment.org/。

COP25 在马德里试图就减排力度、碳市场机制与资金安排等关键问题达成共识，但终因各缔约方的利益分歧和各种阻力草草收场。[1]

二 疫情对全球应对气候变化的影响

2020 年新冠肺炎疫情的流行导致全球经济衰退。短期看，各国为应对疫情所采取的停工停学、航空停运、道路交通减量等措施引发了自二战以来最大规模的温室气体排放下降，减轻了一些国家 2020 年的减排压力。2020 年全球碳排放有望下跌 5%，二氧化氮排放量也将大幅减少。这是疫情暴发对环境和气候变化产生的意想不到的积极影响，但这种排放的减少无疑是暂时的，有着巨大的经济破坏性。

疫情首先阻碍了全球应对气候变化的国际努力。2020 年举办的 COP26 被视为过去四年中最重要的气候会议，除了继续讨论 COP25 的未竟任务外，还计划就各国如何加强气候雄心进行重点讨论。2020 年同样是生物多样性、可持续交通、海洋与渔业等多个国际环境治理议题的关键谈判年。但受疫情影响，这些谈判工作已被延期到 2021 年。如果疫情继续蔓延，支撑未来国际谈判的经济和科技基础将再度受到冲击，气候谈判的结果和走向将更具不确定性。

疫情引发的对经济前所未有的冲击也对全球能源系统产生深远影响。与 2019 年同期相比，2020 年全球能源需求将下降 6%，其中电力下降 5%、石油下降 9%、煤炭下降 8%，唯一可能增加的是成本逐年降低的可再生能源。[2] 但经济长期疲软以及化石燃料价格低廉可能减缓清洁能源投资步伐。IEA 预测，受疫情影响，2020 年全球能源投资可能比 2019 年减少 20%，创史上能源投资最大降幅，其中，油气投资减少 32%、煤炭投资减少 15%、电力投资减少 10%。一些国际油气公司已经推迟或削减了上游投资预算，并可能在短期减少对清洁技术价值链的投资。大型风能制造商 GE、Vestas 和 Siemens 也报告关闭了一些工厂。

---

[1] 田慧芳：《起死回生的 2019 气候变化大会》，《世界知识》2020 年第 1 期。
[2] IEA, Global Energy Review 2020, https://www.iea.org/reports/global-energy-review-2020, April 2020.

由于持续的生产中断和劳动力流动的限制，疫情对储能和电动汽车市场也产生重大影响，电池制造商CATL、比亚迪和LG的业务均受到影响。如果疫情再度恶化，全球能源供大于求的局面可能加剧，将带来未来能源市场的失衡。

疫情期间，人们的行为方式也发生了一系列显著变化，远程办公、线上业务办理等成为这一特殊时节的"刚需"。未来5年，疫情防控的常态化将倒逼各国以数字经济为代表的新业态、新模式、新产业加速成长，从而带来能源消费结构的中长期变化：交通能源需求下降，电力和燃气需求增加。

但本轮危机也为长期资本提供者提供了进入清洁能源领域的机会。随着一波全球前所未有的财政刺激计划的出台，这一趋势尤为明显。截至2020年7月21日，各国政府已经宣布了总额约11.8万亿美元的财政刺激方案，相当于应对2008~2009年大衰退支出的三倍多。刺激预案从260亿美元到3万亿美元不等。尽管刺激方案的大多数优先考虑投资医疗保健并为失业者提供支持，但也有约3.5万亿美元（约占总额的30%）的资金要投入环保领域——包括应对气候变化、保护生物多样性及防止污染。这一比例随着长期复苏刺激措施的深化还有可能上升。由于交通和工业是受疫情重创的两个部门，得到各国政府的大量支持，这部分刺激计划也会对环境产生较大影响。

欧盟、中国、韩国等都是绿色发展的坚定支持者，从政策设计和财政投入等多方面保证疫情后的经济绿色复苏。2020年5月27日，欧盟委员会提出了应对疫情的"下一代欧盟"一揽子复苏计划，在1.135万亿欧元七年期预算基础上，再特别增加7500亿欧元贷款和赠款。这一揽子计划中的30%将被用于绿色项目，包括减少对化石燃料的依赖、提高能源效率、保护和恢复自然资本等。此外，欧洲各国也努力以可持续的方式实现经济复苏。德国出台的1300亿欧元复苏预算中约有1/3将用于公共交通和关键低碳行业的研发。法国为其航空公司提供了110亿美元的紧急援助，以保证到2024年国内减排24%。丹麦计划拨款40多亿美元改造72000个社会住房单元，以增加绿色就业岗位。英国已经启动了440亿美元的清洁增长基金，用于绿色技术的研发。从长远来看，欧洲经济刺激方案的实施对于新工业革命和就业创造具有重要意义。韩国也宣布实施绿色新政，重点是加大对生活基础设施的绿色改造力度，建立创新的绿色产业生态系统，推动低碳/分布式能源的扩展，包括建设智能电网和鼓励更多地使用可再生能源。

2020年中国政府也相继推出了一系列绿色措施，包括扩大电动汽车补贴计划、启动绿色发展基金、将煤炭项目剔出绿色债券的资助项目清单等。生态环境部和证监会还牵头起草针对上市公司和发债企业的环境信息强制披露相关法规，该法规覆盖的上市公司和发债企业总规模约占全国GDP的50%，预计2020年底前发布。

三 全球应对气候变化的前景展望

疫情危机是气候危机和自然破坏将威胁全球经济和社会的预警。理论上，随着技术的进步和温室气体排放成本的增加，采取强有力的气候政策可以更好地实现经济复苏并增强经济韧性。2008年金融危机爆发后各国普遍采取绿色刺激措施，包括加大对可再生能源开发的支持力度、提升工业能效、建设气候适应性基础设施以及支持生态创新，其中高达15%的刺激资金被用于开发和部署绿色技术，包括智能电表、电池、可再生能源和碳捕集创新计划，最终取得了良好的经济、社会和环境效益（见表2）。

表2 2008年主要经济体绿色刺激方案中的低碳/绿色投资占比

单位：十亿美元，%

经济体	低碳/绿色投资				绿色投资占比		
	可再生能源	能源效率	废物和水	总额	全球	财政刺激	GDP
中国	1.6	182.4	34.0	218.0	41.8	33.6	3.1
美国	39.3	58.3	20.0	117.7	22.5	12.0	0.9
韩国	30.9	15.2	13.8	59.9	11.5	78.7	5.0
日本	14.0	29.1	0.2	43.3	8.3	6.1	1.0
欧盟	13.1	9.6	—	22.8	4.4	58.7	0.2
德国	—	13.8	—	13.8	2.6	13.2	0.5

续表

经济体	低碳/绿色投资				绿色投资占比		
	可再生能源	能源效率	废物和水	总额	全球	财政刺激	GDP
法国	0.9	5.1	0.2	6.2	1.2	18.2	0.3
英国	0.9	4.9	0.1	5.8	1.1	16.3	0.3
加拿大	1.1	1.4	0.3	2.8	0.5	8.7	0.2
意大利	—	1.3		1.3	0.3	1.3	0.1
G20国家	105.3	330.1	78.1	513.5	98.3	17.1	0.8
全球	107.6	335.4	79.1	522.1	100.0	15.7	0.7

资料来源：Anbumozhi（2014）。

本轮疫情危机也同样为全球提供了一个加快向气候友好型未来过渡的契机，但全球能否采取更具雄心的气候行动取决于以下五个条件能否得到满足。

其一，各国政府能否切实提升未来的气候雄心。

从现有承诺看，中、欧、韩等国家和地区正在发挥积极的引领作用。2019年12月，欧盟宣布"绿色新政"（European Green Deal），计划动员至少10000亿欧元使欧洲在2050年成为第一个碳中和大陆。疫情期间欧洲理事会通过的"下一代欧盟"经济复兴计划进一步配合"绿色新政"，推动欧洲经济向更加数字化和绿色化的方向发展。该计划实施跨度为2021~2027年，是迄今为止全球对气候最友好的刺激方案。

2020年9月中国在第七十五届联合国大会上明确提出力争于2030年前碳排放达到峰值，于2060年前实现碳中和。根据气候行动追踪组织（Climate Action Tracker）的估计，中国的气候雄心将产生巨大的影响，即使其他国家继续执行目前的气候政策，中国的行动也将使全球变暖预测值降低0.2~0.3摄氏度。受中国影响，作为COP26主席国的英国承诺在未来五年将其国际气候资金增加一倍，达到116亿英镑。

韩国也是"绿色新政"的坚定支持者，已经宣布要向生态友好型经济过渡，并在2050年实现净零排放。2020年7月韩国宣布实施"数字和绿色新政"，

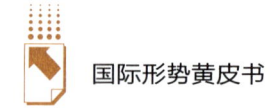

计划投入73.4万亿韩元支持环保项目，在未来5年创造65万个就业机会，到2030年将可再生能源的份额提高到20%。日本政府的目标是力争到2030年至少发展10吉瓦的风力发电能力。由126家公司组成的日本气候领导者伙伴关系（JCLP）也呼吁日本政府提升气候雄心，与《巴黎协定》目标保持一致。

从美国情况看，拜登的当选将使全球气候格局再次发生重大调整，因为拜登誓言要恢复美国国家层面的气候行动，包括入主白宫首日率美国重返《巴黎协定》，到2035年实现无碳电网，不迟于2050年实现净零排放。美国部分州、城市、NGO、私营部门等非政府行为体的减排呼声也非常高，这些实体加在一起占到美国经济的近70%。

其二，可持续的基础设施和可再生能源能否成为经济复苏的重要政策支柱。

IEA估计，如果能够成为疫情后经济复苏的一部分，在太阳能光伏上投资1美元创造的价值将是在煤炭或天然气领域投资的两倍。[①]

目前许多国家已经加强了对清洁电力、建筑、运输等方面的投资。法国计划投入70亿欧元用于建筑翻新。英国将投资10亿欧元用于社会住房改善和能效提高。德国计划投入150亿欧元用于可持续交通，包括电动汽车和公交车补贴、电动汽车充电基础设施和公共交通建设。韩国的"数字和绿色新政"包括提供23万套节能住宅和公共建筑，提供113万辆电动汽车，实现到2025年可再生能源发电量从2019年的12.7吉瓦提高到42.7吉瓦，建设更多的低碳工业园区。

近年来，清洁技术的飞速进步也为可再生能源未来实现跨越式发展提供了可能。自疫情暴发以来，韩国、法国和意大利等国家已经提高了屋顶太阳能光伏补贴。尼日利亚计划拨款约6.2亿美元，用于500万个家庭的太阳能系统安装。哥伦比亚近期也宣布将在可再生能源和能源传输项目上投入40亿美元，其中包括9个风能、5个太阳能、3个地热能和1个水电项目。在风能和太阳能投资的带动下，美国清洁能源投资从2018年到2019年增长了20%，

---

① IEA, *World Energy Investment 2020*, https://www.iea.org/events/world-energy-investment-2020, May 2020.

达到783亿美元。尽管受疫情影响，美国2020年上半年对新可再生能源产能的投资与2019年同期相比下降了30%，但长期看，清洁能源投资的基本面向好。2020年4~6月，美国增加了4吉瓦的风能和太阳能发电装机容量，而上年同期为1.9吉瓦。美国的许多州、城市和企业也重申了对清洁电力政策的支持。

建设更优质的、更智能的以及更持续的基础设施可以避免锁定高碳投资，为各国创造就业机会，帮助各国更好地应对未来气候的影响。尽管各国当前努力的程度参差不齐，但基本的方向是一致的。

其三，能否调动足够的资源突破气候融资瓶颈。

疫情的暴发导致政府诸多优先事项发生变化，应对疫情冲击给大多数政府带来巨大的财政压力，一定程度上挤压了各国应对气候变化的财政空间。

多边开发银行在实现发展中国家气候融资目标方面发挥着重要作用，提供了约一半的国际公共气候资金。2019年9月的联合国气候行动峰会上，主要的多边开发银行共同承诺将提供至少650亿美元的气候资金助力全球实现2025年气候目标，其中500亿美元投入中低收入国家，并撬动1100亿美元的联合融资，其中包括400亿美元的私人融资。国际发展融资俱乐部也首次宣布在2025年之前调动1万亿美元的量化目标，并计划与绿色气候基金建立伙伴关系，共同建立一个新的1000万美元的气候基金，支持成员方气候融资方面的能力建设。尽管如此，相对于全球气候投融资需求，目前可用于清洁能源、可持续基础设施建设和气候适应投资的气候公共资金数额远远不足，需要机构投资者和私营部门更多参与。但如何将私人资本纳入气候融资体系，尚有机制上的技术问题需要解决。

多边开发银行可以在引导国际投资中发挥重要作用。2016~2018年，多边开发银行气候融资每投入1美元，就能撬动0.87美元的公共投资以及0.62美元的私人投资。[①]目前由全球最大的养老基金和保险公司组成的资产所有者联盟（负责指导逾2万亿美元的投资）正致力于在2050年之前向碳中和投资

---

① MDBs, *2019 Joint Report on Multilateral Development Banks' Climate Finance*, https://www.ebrd.com/news/2020/mdbs-climate-finance-in-low-and-middleincome-countries-in-2019-reaches-us-415-billion.html, August 2020.

组合过渡。未来多边开发银行可以加大混合投资力度，积极探索多元化的投融资渠道，如尝试三方、四方联合投资的方式，或建立新的基金从市场募集资本，吸引私人、机构投资的参与。

发展中国家政府要加强和调整融资战略，构建绿色金融体系。这一体系需要金融系统的所有部门包括银行、机构投资者、保险公司、公共财政机构和监管机构等提高与气候相关的财务透明度，也需要企业严格遵守社会、环境和治理标准。在此方面，中央银行可以首先发挥引导作用。与2008年相比，当前的金融监管机构更加了解气候变化对金融和宏观经济稳定的影响。许多国家的中央银行正在实施空前规模的量化宽松计划，因此央行拥有更多工具将气候因素纳入资产购买。量化宽松本身并不一定能推动减排，但央行实施负责任的量化宽松，比如选择购买已经制定（或在制定）减排目标的公司债券，回避排放密集型行业的公司债券，不仅有利于央行更好地管理自身承担的气候风险，还可以为其他金融市场参与者树立榜样，最终在金融市场上形成积极效应。

其四，关键技术能否在中短期内取得突破。

目前成本昂贵的碳捕获技术仍处于研发和试验阶段。但清洁能源行业已经经历了显著的技术变革。太阳能光伏发电成本到2019年已经比2010年下降了82%，太阳能集中发电成本下降了47%，陆上风电成本下降了39%，海上风电成本下降了29%。最近的拍卖和电力购买协议（PPA）显示，2021年投产的项目基于竞争性采购的太阳能光伏价格平均为0.039美元/千瓦时，比2019年下降42%，比最便宜的燃煤发电还低20%。电池存储也经历了类似的过程。2019年电动汽车电池价格平均为156美元/千瓦时，远低于2010年的1100美元/千瓦时。未来五到十年，锂离子电池可能主导电动汽车市场，而在2030年后，更多潜在技术将超越锂离子电池技术所施加的性能极限，包括锂金属固态电池，锂硫、钠离子甚至锂空气。

由于氢能可以解决新能源汽车里程问题，再加上加氢速度快等优势，燃料电池汽车成为使用氢能的一大主要方向。2020年氢能产业发展进入商业化初期，商业化推广模式将逐步建立。目前中国正在加快加氢站的建设，预计2020年运营和在建的加氢站将达100座，可供5000~10000辆燃料电池乘用车、11600辆燃料电池商用车使用。2020年6月，德国敲定国家氢能战略，确认了"绿氢"的优先地位，并打算从公布的1300亿欧元刺激计划中分配90亿欧元用于氢能发展，目标是最晚在2040年前在国内建成10吉瓦的电解"绿氢"产能，其中一半将在2030年以前建成。2020年7月，欧盟也正式公布酝酿已久的《欧盟氢能战略》，计划在未来十年内向氢能产业投入5750亿欧元，其中1450亿欧元以税收优惠、碳许可证优惠、财政补贴等形式惠及相关氢能企业，剩余的4300亿欧元将直接投入氢能基础设施建设。该战略被视为欧洲未来能源业的重要蓝图之一，也是欧盟在新冠肺炎疫情后经济刺激计划中的重要一环。加拿大特鲁多政府也将于2020年启动一项绿色议程，为2050年的零排放目标制定路线，其中包括氢能发展战略。

可以预见，未来智能电网、需求响应和区块链等技术的发展将极大改变消费者与供应商之间的关系。光伏技术成熟度的不断增加和成本的显著下降，陆上和海上风电、碳捕获和存储技术、电池储存和非常规燃料提取技术的突破式发展，将从根本上推动世界能源加快向多元化、清洁化、低碳化转型。

其五，能否充分激发地方政府和其他非政府行为体的减排潜力。

城市是全球一半以上人口的家园，消耗了世界2/3的能源，产生了约70%的温室气体。目前已经有10000多个城市加入了《全球气候与能源市长公约》，多个国家和城市在2017年12月"同一星球峰会"上签署碳中和联盟宣言，同意尽快和不迟于2020年制定长期、低排放、具有气候适应力的发展战略。2019年智利作为COP25主席国，在纽约气候行动峰会上启动了"气候雄心联盟"倡议，致力于到2050年实现净零排放。已有65个国家和欧盟的10个地区、102个城市、93家企业和12家机构投资者加入该倡议。全球许多大公司也承诺大幅减少排放。由全球100家最大投资者倡议的"气候行动100+"自启动以来，已经引导部分全球大型排放企业采取行动应对气候变化，提高了航运、电力、油气等关键行业的气候门槛。这些公司多是各自领域的领导者，将为全球企业的气候行动树立新标准。

城市处于气候紧急情况的最前线，到2050年，随着25亿人从农村迁移到城市，城市的排放份额预计还将增长。但大多数城市拥有有限的财力、人力和技术，特别是南半球的城市经常缺乏项目准备初期所需的资金和技术支持。疫情的暴发进一步加剧了城市的财政压力。世行预计到2030年，城市需要建立93万亿美元的可持续基础设施，包括扩大公共交通、转向更清洁的能源、建造防波堤和预警系统以及增加更具弹性的人们负担得起的住房。在此背景下，吸引私人资本加入可持续的城市建设至关重要。投资者需要稳定的长期回报，智慧城市建设可以实现二者的有效融合。许多智慧城市的创新都来自私营企业。这要求政府转变角色，致力于创造合适的投资和监管环境、提供补贴和优惠政策以及改变购买决策。世界银行和欧洲投资银行正在运作一项新基金——城市气候融资缺口基金（Gap Fund），支持发展中国家和新兴国家建立绿色、有韧性和竞争性城市。基金的目标是至少获得1亿欧元的总资金，并调动超过40亿欧元的投资来开展城市气候行动，这将为城市获得国际资金支持提供渠道。

四 结论

2020年的疫情危机有力地考验了各国政府的治理能力和气候决心。疫情等黑天鹅事件对全球能源市场的影响是短期的，加速清洁能源转型以减轻气候变化风险是大势所趋。世界正处于气候政策的关键节点，建设兼具包容性、低碳和气候适应型经济体是一项紧迫而共同的挑战。

可持续的基础设施和可再生能源提供了一种使短期政策行动与中长期能源和气候目标保持一致的方法。疫情后政府的经济刺激计划如果能够更多聚焦在促进绿色基础设施建设和清洁能源发展的大型投资上，包括太阳能、风能、氢能、储能和碳捕获及存储，既可以刺激经济反弹，还可以加速经济的绿色转型进程。2020年7月，在IEA清洁能源转型峰会上，占全球碳排放量80%的40个发达经济体和新兴经济体部长强调要让清洁能源技术成为推动经济复苏的重要组成部分。目前，城市、国际组织、机构投资者和企业等非政府行为体的低碳行动也正在为全球应对气候变化做出重要贡献。

作为目前世界上最大的排放国和能源消费国，中国在全球应对疫情最困难的时候做出碳中和的具体时间表承诺，将极大鼓舞全球应对气候变化的决心和信心。但实现全球碳中和的目标，需要中国当前的经济结构和能源体系发生重大而迅速的转变，需要中国政府进行良好的顶层政策设计，部署未来五年、十年甚至更长时期的气候行动路线图，包括转变能源结构、完善碳市场、大力发展清洁技术、构建完备的绿色金融体系等。

当然，疫情也给未来的全球气候行动带来很多的不确定性。与2008年全球金融危机爆发时相比，目前各国的财政赤字普遍上升，许多新兴市场和发展中国家还在努力应对更高水平的公共债务和外债，可以预期各国政府在推出刺激计划时将面临较为严格的财政约束。此外，具有较高外贸依存度的国家（如越南、马来西亚、泰国等）、对旅游业高度依赖的国家（如巴西、南非、泰国等），以及资源产品出口依赖型国家（如哈萨克斯坦、阿塞拜疆、土库曼斯坦、南苏丹等）将受到疫情封锁的严重影响，经济的长期疲软将削弱它们在危机后获得足够的融资、投资和贸易支持以实现经济多样化的能力。

参考文献

Arabella Investors, *The Global Fossil Fuel Divestment and Clean Energy Investment Movement*, https://www.arabellaadvisors.com/wp-content/uploads/2018/09/Global-Divestment-Report-2018.pdf.

IRENA, *Renewable Capacity Statistics 2020*, https://www.irena.org/publications/2020/Mar/Renewable-Capacity-Statistics-2020,March 2020.

IEA, *Global EV Outlook 2020*, https://www.iea.org/reports/global-ev-outlook-2020, June 2020.

MDBs, *2019 Joint Report on Multilateral Development Banks' Climate Finance*, https://www.ebrd.com/news/2020/mdbs-climate-finance-in-low-and-middleincome-countries-in-2019-reaches-us-415-billion.html, August 2020.

World Bank, *State and Trends of Carbon Pricing 2020*, https://elibrary.worldbank.org/doi/abs/10.1596/978-1-4648-1435-8, June 2020.

联合国环境规划署（UNEP）:《2019年排放差距报告》, https://www.unenvironment.org/。

World Meteorological Organization（WMO）, The Global Climate in 2015-2019, http://www.cma.gov.cn/en2014/climate/update/202004/P020200429608869941399.pdf, 2020.

田慧芳:《起死回生的2019气候变化大会》,《世界知识》2020年第1期。

IEA, *Global Energy Review 2020*, https://www.iea.org/reports/global-energy-review-2020, April 2020.

IEA, *World Energy Investment 2020*, https://www.iea.org/events/world-energy-investment-2020, May 2020.

全球能源监测（GEM）、能源与清洁空气研究中心、绿色和平国际和塞拉俱乐部:《繁荣与衰落2020：追踪全球燃煤电厂开发》, http://mp.ofweek.com/power/a945693628556, 2020年4月。

气候债券倡议组织（CBI）和中央国债登记结算公司:《中国绿色债券市场2019研究报告》, 2020年6月。

Anbumozhi, *Impact of Global Financial Crisis and Stimulus for Sustainable Development in Asia*, 2014.

专题·热点
Special Topics and Focal Points

Y.9
疫情与全球卫生治理

吴国鼎 熊爱宗[*]

摘 要： 新冠肺炎疫情是1918~1919年大流感以来，全球遭遇的最严重的疫情。新冠肺炎疫情使全球经济受到严重影响，也对世界政治产生了影响。为战胜疫情，WHO和G20等组织和平台采取了一系列抗疫措施。中国在控制住疫情的同时，积极参与全球卫生治理，为全球合作抗疫做出了贡献。新冠肺炎疫情给全球卫生治理带来了挑战，包括国家主义和民族主义情绪上升、全球卫生治理规则效力不足、WHO应对突发卫生事件的资源不足等。为改进全球卫

---

[*] 吴国鼎，经济学博士，中国社会科学院世界经济与政治研究所副研究员，研究方向为全球治理、货币金融管理；熊爱宗，经济学博士，中国社会科学院世界经济与政治研究所副研究员，全球治理研究室副主任，研究方向为全球治理、全球宏观经济。

生治理，国际社会应该采取强化 WHO 在全球卫生治理中的核心作用、进一步强化全球卫生治理规则的遵守与执行、加大对全球卫生治理机制的投入力度、积极发挥其他全球治理主体的作用等措施。

关键词：新冠肺炎疫情　全球卫生治理　世界卫生组织

重大疾病灾害尤其是传染病的流行，会给人类带来深重的灾难。随着全球化的发展，经贸、旅游、人文交流等各类活动把人类更紧密地联系在一起。这使得传染病等疾病在全球范围内传播的速度更快，传播的范围更广。2020年1月暴发的新冠肺炎（COVID-19）疫情因其传播速度快、致命性强而被认为是人类历史上最狡猾、最难对付的病毒。有人认为，新冠肺炎疫情是1918~1919年大流感以来，全球遭遇的最严重的疫情。要战胜新冠肺炎疫情，靠单个国家或者组织是无法做到的，只有在全球层面各个国家以及相关的国际组织加强合作才能最终战胜疫情。因此加强全球卫生治理迫在眉睫。

一　新冠肺炎疫情对全球经济和政治的影响

新冠肺炎疫情暴发以来，在很短的时间内在全球范围大面积蔓延，几乎没有国家能够幸免。新冠肺炎疫情的暴发给世界各国人民的生命健康、世界经济以及世界政治都带来了深远的影响。

（一）新冠肺炎疫情严重威胁到人类生命安全

在人类发展历史上，给人类生命安全带来严重危害的传染病全球流行事件不一而足。据统计，全球每年大约有1/4的死亡人口是由传染病导致的。[①]14世纪30年代暴发的黑死病（Black Death），造成了欧洲将近1/3的

---

① 龚向前：《传染病全球化与全球卫生治理》，《国际观察》2006年第3期，第24~29页。

人口死亡。[1]1918年暴发的大流感使全球约1/3的人口感染，导致大约5000万人死亡。近几年来，非典（SARS）、埃博拉病毒（Ebola Virus）、甲型流感（H1N1）等疫情也在全球范围内相继暴发。仅在2011~2018年，世界卫生组织（WHO）就在172个国家追踪到1483个传染病疫情暴发事件。[2]

新冠肺炎疫情导致的感染和死亡人口数量巨大。截止到2020年10月初，全球累计感染新冠肺炎的人数已经超过3500万，因感染新冠肺炎而死亡的人数已经超过100万。联合国贸发会议（UNCTAD）2020年9月发布的《2020年贸易和发展报告》中称，新冠肺炎疫情将导致全球9000万至1.2亿人陷入极端贫困，近3亿人面临粮食安全问题。新冠肺炎疫情对整个人类的生命健康和安全构成了严重的威胁。

（二）新冠肺炎疫情使全球经济受到严重影响

在全球经济一体化加深的背景下，各国之间的经济联系越发紧密。疫情在全球范围内持续恶化，给全球经济带来巨大挑战。为防疫所采取的隔离、封锁等措施造成大量经济活动突然停摆、供应链中断、制造业和服务业活动受限、国际贸易急剧萎缩。随着新冠肺炎疫情在世界范围内持续蔓延，世界经济下行压力进一步加大。

1. 全球经济出现严重衰退

新冠肺炎疫情发展为百年一遇的全球大流行病，并以多种方式重创世界经济。普遍预计，此次疫情的影响会超过2008~2009年的金融危机，甚至堪比1929~1933年世界经济大萧条。评级机构惠誉在2020年9月发布的《全球经济展望》报告中，预测2020年全球GDP将下降4.4%，并认为这将是2009年经济大衰退的两倍多。报告还预测，2020年，美国GDP将萎缩4.6%，欧元区GDP将萎缩9.0%，英国GDP将萎缩11.5%，不包括中国在内的新兴市场GDP将萎缩5.7%。UNCTAD在9月发布的《2020年贸易和发展报告》中，预计

---

[1] 晋继勇：《全球卫生治理的背景、特点与挑战》，《当代世界》2020年第4期，第42~48页。
[2] Global Preparedness Monitoring Board, A World at Risk: Annual Report on Global Preparedness for Health Emergencies, September 2019.

2020年全球经济将萎缩4%以上，全球产出将减少超过6万亿美元。

2. 全球贸易和投资急剧萎缩

新冠肺炎疫情使国际贸易受到严重冲击。随着更多国家为防控疫情而采取严格的中断交通、限制人口流动等管制措施，各国正常的生产和生活都不能进行，全球贸易量下降迅速。再加上各国为抵御疫情导致的经济衰退而纷纷出台贸易保护主义措施，使得国际贸易形势越发严峻。

亚洲开发银行发布的报告指出，为遏制疫情扩散而实施的关闭边境、限制旅行等措施，可能导致全球贸易额减少1.7万亿~2.6万亿美元。世贸组织（WTO）发布的《全球贸易数据与展望》中则预测世界贸易在2020年将萎缩13%~32%。[①]UNCTAD在9月发布的报告中称，全球贸易将减少约1/5。与此同时，国际投资也面临大幅萎缩。UNCTAD在其发布的报告中称，2020年外国直接投资可能下降40%。

3. 全球产业链遭受重创

各国为控制疫情蔓延而采取的限制措施重创了全球产业链。疫情暴发时，为防疫而进行的隔离以及停工停产等措施，导致服务业以及制造业受到严重影响。由于全球产业链的发展，产业链中的一个环节出现问题，整个产业链都会受到影响，尤其是处于产业链中心的环节。新冠肺炎疫情导致东亚、欧洲和北美等全球三大产业链中心均遭受重创。例如，疫情在中国暴发时导致中国生产停摆，产业链中断。韩国和日本、美国的汽车制造业受此影响，部分汽车工厂不得不停产。东南亚地区的纺织服装产业也受到影响。据统计，《财富》1000强企业中有94%的企业经历了疫情所导致的产业链和供应链中断。

（三）新冠肺炎疫情对世界政治产生了影响

在人类发展历史上，传染病流行导致人类历史改变的事例并不少见。公元541~542年暴发的查士丁尼瘟疫（Justinian's Plague）导致了罗马帝国

---

① 全毅：《新冠肺炎疫情对世界经济政治格局的影响》，《和平与发展》2020年第3期，第1~17页。

的衰落、欧洲权力中心的北移以及伊斯兰文明在地中海以东的崛起。黑死病也同样改变了世界历史的进程。[①] 同样，新冠肺炎疫情有可能成为世界历史发展的分水岭。美国前国务卿基辛格（Henry Kissinger）博士认为，新冠肺炎疫情在全球的蔓延将永久改变世界秩序。具体来说，新冠肺炎疫情对世界政治和格局会产生如下影响。

1. 新冠肺炎疫情会在一定程度上改变全球化进程

新冠肺炎疫情促使一些国家采取反全球化措施。疫情造成的全球产业链、价值链、供应链的中断以及一些国家抗疫急需的物资需依靠别国来供应这一现状，使得主权国家更加重视本国的经济安全，力图将关系国计民生的产业链和供应链控制在自己手中。美国总统特朗普（Donald Trump）指出，新冠肺炎疫情危机凸显了拥有牢固边界以及强劲制造业的重要性。他还声称，美国永远不应该依靠别的国家来维持自己的生存。美国白宫经济顾问库德罗（Larry Kudlow）表示，美国政府将为美国企业从中国迁回美国的所有支出买单。其他一些国家也纷纷出台措施，试图将关系国家安全的生产线搬回本国境内以及实现供应链的多元化。例如，日本在2020年4月推出创纪录的约922亿美元的刺激经济方案，其中22亿美元用于协助在华日商将生产线迁回日本，超过2亿美元用于协助将生产线转移到其他国家。

另外，新冠肺炎疫情下，民族主义和保护主义盛行，这将改变全球化的发展范式。具体来说，经济全球化将更加向邻近国家和价值观相近国家的区域化方向发展，由此导致全球产业链和供应链基于共同文化与价值观及地理位置的邻近性进行重组。

2. 新冠肺炎疫情将使国际力量对比的调整加快

新冠肺炎疫情在全球蔓延，各国应对疫情的方式不同，导致疫情在各国的蔓延态势不同，对各国的影响也不同。这导致了国际力量对比的调整。

此次疫情使美欧等西方国家受创最重。截止到2020年10月初，美国累

---

① 刘庆和：《新冠肺炎疫情与世界经济》，《当代贵州》2020年第16期，第80页。

计确诊人数超过750万人，死亡超过21万人。欧洲也成为疫情的重灾区。疫情的进一步蔓延，导致西方国家迟迟不能恢复正常的生产和生活。和其形成对比的是，最先遭遇新冠肺炎疫情的中国等东亚国家在较短时间内遏止疫情扩散，快速转入复工复产，经济逐步复苏。

按照目前的发展趋势，新冠肺炎疫情将使西方国家在全球经济中的占比进一步下滑，而中国等东亚国家在全球经济中的占比将进一步上升。UNCTAD发布的报告中称，中国2020年的GDP增长预期为1.3%，为主要经济体中唯一保持正增长的国家。就中美对比来看，中美之间的GDP差距将变小，中国GDP赶上美国的时间也将缩短。

3. 新冠肺炎疫情使得对价值观、文明观等的争论更加激烈

不同国家应对疫情的不同策略以及效果引起了关于价值观、文明观、政治体制等的论争。

长期以来，美国等西方国家一直认为其以"绝对自由""绝对个人主义"为核心的文明以及以普选制、"三权分立"等为特征的政治体制是最优越的文明和政治体制，而对中国等国家的具有集体主义特征的文明以及政治体制带有偏见。这导致了关于哪种文明和政治体制更符合人类发展的论争长期存在。

不同的价值观和文明观，体现在抗疫上就具有明显的差异。面对疫情，西方国家的政府行动迟缓、不集中精力用于抗疫；民众也以妨碍自由为借口，不配合政府的防疫措施。反观中国等东亚国家，有集体主义的传统。民众高度自觉，主动、积极配合进行防疫。

这两种抗疫方式显著的区别就是，疫情最早在中国暴发，但是中国采取了果断的防疫措施，在很短的时间内把疫情控制下去。同样，在较早暴发疫情的韩国等东亚地区，疫情也较好地得到了控制。而反观美国、西欧等国家和地区，其虽然具备更发达的经济和医疗科技实力，疫情却迟迟得不到控制，因疫情受到的损失也更大。疫情期间，美国等国引以为傲的经济实力以及医疗技术，不但没能协助美国控制住疫情，反而需要从中国大量进口口罩、呼吸机、防护服等基本的防疫物资。

不同文明和政治体制下的抗疫效果形成了鲜明的对比。民众会更深入地思索到底哪种文明和体制是更优的。这将给世界发展模式带来深远的影响。

二 WHO、G20等组织和平台以及中国的疫情应对

新冠肺炎疫情暴发后，面对这一近百年来全球范围内最严重的疫情，包括WHO在内的国际组织团结和领导国际社会，积极抗疫，为抑制疫情蔓延，救治病人、研发疫苗、救助弱势群体做出了贡献。

（一）WHO的疫情应对

WHO是全球卫生治理的核心，在领导和协调全球应对新冠肺炎疫情的活动中发挥了重要作用。

1. 及时跟踪疫情走向

疫情发生后，WHO总干事迅速召集《国际卫生条例（2005）》突发事件委员会。2020年1月30日，该委员会宣布新冠肺炎疫情为国际关注的突发公共卫生事件（PHEIC）。3月11日，WHO认为，新冠肺炎疫情符合"大流行病"（pandemic）的特征，呼吁所有国家启动并扩大应急机制。4月30日，突发事件委员会认为此次疫情仍然构成国际关注的突发公共卫生事件。在这一过程中，WHO总干事接受了委员会对WHO的建议，并向各缔约国提供了委员会的各项建议。

2. 为国际社会和成员国应对疫情提供指导

在将新冠肺炎疫情宣布为国际关注的突发公共卫生事件之后，2020年2月初，WHO制定了COVID-19战略防范和应对计划（SPRP）。与此同时，WHO还建议联合国国别工作组（UNCTs）和合作伙伴在与战略防范和应对计划保持一致的情况下，建立国别防范和应对计划，以识别受影响国家在应对新冠肺炎疫情方面的不足和需要，为相关国家提供快速支持。在此基础上，WHO还根据各国疫情传播的不同情形提出具有针对性的应对方案。此外，WHO还针对疫情发布了一系列技术指南文件，以便于各国做好疫情防范和

应对工作。

3. 加强对新冠肺炎疫情的监测

疫情暴发之初,WHO即建立了一个全球监测系统,监测和分析新冠肺炎疫情的全球流行状况。WHO建立了一个COVID-19全球监测数据库,以监测新冠肺炎疫情在国家间的传播情况,为应对疫情实施公共卫生政策提供支持。1月21日,WHO发布了针对新冠肺炎疫情的全球监测临时指导文件,并不断进行定期更新。

4. 积极推动针对新冠肺炎疫情的研究和创新工作

2020年2月11日至12日,WHO与全球传染病防治研究协作网络(Global Research Collaboration for Infectious Disease Preparedness)联合举办了针对新冠肺炎疫情的全球研究与创新论坛,就需要解决的关键研究问题以及共同努力加速和优先资助研究的方式达成共识。3月6日,WHO总干事在媒体通报会上发布了针对新冠肺炎疫情的全球研发路线图,并明确了包括病毒的流行病学、治疗工具、疫苗等在内的九大关键领域的优先事项。

(二)G20等全球治理平台对新冠肺炎疫情的应对

作为国际合作主要论坛,G20(二十国集团)在协调国际社会应对公共卫生危机方面也发挥了重要作用。G20强调WHO在全球卫生治理中的核心作用,并为WHO提供一系列支持,同时督促和号召其他国际组织、成员方以及其他国家共同采取行动抗击疫情。

2020年3月12日,G20协调人发布《关于新冠肺炎疫情的声明》,指出G20成员支持WHO工作,并同其开展密切合作。3月26日,G20领导人应对新冠肺炎疫情特别峰会召开。峰会发表《二十国集团领导人应对新冠肺炎疫情特别峰会声明》,承诺采取一切必要措施,提供更多的资金来抑制此次大流行病。为落实领导人达成的共识,2020年4月18日和9月17日,G20分别召开卫生部长会议以及财政部长和卫生部长联合会议,针对疫情不断发展的情况,识别疫情防范和应对工作存在的不足,并提出下一步的应对建议。

其他国际和区域性组织也积极动员资源,帮助受影响国家应对疫情。为了抗击疫情，2020年3月初，联合国从中央应急基金中拨款1500万美元给WHO以及联合国儿童基金会，用于监测病毒传播、调查病例等工作。2020年3月3日，世界银行集团宣布将提供最高120亿美元支持各成员应对疫情，此后资金支持规模被提高至140亿美元。同期，国际货币基金组织（IMF）也宣布将通过紧急融资机制向低收入和新兴市场国家提供500亿美元的可用资金，以应对新冠肺炎疫情。其他多边发展机构如亚开行、亚投行等也都推出了支持其成员应对疫情的计划。

（三）中国的疫情应对以及参与全球卫生治理

新冠肺炎疫情暴发以来，中国采取有效措施迅速控制住疫情。同时，中国也积极参与全球卫生治理，为全球合作抗疫做出了重大贡献。

1. 中国抗击新冠肺炎疫情的努力

疫情暴发之初，中国迅速对武汉采取了封城的措施，调集全国的医疗资源支援武汉。同时全国大部分地区也采取了停工停产、减少人员流动等措施。为控制疫情，各地开展主动监测，迅速发现并隔离病例，同时严密追踪并隔离密切接触者。在全国人民的努力下，疫情在较短的时间内得到了控制。感染人数和死亡人数都保持在较低水平。截止到2020年10月7日，中国累计报告确诊病例91190例，累计死亡病例4746例。这和其他一些疫情较严重的国家相比，属于受灾程度非常低的水平。在控制住疫情的同时，中国迅速开展复工复产。这不但使中国的经济迅速走出低谷，而且为全球抗疫物资的供应、世界经济复苏、全球价值链稳定做出了贡献。2020年第一季度，中国的GDP同比下降6.8%，而第二季度，中国的GDP增速就变负为正，同比增长3.2%。虽然从整个上半年来看，中国的GDP同比增速为-1.6%，但是从全年来看，中国的GDP可实现正增长。世界银行和IMF在6月均预测，中国2020年GDP增速为1%，为全球唯一实现GDP正增长的主要经济体。

2. 中国携手国际社会共同抗疫

中国还携手国际社会共同抗疫。疫情暴发初期，国际社会给予了中国宝贵的援助。在中国的疫情得到控制，疫情在其他国家蔓延时，中国又向其他

国家伸出了援手，协助其他国家抗疫。一是中国积极同国际社会分享抗疫信息和交流抗疫经验。中国第一时间向WHO以及其他国家通报疫情信息，分享病毒信息。中国同国际组织以及其他国家开展了70多次疫情防控交流活动。中国还汇编了治疗和防控方案，提供给国际组织以及全球180多个国家参照使用。二是中国积极为国际社会提供防疫物资。中国在控制住疫情后，迅速开展了复工复产工作。凭借强大的工业生产能力，中国大量生产抗疫物资并提供给国际社会。一方面，中国向国际社会提供大量的人道主义援助，向WHO提供资金援助，积极参与WHO的各类活动，还向其他国家援助抗疫物资，派出医疗专家组协助其他国家抗疫。另一方面，中国积极向其他国家出口防疫物资，出口了大量的口罩、防护服、呼吸机、检测试剂盒等，有力支持了其他国家抗疫。三是中国积极同国际社会开展科研交流和合作。中国同国际组织以及其他国家在病毒溯源、检测、治疗以及疫苗研发等方面积极开展合作。中国还搭建了科研成果交流和共享平台，为世界范围内的科研工作者提供疫情信息和资料。中国科研工作者还在《柳叶刀》等国际知名期刊上发表论文，介绍最新的科研成果。

中国的抗疫成就以及积极参与全球卫生治理的努力，获得了国际社会的高度认可和赞扬。中国构建人类命运共同体的全球治理理念越来越得到国际社会的认同，中国的经济实力以及制度、文化等软实力在国际社会中的地位也得到了提高。

三 新冠肺炎疫情给全球卫生治理带来的挑战

新冠肺炎疫情暴发后，虽然多数国家以及国际社会积极应对，全力抗疫，但是我们看到，应对疫情的全球卫生治理还存在一些问题。在这一严重疫情面前，要做好进一步的抗疫工作，全球卫生治理还面临一些挑战。

（一）一些国家对WHO支持力度不够给全球卫生治理带来挑战

作为全球卫生治理的核心，WHO理应是全球卫生治理的领导者，但近年来其领导力有所降低。WHO领导力的下降来自多个方面，既可能来自其卫生治理能力的下降，例如由于应对不力，2014年埃博拉疫情被看作WHO全球卫生领导力的危机[1]；也可能来自成员国对WHO支持度的下降。从这次疫情的情况来看，个别国家特别是美国不断批评WHO在疫情中的表现，并最终决定退出WHO，这极大地损害了WHO的全球卫生领导力。

疫情发生后，美国总统特朗普就批评WHO未能及时、透明地充分获取和分享信息，并指责WHO"以中国为中心"。2020年4月15日，特朗普以WHO处理新冠肺炎疫情不善为由，宣布暂停向WHO提供所有资金。[2]5月18日，特朗普致信WHO总干事谭德塞（Tedros Adhanom Ghebreyesus），威胁将永久冻结对WHO的资助，并重新考虑是否留在该组织内。5月29日，特朗普宣布由于WHO未能完成美国要求的改革，美国将退出WHO。[3]2020年7月初，特朗普政府通知美国国会和联合国，美国将正式退出WHO。作为WHO最重要的成员国和最大的出资国，美国退出WHO，将给全球卫生治理带来重大挑战，也将使资金本已捉襟见肘的WHO面临更大的疫情应对资金缺口，严重损害WHO协调全球合作抗击疫情的能力。

（二）全球卫生治理规则效力不足损害全球卫生治理效果

《国际卫生条例（2005）》（以下简称《条例》）是全球卫生治理的重要法律工具。但成员国对《条例》执行不到位，甚至在疫情期间违反《条例》相关规定，降低了全球卫生治理规则的有效性。

首先，成员国对《条例》的执行不到位。根据缔约国自我评估年度报告，

---

[1] Gostin, L. and Friedman, E., "*Ebola: A Crisis in Global Health Leadership*," *The Lancet*, 384: 1323-1325, 2014.

[2] The White House, President Donald J. Trump Is Demanding Accountability From the World Health Organization, https://www.whitehouse.gov/briefings-statements/president-donald-j-trump-demanding-accountability-world-health-organization,April 15, 2020.

[3] The White House, Remarks by President Trump on Actions Against China, https://www.whitehouse.gov/briefings-statements/remarks-president-trump-actions-china, May 29, 2020.

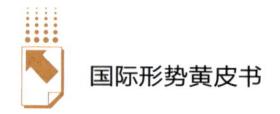

2018年仍有117个国家没有达到《条例》所规定的防控要求。[1]这弱化了相关国家应对疫情的能力，可能使得全球疫情防控出现漏洞。

其次，面对疫情，部分国家甚至出现违反《条例》的情况。《条例》第七条要求在突发或不寻常公共卫生事件期间，应保持卫生数据和信息的共享，WHO也曾多次就数据共享发表政策声明。但在实际中，各国出于各种原因，还未能实现相关数据充分共享。疫情暴发初期，WHO总干事指出，太多受影响的国家仍然没有与WHO分享数据。[2]2020年2月，16位卫生法律学者在《柳叶刀》杂志发表评论指出，疫情暴发期间，多个国家对中国实施旅行限制，违反了《条例》中的规定。[3]

（三）WHO应对突发卫生事件的资源不足

WHO针对突发卫生事件的早期和快速应对的资金，主要来自其正常预算额度和为应对紧急情况而安排的过渡融资。此外，为弥补预算额度的不足，WHO还建立一些应对突发事件的紧急融资，如2009年为应对甲型流感建立的公共卫生紧急基金，2015年为应对埃博拉病毒建立的突发事件应急基金。2016年WHO建立突发卫生事件规划，以提高其应对疫情和人道主义紧急情况的能力。尽管近年来，WHO针对突发卫生事件规划的预算不断增加，但其仍面临较大的资源缺口。如有审计人员发现，作为全球应对新冠肺炎疫情的领导部门，WHO的突发卫生事件规划长期存在资金不足问题，从而对其自身造成了"严重"和"不可接受"的危害。[4]

---

[1] WHO, The Matic Paper on the Status of Country Preparedness Capacities, Background Report Commissioned by the Global Preparedness Monitoring Board (GPMB). 25 September 2019.

[2] WHO, WHO Director-General's Opening Remarks at the Mission Briefing on COVID-19, https://www.who.int/dg/speeches/detail/who-director-general-s-opening-remarks-at-the-mission-briefing-on-covid-19-26-february-2020, 26 February 2020.

[3] Habibi, R., Burci, G., de Campos, T., Chirwa, D., Cinà, M., Dagron, S., Eccleston-Turner, M., Forman, L., Gostin, L., Meier, B., Negri, S., Ooms, G., Sekalala, S., Taylor, A., Yamin, A., and Hoffman, S., "Do not Violate the International Health Regulations during the COVID-19 Outbreak," The Lancet, 2020, 395(10225): 664-666.

[4] Joel Richards, COVID-19 and Health Governance, https://searchlight.vc/searchlight/the-world-around-us/2020/03/10/covid-19-and-health-governance, 10 March 2020.

疫情与全球卫生治理

四 改进全球卫生治理的建议

为更有效地应对疫情，国际社会需要进一步合作，进行更有效的全球卫生治理。具体来说，应该在以下几个方面对全球卫生治理进行改进。

（一）国际社会应进一步强化WHO在全球卫生治理中的核心作用

国际社会应继续支持WHO在全球卫生治理中发挥核心作用，为WHO发挥全球卫生治理职能提供政治支持。WHO也应积极推动卫生议题进入国际和区域组织的议事日程，并加强同其他全球卫生治理主体的协调与合作。

（二）各国应进一步强化全球卫生治理规则的遵守与执行

针对大部分国家没有达到《条例》所规定的防控要求的情况，一方面，WHO应进一步加强对成员国遵守和执行《条例》情况的监测与评估。为加大各国的遵守和执行力度，可考虑建立外部的强制评估机制，以增加同行评议压力，并由WHO定期监测，确保各国不断提升防范能力。另一方面，部分缔约国特别是一些中低收入国家，对《条例》执行较差的原因可能是资金和能力不足。对此，国际社会以及WHO应在技术、资金等方面加大对中低收入国家的援助力度，帮助这些国家提升疫情防控能力。七国集团（G7）在2015年领导人峰会上同意帮助至少60个国家（后来增加到76个）在五年内做到对《条例》的执行。G20也反复强调遵守《条例》的重要性。国际社会应进一步落实相关承诺，切实帮助贫困国家改善疫情防范和应对。

（三）各国应加大对全球卫生治理机制的投入力度

为进一步发挥WHO全球卫生治理职能，各国应进一步加大对WHO的资金支持力度。一是进一步扩充WHO的预算规模。面对疫情，国际社会应积极增加对WHO的注资，扩充WHO的可用金融资源。这包括增加对WHO的自愿捐款，同时也可考虑成员国对WHO实施一次特殊增缴会费安排，以充实WHO应对疫情的资金。二是加大对WHO突发卫生事件规划的资金支持力度。WHO独立监督和咨询委员会建议成员国对WHO的经费进行审查，确保突发卫生事件规划拥有足够的预算，以确保其在全球卫生紧急情况中发挥关键作用。[①] 此外，作为全球卫生治理机制的核心，WHO也应积极协调其他国际机制如IMF、世界银行等来共同应对全球卫生问题。

（四）积极发挥其他全球治理主体的作用

一是积极发挥联合国系统应对全球卫生挑战的合力。疫情暴发之初，联合国就强调以"一个联合国"应对危机，联合国各机构为各国应对全球卫生危机提供了大量资金和资源支持。联合国应在疫情抗击中发挥领导作用，加强国际社会协调，敦促各国通过国际合作和多边主义缓解全球危机。二是积极发挥G20的作用。疫情发生之后，G20通过领导人峰会、协调人会议、卫生部长会议、财政部长和卫生部长联合会议等机制在疫情应对过程中发挥了重大的作用。G20应进一步凝聚成员和国际社会抗击疫情的政治共识，积极动员各种资源，帮助其他国家特别是发展中国家化解全球卫生危机。三是积极发挥非政府行为体的作用。国家、政府间组织应积极加强同非政府组织以及公私合作组织的协调与合作，共同促进全球卫生治理的完善。

五 总结

新冠肺炎疫情对全球经济、政治等都造成了巨大的影响。国际社会为了阻止疫情的蔓延也做出了很大的努力。我们看到，新冠肺炎疫情在全球的蔓延仍没有结束，而且在一些国家和地区还有愈演愈烈的趋势。这一方面反映了新冠肺炎疫情的严重性，另一方面也反映了现阶段的全球卫生治理还存在

[①] Independent Oversight and Advisory Committee for the WHO Health Emergencies Programme, Interim Report on WHO's response to COVID-19, https://www.who.int/about/who_reform/emergency-capacities/oversight-committee/IOAC-interim-report-on-COVID-19.pdf?ua=1,January–April 2020.

着一些问题，还不能满足有效抗击疫情的需要。面对这一"百年未有之大疫情"，国际社会该如何应对，这就对全球卫生治理提出了更高的挑战。国际社会唯有进一步加强全球卫生治理，团结抗疫，才能最终战胜疫情。

参考文献

龚向前:《传染病全球化与全球卫生治理》,《国际观察》2006 年第 3 期。

晋继勇:《全球卫生治理的背景、特点与挑战》,《当代世界》2020 年第 4 期。

刘庆和:《新冠肺炎疫情与世界经济》,《当代贵州》2020 年第 16 期。

全毅:《新冠肺炎疫情对世界经济政治格局的影响》,《和平与发展》2020 年第 3 期。

Global Preparedness Monitoring Board, A World at Risk: Annual Report on Global Preparedness for Health Emergencies, September 2019.

Gostin, L. and Friedman, E., Ebola: "A Crisis in Global Health Leadership," *The Lancet*, 2014（384）.

Habibi, R., Burci, G., de Campos, T., Chirwa, D., Cinà, M., Dagron, S., Eccleston-Turner, M., Forman, L., Gostin, L., Meier, B., Negri, S., Ooms, G., Sekalala, S., Taylor, A., Yamin, A., and Hoffman, S., "Do not Violate the International Health Regulations during the COVID-19 Outbreak," *The Lancet*, 2020, (395).

Joel Richards, COVID-19 and Health Governance, 10 March 2020.

WHO, Thematic Paper on the Status of Country Preparedness Capacities, Background Report Commissioned by the Global Preparedness Monitoring Board (GPMB), 25 September 2019.

WHO, WHO Director-General's Opening Remarks at the Mission Briefing on COVID-19, 26 February 2020.

Y.10
2020年美国大选浅析

赵 海 陈 展*

摘　要： 2020年的美国大选是对特朗普和特朗普主义进行的全民公决。世界处在全球化的十字路口，正在经历百年未有之大变局，美国和世界迎来了特朗普政府及其路线去留的重要时刻。新冠肺炎大流行极大地改变了美国选举的政治生态，特朗普政府应对疫情的频频失误严重影响了其连任前景，为拜登的最终胜利提供了基础。民主党抓住了种族冲突提供的政治机遇，拿出了比共和党2016年政纲更符合时代要求的政纲。但是，美国大选的结果预示着其国内政治极化的过程还将继续，特朗普主义不会退出政治舞台，中美关系也将面临新的考验。

关键词： 美国大选　政党政治　特朗普主义　中美关系

　　2020年美国总统大选备受关注。大选的结果不仅关系到美国国内政治未来四年的走向，也将对世界政治的百年未有之大变局产生深远的影响。特朗普执政四年是对奥巴马政府政策全面反动的四年，特朗普主义执政路线更是对冷战后自由主义国际秩序的颠覆性路线。在美国民粹主义、本土主义、反建制主义的推动下，特朗普政府在移民、种族、贸易、税收、科技、全球治理、地区安全等国内国际问题上纷纷采取极端措施，在各个领域制造了极大

---

* 赵海，中国社会科学院世界经济与政治研究所助理研究员，主要研究领域为美国政治和中美关系；陈展，中国社会科学院世界经济与政治研究所研究助理。

的不确定性和不稳定性。

虽然特朗普的一系列政策挑起了贸易争端，激化了社会矛盾，加剧了美国政治极化，但他的大规模减税计划和美联储的宽松货币政策将奥巴马时期开始的美国经济增长创纪录地延长，并因此使美国的失业率降至二战后最低。通常选举年经济向好的情况下，总统连任的可能性高，而特朗普对竞选连任进行了长期的政治准备，在 2020 年初中美签署了第一阶段经贸协议和特朗普弹劾案结束后，特朗普连任的可能性保持在高位。

随着新冠肺炎疫情和反种族主义浪潮在 2020 年春夏席卷美国，特朗普治国模式的巨大弱点遭到暴露。特朗普为了巩固其选民基本盘，采取了弱化疫情威胁、提前重开经济和在种族矛盾中打"法律与秩序"牌的政策，引发了整个美国社会的巨大撕裂和反弹，也使民主党总统候选人拜登最终获得了更换特朗普政权的过半数民意支持。同时，创纪录的超过 1.5 亿美国人参与了选举，其中 2/3 由于疫情而选择了邮寄选票和提前投票，不仅大大提高了投票率，也有助于拜登胜选。

一　2020 年美国大选的背景

2020 年大选的背景与 2016 年相比已经发生了显著的变化。2016 年，奥巴马的政治遗产是两党论争的核心，特朗普主义还只是一系列竞选口号，没有多少人相信特朗普能够赢得大选，更不用说他那些耸人听闻、离经叛道的政策建议。但到了 2020 年，美国大选成了对特朗普和特朗普主义进行的全民公决，政治辩论的核心转变为对特朗普执政四年得失的评估。与四年前相比，投票支持与反对特朗普的人都大幅增加了，最终的结果虽然特朗普还是输掉了全国普选票，但他开启的美国民粹主义时代却并没有谢幕。

1. 特朗普执政的四年：经济变化

特朗普政府执政的四年带有鲜明的特朗普个性特征。通过推特"直播"，特朗普得以绕过传统媒体和政府信息披露程序，与几千万追随者进行直接沟通，其政策变化往往让政府内部的人都措手不及。特朗普正是通过这种争议性方式主导了每日媒体话题，使美国政治围绕着他个人打转。但是作为商人出身的总统，特朗普最大也最愿意拿出来"炫耀"的政绩就是美国的经济。

在疫情暴发前，特朗普的经济政绩看上去很"亮丽"：执政前三年GDP年均增长2.5%；美国失业率降到3.5%，为50年来最低水平；低收入工人就业增加，工资年均增长率接近5%；家庭收入中位数提高了9.2%，全国贫困率降至10.5%；股票市场指数屡创新高，工业产出和公司利润都在高位运行。特朗普认为大规模减税、放松金融和经济监管、采取以"对等"为核心的贸易政策是有效促进经济增长的政策。[1] 可以说，与过去半个世纪的5任美国总统相比，特朗普任期内的经济成绩单总体处于中等偏上水平。

但是，疫情不仅将美国经济推入大萧条以来最严重的衰退，还暴露了特朗普经济的几大软肋。疫情在美国大暴发后，两个月美国失业率就冲高到14.7%，到9月美国制造业在特朗普任内不仅没有增加还减少了1.3%，11月选举期间美国失业率仍高于7%。为支撑经济，特朗普在疫情应对上往往反对严格的防控措施，要求各州尽快重开经济。白宫因此得到了可以在竞选中吹嘘的经济"V"形复苏，比如2020年第三季度年化经济增长率33.1%，第二、第三季度创造就业1140万人等[2]，但付出的是1200万美国人确诊，25万人死亡的代价。

与此同时，因为特朗普在经济高增长时期大规模减税，增加了财政赤字，叠加因疫情而不得不采取的财政救助，美国国债总额飙升至27万亿美元，预计年内超过美国GDP的140%。减税没有带来美国国内大规模投资，反而催生了资本市场的"泡沫"，进一步加大了贫富差距。美联储也因疫情引发的金融危机而再次降息至接近零利率并大幅扩张资产负债表。此外，特朗普的贸易政策没有带来制造业回流和美国贸易赤字的下降，实际上2020年前三季度中国对美出口增长6.5%，9月对美顺差达到创纪录的341.3亿美元。[3]

特朗普时期泾渭分明的前疫情经济和疫情经济在美国政治中产生了巨大

---

[1] "How to Judge President Trump's Economic Record", https://www.economist.com/leaders/2020/10/17/how-to-judge-president-trumps-economic-record/.
[2] "NEW: Economic Comeback Under President Trump Breaks 70-Year Record", https://www.whitehouse.gov/articles/new-economic-comeback-president-trump-breaks-70-year-record/.
[3] 国务院新闻办：《2020年前三季度进出口情况新闻发布会》，2020年10月13日。

分歧。支持特朗普的人坚信他有经济领导才能，只是遇到新冠肺炎疫情这一外部冲击，运气不佳。反对特朗普的人则认为，特朗普处理美国经济的办法与他经营家族生意一样，管理不善、债台高筑，破产只是时间问题。因此，在选后民调中出现了48%的美国人认为经济"好或很好"而50%的人则认为"不太好或很差"的结果，这与美国大选的最终结果，47.4%的选民投票支持特朗普，而50.8%的选民支持拜登，相差无几。①

2. 特朗普执政的四年：政治斗争

特朗普政治最大的特征就是分化与斗争。特朗普从上台伊始就决心回报他的支持者，兑现他的竞选承诺，维护住他的政治基本盘。上任初期，特朗普政府就发动了一系列反移民的措施，把矛头先后对准了伊斯兰国家和拉丁美洲移民，通过颁布"禁穆令"、修建"墨西哥墙"、阻止"追梦者"项目实施等，特朗普博取了支持者的肯定。与"关门"措施同时进行的是全球战略收缩，特朗普要求从阿富汗、伊拉克、叙利亚撤出美国军队，还相继退出了跨太平洋伙伴关系协定、《巴黎协定》、伊核协议、联合国人权理事会等，以兑现他反对美国新自由主义全球政策的承诺。

但是特朗普认为美国人民授权给他执行的这一系列政策，受到了美国两党建制派的强烈抵制，连特朗普的内阁成员都暗中反对"特朗普主义"，迟滞甚至搁置特朗普的政策。白宫内部不同背景和派系的人员也相互倾轧，向外部媒体透露信息，造成政策未出而社会批评先至的尴尬局面。另外，特朗普面临"通俄"指控，其政府合法性受到挑战，被迫接受特别检察官穆勒的长期调查，身边的官员、助手、律师等人相继被判有罪。直到任期后半段，特朗普还被"吹哨人"检举，导致他成为美国历史上第三个被要求弹劾的总统。特朗普的任期逐渐演变成他与主流媒体、官僚集团、政党建制派的大混战，特朗普经常不经提前通知就以推特方式开除高级官员（比如美国联邦调查局前局长科米），因此他的政府内政务官职位的空置率和更换率均大大高于往

---

① "US Election 2020: Results and Exit Poll in Maps and Charts", https://www.bbc.com/news/election-us-2020-54783016/.

届，其中决策层人员更换率达到了惊人的85%。[1]

特朗普对"政治正确"和政治妥协的拒绝尤其表现在他如何对待种族问题上。上台不久，特朗普就遇到了弗吉尼亚州夏洛特维尔抗议活动中双方爆发暴力冲突的事件。由于没有直接批评白人民族主义者而是说"两边都有优秀的人"，特朗普招致普遍的批评，他的表态也加剧了社会分裂和种族紧张。2020年夏，美国黑人弗洛伊德在明尼苏达州被警察"跪杀"事件引发全国性大规模"黑命攸关"抗议和局部城市骚乱。特朗普决定采取尼克松当年使用的"法律与秩序"竞选策略，争取保守派选民支持而非弥合社会种族纷争。最后，在总统选举电视辩论中，特朗普再次拒绝谴责"白人至上主义者"，还要求有此倾向的民间团体在大选中"退下待命"。[2]

总之，特朗普的民粹主义反建制立场违反了美国政坛的大量"潜规则"，打破了美国脆弱的政治均衡，加剧了国内政治极化，削弱了美国的国际领导力。不少华盛顿政治精英认为特朗普政府执政这几年，美国正滑向法西斯主义，美国的基本政治制度受到了前所未有的冲击。这种空前的危机感使美国的政治、经济、文化、外交等各界精英暂时放弃了他们相互之间的深刻分歧，形成了以拜登为代表的一致的反特朗普同盟，并提供大量资源协助拜登击败了特朗普。

二 疫情对美国大选的冲击与两党选举战略

疫情冲击着美国社会经济，大幅削减了特朗普的连任信心，同时也掣肘了拜登团队的公开竞选活动。特朗普政府试图以反全球主义的方式来应对这场全球性疫情，同时美国体制特色限制了其疫情管控和解决问题的能力。美国两党围绕疫情分别推出了截然不同的竞选战略，然而，无论是由疫情引发

---

[1] "And Then There Were Ten: With 85% Turnover Across President Trump's A Team, Who Remains？", https://www.brookings.edu/blog/fixgov/2020/04/13/and-then-there-were-ten-with-85-turnover-across-president-trumps-a-team-who-remains/.

[2] "Trump Gambles on Law-and-Order Strategy", https://thehill.com/homenews/campaign/513016-trump-gambles-on-law-and-order-strategy/.

的惊奇事件还是两党的竞选奇招，在当前极度分化的美国社会中，都难以引起选民观念的流动，反而进一步加剧了美国社会的极化。

1. 疫情的冲击与特朗普政府疫情防控的得失

美国当前的低效疫情防控和新一轮经济纾困政策的难产将延缓美国经济复苏的速度，且有可能给美国经济造成长期且深层次的损害。纾困政策有助于经济复苏提速，该政策能够增加社会个人收入，促进消费增长，同时能够帮助美国房地产市场的复苏，推动美国制造业库存周期的到来，为美国经济后期增长增添动力。[1]但由于美国两党在纾困政策的规模和支出结构上存在异议，下一步的纾困政策能否成型依旧存疑[2]，这令美国经济复苏的前景日益依赖于疫苗的尽快投放。

疫情下的经济冲击对美国社会中的低收入群体造成更大伤害，且该群体中少数族裔和移民人口占比高。[3]低收入群体受冲击影响更大，主要有两方面原因。一方面，经济脆弱性令该群体抵御风险的能力减弱。美国自2009年6月走出经济衰退期后，成功打破了120个月的历史纪录，经历了历史上最长的一次经济扩张期。[4]但劳工群体几乎未能从本轮红利中分到半勺羹，麦肯锡全球研究所2019年发布的数据显示，在过去不到20年的时间内，美国私营部门的工资和福利支出占其收入的比例下降了5.4个百分点，经通胀调整后，雇员的薪酬平均每年减少近3000美元。[5]另一方面，疫情之下，美国的住宿、餐饮相关行业最易遭受波及，而美国社会中，收入底层20%的人口更倾向于

---

[1] 杨子荣：《美国经济进入弱复苏阶段》，《中国外汇》2020年第21期。
[2] Robert Exley Jr., "Election Day Voting is Over. Here's the Likelihood of a Second $1,200 Stimulus Check being Passed by January", *Nov 4.2020*, https://www.cnbc.com/2020/11/04/second-stimulus-check-update-how-election-affects-covid-relief-bill.html.
[3] Patricia Cohen, "Straggling in a Good Economy, and Now Struggling in a Crisis", Oct 5.2020, https://www.nytimes.com/2020/04/16/business/economy/coronavirus-economy.html.
[4] 杨盼盼：《美国经济周期百年观察》，《当代美国评论》2020年第1期。
[5] McKinsey Global Institute, "A New Look at the Declining Labor Share of Income in the United States", May 2019, https://www.mckinsey.com/~/media/mckinsey/featured%20insights/employment%20and%20growth/a%20new%20look%20at%20the%20declining%20labor%20share%20of%20income%20in%20the%20united%20states/mgi-a-new-look-at-the-declining-labor-share-of-income-in-the-united-states.ashx.

从事相关职业。[1]

美国的联邦、州及基层政府之间属于平行关系，联邦政府在抗疫过程中，更多的是起到了协调和宣传的作用，各州的抗疫事务均由该州及地方政府负责。尽管如此，特朗普政府围绕"轻疫情、重经济"策略展开的资金分配及人员调度举措依旧在一定程度上拖了抗疫的后腿。在资金分配上，特朗普政府此前提出一项预算，要求卫生和公共服务部从公共卫生准备与反应办公室的预算中削减2500万美元，从医院准备计划中削减1800万美元[2]，还试图削减用于国家新兴和动物传染疾病研究中心的8500万美元资金[3]。在人员调度上，特朗普政府上台后就解雇了整个流行病应对指挥系统。[4] 约翰·博尔顿在上任国家安全顾问后，也解散了国家安全委员会的全球卫生小组。[5] 被任命负责抗疫的副总统彭斯，则在公共卫生领域有着违背科学的历史记录。[6]

2. 围绕疫情展开的两党竞选战略

围绕疫情，特朗普团队和拜登团队采取了两种截然不同的竞选战略，意在不同的选民群体，为美国社会提供了两种愿景。特朗普团队将"迅速恢复大流行前的正常状态"作为其竞选战略和宣传的主要基调，并围绕该基调，

---

[1] Federal Reserve Bank of Richmond, "Economic Impact of Covid-19", Mar 23.2020, https://www.richmondfed.org/-/media/richmondfedorg/research/economists/bios/pdfs/athreya_covid19_paper_part1.pdf.

[2] Ken Downey Jr., "Proposed US Budget Cuts Could Have 'Disastrous' Effect on Global Health", Feb 13.2020, https://www.healio.com/news/pediatrics/20200213/proposed-us-budget-cuts-could-have-disastrous-effect-on-global-health.

[3] Michael Specter, "Donald Trump's Anti-Globalist Response to a Global Coronavirus", Feb 29.2020, https://www.newyorker.com/news/daily-comment/donald-trumps-anti-globalist-response-to-a-global-coronavirus.

[4] Laurie Garrett, "Trump Has Sabotaged America's Coronavirus Response", Jan 31.2020, https://foreignpolicy.com/2020/01/31/coronavirus-china-trump-united-states-public-health-emergency-response/.

[5] Michael Specter, "Donald Trump's Anti-Globalist Response to a Global Coronavirus", Feb 29.2020, https://www.newyorker.com/news/daily-comment/donald-trumps-anti-globalist-response-to-a-global-coronavirus.

[6] Rebecca Leber, "Mike Pence's Loose Grip on Reality is Almost as Bad as Trump's", Jul 15.2016, https://grist.org/election-2016/mike-pence-has-almost-as-loose-a-grip-on-reality-as-trump-himself/.

选择"淡化疫情、正常集会"为其竞选战略的两大主题。特朗普在疫情议题上并不占优，在经济议题上则更被看好，90%的拜登支持者在疫情防控上相信拜登，70%的特朗普支持者则相信特朗普能重振经济[①]，因此，特朗普团队选择淡化疫情并将注意力导向经济的重新开放。大型面对面集会则被特朗普视为重新开放的重要表现。斯坦福大学发布的数据显示，6月20日至9月22日，特朗普一共举行了18场集会，且3场在室内举行，步入竞选冲刺阶段后，特朗普更是要求单日5场集会的频率。[②]即便是在特朗普本人确诊隔离期间，团队依旧选定了一批"特朗普代理人"，代替总统奔赴各大战场州，将"面对面集会"策略落实到底。

相反，拜登团队将"疫情防控"以及与之密切相关的医疗、社保等设置为竞选的核心议题，通过言论上对疫情严重性的强调以及行为上对各州公共卫生规则的严格遵守与特朗普形成鲜明对比。疫情暴发之后，拜登团队将诸多竞选活动移至线上，即便是于线下参与活动，也严格遵守各州规定。[③]同时，拜登团队强调将为所有人提供免费的新冠检测，建立全国联络追踪项目，于各州设立10个以上的检测中心。[④]拜登团队选择这一战略路径主要有三方面的考量：第一，拜登的支持者群体不同于特朗普的基本盘，他们更不倾向于参与大型集会，因此拜登看似"后退一步"的战略实则进一步抓住了目标选民的心；第二，拜登无法匹敌特朗普的舞台表演力，小型的竞选活动反而令拜登有更多的机会与来自重要投票群体的选民代表进行私人互动，包括劳工

---

① 刘英：《从特朗普和拜登的竞选纲领看未来美国对华政策》，FT中文网，2020年10月23日，http://www.ftchinese.com/story/001089915?full=y&archive。

② B. Douglas Bernheim, Nina Buchmann, Zach Freitas-Groff, Sebastián Otero, "The Effects of Large Group Meetings on the Spread of COVID-19: The Case of Trump Rallies", Oct 30.2020, https://poseidon01.ssrn.com/delivery.php?ID=040088020003014071090070094012122023096031065012091090091115088031085100097081123000002033027047006112028087093115072088084012037094022080065069065091107042039075117091106003005087090066064126083082071104089080067026024099087110123026082085&EXT=pdf.

③ Zeke Miller and Alexandra Jaffe, "In a Pandemic, How US Presidential Campaign Strategies Diverge", Sep 9.2020, https://www.csmonitor.com/USA/Politics/2020/0909/In-a-pandemic-how-US-presidential-campaign-strategies-diverge.

④ 《美国大选2020：特朗普与拜登在八大关键政策上的立场》，2020年11月5日，https://www.bbc.com/zhongwen/simp/world-54596497。

和社区领袖；第三，减少公开露面，在很大程度上帮助他避免了来自极右批评者和抗议者的干扰。

在当前美国政治极化的环境下，疫情的暴发以及围绕疫情展开的一系列竞选战略实际上并不会触动选民观念的流动，而是会进一步巩固选民的固有观念。疫情之下，特朗普成为其基本盘所拥护的"抗疫英雄"，公开集会则是其勇敢无畏、志在开放经济的表现，而民主党选民则视特朗普为不尊重生命、没有责任心的代表。因此，疫情给大选带去的冲击因美国选民的极化思维而受到了局限，两党围绕疫情展开的竞选战略，在很大程度上只能起到巩固各自基本盘的作用。

三　两党竞选政纲比较与大选核心议题

美国政党纲领最早形成于1840年，是大选期间两党向选民阐述各自政策方向的正式竞选纲领。此后，美国两党形成了每隔四年在全国代表大会上通过新版纲领的传统。[1]2020年民主党如期推出了一份长达90多页，包含各大议题及诸多细节的竞选纲领[2]，而共和党则破例，并未于党代会推出新版纲领，仅公布了一份"第二任期决议"[3]。尽管这类纲领性文件对政党行为并无强制约束力，但实践证明大部分纲领中所列出的承诺，尤其是由执政党列出的承诺，均能够得到最终的落实。[4]因此，党纲对美国政策走向的影响力不可小觑。

1. 民主党竞选政纲分析

民主党竞选纲领包括内政、外交两个部分。从整体来看，该纲领将内政相

---

[1] 《美国两党纲领中的对华政策及未来展望》，国观智库，https://www.grandviewcn.com/shishipinglun/497.html。

[2] "The Democratic Party of the USA, 2020 Democratic Party Platform", Jul 27. 2020, https://www.demconvention.com/wp-content/uploads/2020/08/2020-07-31-Democratic-Party-Platform-For-Distribution.pdf.

[3] "The Trump Campaign Committee, Trump's 2ed Term Agenda", Aug 23.2020, https://www.donaldjtrump.com/media/trump-campaign-announces-president-trumps-2nd-term-agenda-fighting-for-you/.

[4] 何维保：《美国两党党纲中的对华政策论析》，《美国研究》2019年第6期，第84~111页。

关议题设置为优先项，外交政策则以服务于国内议题为导向。民主党在竞选纲领中明确表示，将优先关注国内因疫情而受损的社区，外交政策的制定是以加速国内复兴为导向的，旨在通过外交政策的实施，更好地服务于国内议题，具体包括国内就业、清洁环境及更具包容性和经济韧性的社会构建等议题。在外交领域，民主党则将修复和重塑与盟友的关系，并将重建全球领导力以及重返国际组织作为优先项，这些议题亦是对特朗普政府四年执政的回应。在此基础上，民主党此份党纲较过去更强调地缘竞争，尤其是在中美关系领域。

在具体的经济与文化议题上，该纲领较过去更为激进，同时亦存在矛盾之处，是党内建制派与进步派妥协的产物。从"序言"部分开始，即可以看到进步派思想的痕迹，民主党首次在竞选纲领中加入了"土地承认"的内容。① 在经济相关的议题上，2020年纲领不仅重提了2016年版本中的"15美元最低工资"，还增加了履行期限——2026年；设置了为期12周的带薪休假；首次提及了"全民医保"；加大了免费教育和免除学债的力度。在文化相关议题上，考虑到"黑命攸关"活动的影响力，2020年纲领中有关刑事司法改革的板块较2016年内容增多了3倍左右，并多次强调种族和其他领域的不平等是建立一个公平美国的根本性障碍。在这些较过去更为激进的文化、经济政策主张中，也存在"促增长"与"加税"一类的逻辑矛盾，是建制派与进步派相妥协的表现。

2. 共和党竞选政纲分析

共和党2020年并未在党代会上公布新版的竞选纲领，这主要是出于竞选策略的考量。特朗普本人并不适合纲领性政策的制定，而是更倾向于面向选民进行主题和价值观的传达。② 特朗普的目标选民，在诸如移民、种族、宗教等文化议题上一致度较高，但在经济议题上依旧存在分歧。③ 特朗普团队预

---

① Weiler, J., "The New Democratic Platform is Marked by Progressive Inroads", Oct 25.2020, https://indyweek.com/news/voices/voices-democratic-party-platform-progressive/.
② Lowrey, A., "The Party of No Content", The Atlantic, Aug 24.2020, https://www.theatlantic.com/ideas/archive/2020/08/party-no-content/615607/.
③ Bartels, L. M., "Partisanship in the Trump Era, Center for the Study of Democratic Institutions", Feb 7.2020, https://www.vanderbilt.edu/csdi/includes/Workingpaper2_2108.pdf.

备纳入纲领的经济主张，例如"推翻奥巴马医改、削减社会保障、平衡预算"等，无疑会凸显分歧，吓跑中间选民。因此特朗普团队更倾向于将这些主张隐式传达给那些乐于接受此类观点的选民。[1]

特朗普竞选团队推出的"第二任期决议"由11项政策要点组成，以民族主义为其核心价值观，"中国"是其中唯一明确提及的海外国家。该决议并未就如何实施各类政策进行细节性阐述，但通过画重点式的政策组合，向选民传达了清晰的信号：下一任期将继续以重建作为民族国家的美国为目标。在经济、技术层面，将继续筑牢经济、技术上的"墙"，包括从中国带回100万个制造业岗位，赢得5G竞赛，建立国家高速互联网络以及在制药、人工智能等关键领域实现与中国的"脱钩"；在意识形态及文化层面，将继续强化对美国独特性和美国价值观的强调，如在教育领域新增教授"美国例外论"；在军事、外交层面，仍主张二战后建立的联盟结构已经过时，将重新定位盟友并削减对盟国的军事支持。

3. 两党政纲与美国大选后的走向

民主党的竞选纲领和共和党推出的第二任期决议在诸多议题上均存在分歧，对于美国选民而言，民主党在疫情、医疗和气候议题上明显占优，而共和党则在经济和法治相关议题上占据优势。皮尤研究中心发布的数据显示[2]，民主党在气候议题上的优势最为明显，政策所获支持率较共和党高31个百分点，医疗和疫情议题上亦获得了超过10个百分点的优势。这组数据与特朗普政府抗疫表现和共和党选民的心态转变相关，大多数共和党选民开始支持政府对环境污染做出规范。[3]在医保方面，则有约45%的共和党选民支持由政府主导的覆盖全美的医保计划。[4]共和党则在经济议题上的优势最为明显，

---

[1] Frum, D., "The Platform the GOP Is Too Scared to Publish", The Atlantic, Oct 23.2020, https://www.theatlantic.com/ideas/archive/2020/08/new-gop-platform-authoritarianism/615640/.

[2] Pew Research Center, "Important Issues In The 2020 Election", Aug 13.2020, https://www.pewresearch.org/politics/2020/08/13/important-issues-in-the-2020-election.

[3] Bartels, L. M., "Partisanship in the Trump Era, Center for the Study of Democratic Institutions", Feb 7.2020, https://www.vanderbilt.edu/csdi/includes/Workingpaper2_2108.pdf.

[4] JR., P. B., "The Issues That Divide People Within Each Party", FiveThirtyEight, Oct 23.2020, https://fivethirtyeight.com/features/the-issues-that-divide-people-within-each-party/.

较民主党高出9个百分点的支持率，在法治上则有4个百分点的优势。经济上，美国选民对股市表现的满意度以及对特朗普所代表的"成功的商人，强硬的谈判者"形象的认可是他们选择支持特朗普经济政策的重要原因。[1] 法治上，"黑命攸关"运动后，民主党纲领并未应活动人士的要求，削减对警察的资助，而是选择了一条中间路线，相比较而言，特朗普标榜的"法律和秩序"立场更能激发目标选民的热情和获得拥护。

本届大选结果可能会将美国引向截然不同的两条道路：继续贯彻特朗普主义"革命"或实现建制派部分"复辟"。9月的数据显示，77%的登记选民认为本届选举结果较以往任何一届都更为重要，这一比例创下自1996年以来的新高，重要性仅次于本届的是2008届选举。[2] 这组数据代表了美国经历过以及正在经历的两次转折。20世纪80年代以来，新自由主义在全球范围内扩张，在此背景下，美国两党整体右转，而这一趋势在2008年发生转变，奥巴马的上台标志了美国选民对过去的反思。随后，茶党的兴起、进步派势力范围的扩张，以至于特朗普的上任，这些"异端"的崛起均标志着选民对美国未来路径的探索。拜登的最终当选表明，建制派暂时夺回了对政权的掌控，但来自左翼民粹主义的挑战和来自右翼的一样，不仅没有消失，反而可能因为特朗普的下台而变得更加激烈了。

四 美国大选年里的中美关系

近年来挑战中美关系的议题不断增多，特朗普为谋求连任、迎合民意，蓄意激化一些中美矛盾，制造对华强硬的政治形象。疫情的蔓延激发了两国之间的舆论战，进一步使两国关系螺旋式下降。随着美国宣布对华接触战略失败，中美关系将更多地从合作倒向竞争，大选结果亦难以扭转两国展开长

---

[1] Tankersley, J., "Why Trump's Approval Ratings on the Economy Remain Durable", *The New York Time*, Oct.23.2020.
[2] JR., P. B., "The Issues That Divide People Within Each Party", FiveThirtyEight, Aug 24.2020, https://www.nytimes.com/2020/08/24/us/politics/trump-economy.html.

期战略竞争的局面。

1. 特朗普政府的对华战略演进

特朗普政府于其任期内进行了对华战略的调整，并最终确立了以原则性现实主义为引导的竞争性战略。[1] 特朗普在 2016 年竞选之初便把对华贸易大调整作为其竞选的核心内容。尽管 2017 年底访华期间，特朗普将中美"不平衡"关系归罪于其前任[2]，但此后不久便推出了《国家安全战略》，明确了对华政策原则[3]。2020 年 5 月，美国再推出《美国对华战略方针》，正式宣布了对华接触战略的失败，并从经济、意识形态、军事安全等维度明确了中国对美的挑战，强调通过"全政府"方式加强对华战略竞争。随着特朗普政府连任可能性下降，以意识形态为核心的"新冷战"论逐渐占据主导地位。通过系列高管讲话，特别是美国国务卿蓬佩奥 7 月 23 日在尼克松图书馆的讲话，对华鹰派已经勾勒出对华"新冷战"的雏形。特朗普政府后期的大量制裁措施可能更注重留下遏制中国的政治遗产以及约束拜登政府对华改善的空间。

但也要看到，美国尚未形成整体性对华共识，特朗普政府对华战略意图往往难以贯彻实施。特朗普政府的决策圈并非清一色的对华强硬派，其金融经贸和军事安全两类团队中，前者以获取美国经贸利益，特别是扩大中国市场份额为主要目的，采取的是"以压促和"策略，与后者以"脱钩"和遏制为目的的强硬路线有所不同。美国社会中也存在促进中美关系正常发展的力量，尤其是外交政策精英和商业利益团体都曾联名向特朗普及国会议员致信，从中国市场、国际事务、盟友关系、军事力量、意识形态等多角度出发反对特朗普政府的对华对抗性立场。[4]

---

[1] The White House, "United States Strategic Approach to the People's Republic of China", May 2020, https://www.whitehouse.gov/wp-content/uploads/2020/05/U.S.-Strategic-Approach-to-The-Peoples-Republic-of-China-Report-5.20.20.pdf.

[2] Keith Bradsher, "Trump Promotes Deals in China, but Hints at Long Trade Fight Ahead", Nov 9.2017, https://www.nytimes.com/2017/11/09/business/donald-trump-china-trade-xi-jinping.html.

[3] "National Security Strategy of the United States of America", Dec 18.2017, https://www.whitehouse.gov/wp-content/uploads/2017/12/NSS-Final-12-18-2017-0905.pdf.

[4] M. Taylor Fravel, J. Stapleton Roy, Michael D. Swaine, Susan A., "Thornton and Ezra Vogel, China is not an Enemy", Jul 3.2019, https://www.washingtonpost.com/opinions/making-china-a-us-enemy-is-counterproductive/2019/07/02/647d49d0-9bfa-11e9-b27f-ed2942f73d70_story.html.

2. 疫情影响下的中美关系

疫情的暴发加剧了中美双方公众舆论的整体恶化。皮尤研究中心给出的数据显示，美国公众自2018年起对华的负面情绪即开始急剧上升，2020年疫情暴发之后，美国公众对华态度则进一步恶化，大约2/3的美国人对中国持负面看法，这是自2005年以来的最高比例。[1] 中国公众对美的负面情绪也持续上升，2020年民调中，对美国持负面态度的受访者已高达28%，较上年上涨11%，持正面态度的比例也从58%下降到39%。[2] 作为两国关系的基石，中美双方公众舆论的恶化将有可能对两国关系造成难以扭转的局面。

在舆论环境整体恶化的基础上，疫情进一步阻碍中美两国在经贸、人文等领域的往来，削减双方的战略互信。在经贸领域，中美之间的第一阶段协议并未解决双方经贸矛盾的根源，疫情成为美国政府进一步对华经贸施压的借口，推动美国资本从中国市场的撤出，削减双方进一步投资的意愿。[3] 在人文交流方面，航班的禁飞、签证审批的难度提升，不仅限制了两国人口的流动，也抑制了两国公众前往对方国家的热情。疫情对美国政府对华态度的塑造产生了极大的负面影响，削减了双方的战略互信。

3. 拜登胜选后中美关系面临的短期困境

拜登虽然赢得了大选，但特朗普及其共和党支持者迟迟不肯承认选举结果，并在一些摇摆州发起了重新计票和法律挑战。由于特朗普政府拒不合作的态度，拜登的政府过渡团队从一开始就遇到了麻烦，拜登本人得不到应有的国家安全简报，过渡团队无法获得应有的资金支持以及政府设施和工具的使用权，不仅影响到一些重大国内问题如关于疫情的政策制定，也必定影响外交政策如对华关系的处理。此外，到拜登上台时，参议院仍将控制在共和

---

[1] Pew Research Center, "U.S. Views of China Increasingly Negative Amid Coronavirus Outbreak", Apr 21.2020, https://www.pewresearch.org/global/2020/04/21/u-s-views-of-china-increasingly-negative-amid-coronavirus-outbreak/.

[2] 《调查称中国人对美国式民主好感下降》，2020年11月12日，https://www.voachinese.com/a/china-democracy-survey-political-20200409/5366807.html。

[3] Nansheng Yuan, "Reflections on China - US Relations After the COVID-19 Pandemic", China Int Strategy Rev, Aug 3 2020, pp. 1–10.

党手里，共和党必将采取抵制政策，在重要人事任命中迟滞拜登政府的进展，影响拜登外交团队的组建和工作开展。最后，特朗普政府仍在不断研究推进对华强硬政策，2021年1月20日之前，不排除再度出台大量破坏中美关系的行政命令，阻碍拜登政府修复双边关系。因此，短期内中美关系仍将面临很多不确定性风险。

目前看，拜登团队的对华政策有望趋于理性，已有不少建议提出对中美关系进行更精准的定位，如"有原则的相互依赖""有针对性对等""有限度接触"等。中美在竞争性领域之外，也有望在共同面临的全球性挑战问题上建立务实合作关系。拜登政府上任之初恐不会将对华政策设置为其优先处理事项，而是将国内事务处理和盟友关系的缓和放在第一位，其对华政策安排可能不会于其任期早期便成型，具体的实施内容以及强硬程度预计将于2022年趋于明确。在此期间，拜登团队将继续观望中国2021年建党100周年和2022年中共二十大所释放的信息来决定如何调整其对华战略。

五　结论

2020年的美国大选是具有历史意义的一次全国性选举，它的过程跌宕起伏，引发了中国社会的"围观"。虽然最后的结果符合学界的主流预期，但这并不意味着此前的相关分析预测就是正确的。必须要看到，7300万美国选民仍旧认同特朗普选择的道路，比4年前还多了1000万。特朗普阵营不会承认败选，他们要将拜登政府的合法性画上问号，就像4年前特朗普的合法性被画上问号一样。这意味着特朗普在美国政坛上仍将是"强大而具有破坏力的力量"，不会像一任总统卡特或老布什一样淡出。[1] 尤其是经过2018年中期选举和本次选举后，特朗普已经基本控制了共和党，反对他的基层候选人难以赢得党内初选的机会。特朗普推特治国下的共和党向何处去，特朗普政治的反对者联盟下一步怎么办，还需要继续观察和研究。

---

[1] "Win or Lose, Trump Will Remain a Powerful and Disruptive Force", https://www.nytimes.com/2020/11/04/us/politics/trump-post-presidency-influence.html/.

外交是内政的延续，在这个关键历史节点的美国政府更迭无疑将对中美关系产生重大影响，拜登政府未来四年的走向将构成我国"十四五"规划的重要外部影响因素，只有全面深入理解本次美国大选，才能做出正确的判断，推动21世纪最重要的双边关系向着不冲突不对抗、相互尊重、合作共赢的正确方向发展。

参考文献

刁大明：《2020年美国大选的特殊性及其影响》，《现代国际关系》2020年第8期。

刁大明、王丽：《中美关系中的"脱钩"：概念、影响与前景》，《太平洋学报》2020年第7期。

达巍：《告别"接触"，美国对华战略走向何方》，《世界知识》2020年第16期。

谢韬：《美国政治百年大变局与2020年大选》，《现代国际关系》2020年第8期。

The Republican Party of the USA, "Resolution Regarding the Republican Party Platform", Aug. 25, 2020, https://prod-cdn-static.gop.com/docs/Resolution_Platform_2020.pdf.

The Democratic Party of the USA, "2020 Democratic Party Platform", July.27,2020, https://www.demconvention.com/wp-content/uploads/2020/08/2020-07-31-Democratic-Party-Platform-For-Distribution.pdf.

The White House, "United States Strategic Approach to the People's Republic of China", May 2020, https://www.whitehouse.gov/wp-content/uploads/2020/05/U.S.-Strategic-Approach-to-The-Peoples-Republic-of-China-Report-5.20.20.pdf.

The White House, "National Security Strategy of the United States of America", Dec. 18, 2017, https://www.whitehouse.gov/wp-content/uploads/2017/12/NSS-Final-12-18-2017-0905.pdf.

Y.11
2019~2020年中东地区政治安全形势评估

张　元*

摘　要： 2019年8月至2020年8月，中东地区热点问题较多。美国暗杀伊朗伊斯兰革命卫队高级将领，使得美伊之间的冲突骤然升级。叙利亚内战尚未结束，土耳其在叙土边境加大军事干预后，伊德利卜省成为各方关注的焦点。利比亚民族团结政府在土耳其的军事援助下反击国民军成功，利比亚战事再次进入僵持阶段。以色列组阁僵局被打破，两大政治竞争者暂时言和，以色列激进的外交政策使得巴以局势更加紧张。美国与阿富汗塔利班达成和平协议，但阿富汗政治和解进程仍然未见曙光。在中东地区，域外大国博弈与区域强国竞争相互叠加，各国内部的经济民生问题越发凸显。2020年新冠肺炎疫情的暴发，给地区安全带来了更大的不确定性，给各国内政治理带来了巨大挑战。

关键词： 中东地区　大国博弈　区域强国竞争　新冠肺炎疫情

2019年8月至2020年8月，中东地区的热点主要集中于伊朗、叙利亚、利比亚、以色列、阿富汗五国，主要表现为美伊之间的博弈、叙利亚和利比亚两国的内战局势、以色列大选与巴以关系变化、美国与阿富汗塔利班达成

---

* 张元，中国社会科学院世界经济与政治研究所助理研究员，主要研究领域为国际冲突、族群冲突、南亚地区安全、中东地区安全。

和平协议这些问题。特别是美国暗杀伊朗伊斯兰革命卫队下属"圣城旅"指挥官卡西姆·苏莱曼尼，美伊之间的矛盾迅速激化，中东是否会再次发生新的大规模战争成为2020年初全世界最为关注的国际政治话题。在域外大国博弈与区域强国竞争相互叠加的同时，新冠肺炎疫情在中东的大规模蔓延也给中东地区的和平与稳定带来了新的变数。

一 中东地区的新热点与新动向

（一）美国暗杀伊朗高级将领，美伊冲突骤然升级

2020年1月3日，伊朗伊斯兰革命卫队下属"圣城旅"指挥官卡西姆·苏莱曼尼遭美军无人机袭击身亡。为向美国进行对等报复，伊朗伊斯兰革命卫队向驻有美军的伊拉克阿萨德空军基地和埃尔比勒两处地区发射导弹。外界一度担心美伊冲突的升级可能上升为中东局部战争。随后，特朗普及时表态止损，未让局势进一步恶化。长期来看，美伊之间直接发生大规模战争的可能性较小，发生热战并不符合双方的总体国家战略。伊朗的目标包括保持国内经济稳定，特别是在新冠肺炎疫情影响下要防止经济长时间陷入困顿；利用过去美国中东政策的失误拓展地区影响力，特别是通过在叙利亚、伊拉克的活动，营造有利于伊斯兰教什叶派发展壮大的外部环境。与世界头号军事强国开战，不但无法达成上述目标，还有可能导致国内政权更迭。当前美国的战略重点是亚太地区，伊朗在美国国家安全战略报告的敌手排序中并非第一位；美国的中东策略是尽量以最小成本遏制伊朗坐大，把控地区形势走向。美国不会贸然投入大量兵力，陷入胜负未知的持久战。

不过，虽然不至于直接开战，美伊之间在中东地区的博弈却有增无减。特朗普否决了美国国会此前通过的限制总统对伊朗采取军事行动权力的决议，要求联合国安理会启动对伊"快速恢复制裁"机制；蓬佩奥称结束对阿拉克重水堆改造等伊核协议核项目的制裁豁免；美军"拦截"伊朗马汉航空公司客机；以两国舰艇在波斯湾海域"危险接近"为导火索，美国威胁如果伊朗舰艇"骚扰"美军舰将直接将其击沉。伊朗也不甘示弱，要求国际刑警

组织逮捕涉嫌参与暗杀苏莱曼尼的美国官员，其中包括特朗普；对美国国家安全委员会前专家理查德·戈德伯格实施制裁；处决美国间谍穆罕默德·穆萨维·马吉德；发射首颗军事卫星"光明1号"，并在波斯湾沿岸加强军事部署；研发展示以苏莱曼尼命名的导弹；军演模拟打击"美国航母"；派出油轮向反美国家委内瑞拉运送原油。双方此番剑拔弩张，既加强了对彼此的震慑，又回应了国内民众的情绪诉求，有利于执政者加强其政治地位。值得注意的是，在协助美国制衡伊朗方面，以色列扮演的前台角色愈加公开。内塔尼亚胡与美国官员一同呼吁联合国延长对伊朗的武器禁运。7月伊朗伊斯法罕省纳坦兹核设施的厂房着火，据《纽约时报》报道，该事件是以色列使用炸弹所为。[1] 预计随着局势的发展，以伊之间的较量将会更加激烈。

（二）叙利亚战事仍未结束，域外国家加强介入

叙利亚内战至今仍未结束，叙政府军在俄罗斯军事力量的支援下扭转战局走向，先后进驻叙北部多个由库尔德武装控制的地区，同时加强对叙东北部的部署，并推进在叙西北部伊德利卜省、阿勒颇省和哈马省的军事行动，将"征服阵线"等极端组织赶出了该区域。但是，由于土耳其在叙土边界的直接军事干预，加上叙政府军与反对派武装的激烈对抗，叙利亚战事以伊德利卜省的争夺为焦点进入僵持阶段。

伊朗、以色列、土耳其、美国、俄罗斯继续加强对叙利亚问题的介入。伊朗与叙利亚签署了加强叙利亚防空系统的协议。以色列以打击伊朗军事装备和人员为由，多次对哈马省、代尔祖尔省、苏韦达省、霍姆斯省和首都大马士革的叙政府军据点发动空袭。土耳其向叙利亚北部发动代号为"和平喷泉"的军事行动，"肃清"在叙边境活动的库尔德武装。自叙政府军对伊德利卜省发起进攻以来，土耳其不但支持叙反政府武装，而且与叙政府军发生正面交火。美国先是与土耳其在叙利亚北部建立"安全区"达成一致，默许土

---

[1] 《伊朗核设施爆炸案，以色列干的？以色列外长：嘘，不要说出来》，中华网转载《环球时报》报道，2020年7月7日，https://news.china.com/international/1000/20200707/38452307.html。

耳其在叙土边界对库尔德武装发起军事行动，后宣布制裁与叙利亚相关的实体和个人，其中包括叙利亚总统巴沙尔及其夫人。虽然特朗普表态将从叙利亚东北部撤出1000名美军士兵，但又在叙东部产油大省代尔祖尔建设两处新军事基地。俄罗斯进驻叙利亚东北部重镇曼比季，向叙方交付米格-29战斗机，并有扩大在叙军事基地的计划。俄罗斯还是目前调和叙土矛盾的关键方。

不过，俄土两国在伊德利卜省分别支持叙政府军和反对派，这对叙问题的政治解决是个不利因素。当前，俄土就叙利亚伊德利卜省停火问题达成协议，双方将M4公路南北两侧各6公里范围设为"安全走廊"，派军队沿公路联合巡逻。俄军警也进驻萨拉基卜市。由于与俄罗斯存在分歧，土耳其在伊德利卜省问题上也在积极获取美国支持。预计土耳其将继续利用美俄之间的矛盾在叙利亚问题上赢得更多活动空间。未来伊德利卜省的战局走向值得关注。

（三）利比亚国内危机加剧，多国干预局势复杂

利比亚自卡扎菲政权倒台后形成民族团结政府与国民军两大势力相互割据的局面。2019年4月，国民军向的黎波里发起系列军事行动，民族团结政府军队固守据点，战事进入僵持阶段。12月中旬，国民军领导人哈夫塔尔宣布发起决定性攻势，声称将一举拿下的黎波里，并空袭了米苏拉塔，战事升级。但是，民族团结政府不断收复失地，先后夺回利比亚西部地区苏尔曼等6个城市、瓦提耶空军基地、的黎波里国际机场，并扩大对国民军的优势。2020年6月，民族团结政府军队又拿下国民军攻打首都的最后一处据点泰尔胡奈市，重新控制了利比亚西北部大部分地区。当前，民族团结政府暂时取得战事阶段性胜利，但并没有获得压倒性优势，国民军也并没有失败。利比亚战局将呈现两大势力反复斗争、互有胜负的状态。

利比亚国内战乱难以停止的重要原因，除了民族团结政府与国民军实力相当，一时无法决出胜负外，还在于外国势力的反复干预和相互博弈。民族团结政府得到意大利、土耳其、卡塔尔等国支持，国民军受到法国、阿联酋、沙特阿拉伯、埃及等国支持。国民军在战事中受到削弱，在很大程度上源于

土耳其加强了对民族团结政府的支持。与利比亚民族团结政府签署了划定海上管辖领域的谅解备忘录后,为了落实海上划界协议以及提升埃尔多安的国内民众支持率,土耳其通过了有关出兵利比亚的议案,并实质性参与利比亚国内战事。据土媒报道,安卡拉方面将在利比亚寻求建立空军和海军基地,但土政府迄今尚未对此发表评论。①

虽然其他国家都在呼吁利比亚国内各方保持冷静,但是在各国势力仍然插手利比亚国内局势的情况下,真正的和解不可能达成。俄土充当中间人促成了利比亚战事双方的间接谈判、柏林会议召开、利比亚联合军事委员会两次日内瓦会谈举行,但这些斡旋都未能让战事停息。日前民族团结政府总理萨拉杰和国民代表大会主席伊萨发表声明宣布停火,这是 2020 年以来利比亚东西双方首次表达和平意愿。但是,各方内部存在不同声音,哈夫塔尔并未对停火倡议做出回应,国民军发言人指责民族团结政府有关停火的倡议属于"媒体营销"。利比亚军事分析家认为,"利比亚对战双方政治和解的概率正变得越来越小。他们互不信任,都认为武力才是解决利比亚问题的唯一途径。"②

(四)以色列组阁僵局被打破,巴以关系持续恶化

2019 年 4 月以来,以色列反复陷入议会选举后政府不能成功组阁的困局。在 2020 年 3 月议会选举中,甘茨领导的蓝白党赢得多数席位,通过联合其他政党拿下组阁权,但他决定与利库德集团领导人、现任总理内塔尼亚胡合作的立场导致蓝白党联盟分裂,组阁谈判未能在有效期限内取得进展。以色列总统里夫林随后宣布将组阁权交由议会,议会以 72 票赞成、36 票反对的结果通过内塔尼亚胡与甘茨就组建联合政府达成的协议。③5 月 17 日,内塔尼亚胡与甘茨最终"联姻"成功,新一届政府宣誓就职,持续一年多的组阁僵局暂

---

① "Libya: Turkey Seeks Diplomatic Gains after Risky Military Intervention", *All Africa*, June 22, 2020, https://allafrica.com/stories/202006220254.html.
② 《利比亚:首都争夺暂告段落 停火前景仍不乐观》,新华网,2020 年 6 月 5 日,www.xinhuanet.com/2020-06/05/c_1126078608.htm。
③ 《以色列议会通过联合政府协议》,新华网,2020 年 5 月 7 日,http://www.xinhuanet.com/world/2020-05/07/c_1125954246.htm。

时结束。内塔尼亚胡将在联合政府中出任总理，甘茨将任副总理兼国防部部长；18个月后，甘茨接任总理，内塔尼亚胡改任副总理。不过，新政府存在两点不足。一是内塔尼亚胡和甘茨之间仍然缺乏信任。以色列阿里埃勒大学中东问题专家赫恩·弗里德贝格认为，"新政府中的两大阵营有各自不同的议程，将给政府的正常运转带来麻烦"。① 二是耶路撒冷地方法院开庭审理内塔尼亚胡涉嫌贪腐案，对新政府稳定性可能形成挑战。如被定罪，内塔尼亚胡将被迫放弃总理职务。

以色列的大选僵局也直接影响到巴以关系。为了赢得选举胜利，候选人大打巴以牌和美国外交牌以化解政治危机。内塔尼亚胡提及将约旦河西岸犹太人定居点纳入以色列领土。特朗普正式承认以色列对戈兰高地的"主权"后，内塔尼亚胡宣布将在高地建设以特朗普名字命名的犹太人定居点。这些举动造成巴以冲突的持续升级。一年多来，巴勒斯坦民众在约旦河西岸举行多次示威游行，与以色列军队发生冲突，造成多人伤亡。2020年5月，巴勒斯坦总统阿巴斯宣布停止履行与美以达成的所有协议。8月初以来，巴勒斯坦伊斯兰抵抗运动（哈马斯）向以色列发射火箭弹，以方关闭凯雷姆沙洛姆口岸并中止向加沙地带供应燃料，哈巴斯不得不与以色列暂时达成谅解协议。以方称从7月起对约旦河谷和约旦河西岸犹太人定居点"实施主权"，目前该吞并计划因其与部分海湾国家关系正常化而暂停，进展有待观察。国际社会公认"两国方案"是巴以冲突的政治解决方案。以色列违背国际法的行为已经遭到联合国、欧盟、伊斯兰合作组织等的反对，如果其一意孤行，将面临严峻的外交风险和巨大的安全隐患。

（五）美国与塔利班达成和平协议，阿富汗和解进程任重道远

2018年10月起，美国政府与阿富汗塔利班举行多轮谈判，双方最终于2020年2月29日签署和平协议。美国将驻阿美军规模减少到8600人，剩余驻阿外国军队在14个月内撤出；塔利班承诺不再让阿富汗成为恐怖分子的庇

---

① 《以色列新政府上台 政治"联姻"能否长久》，新华网，2020年5月18日，http://m.xinhuanet.com/2020-05/18/c_1126001001.htm。

护所，不利用阿富汗国土威胁美国及其盟友安全；阿富汗各方将进行内部谈判以商定永久停火时间和方式，阿富汗现政府应释放5000名塔利班在押人员，塔利班应释放1000名阿富汗政府在押人员。6月阿富汗总统加尼表示阿政府已释放3000名塔利班在押人员。① 美国中央司令部司令表示驻阿富汗美军人数已降至约8600人。② 8月，加尼签署总统令赦免了大支尔格会议批准释放的400名有争议的塔利班在押人员。

美塔和平协议为政治解决阿富汗问题迈出了重要一步，但是阿富汗局势仍然存在变数。一是塔利班内部派系众多，激进派并未参与签署和平协议，对与美国媾和持反对态度。在和平协议已经签署的情况下，塔利班武装分子与美军之间已经发生数次交火。二是"伊斯兰国"等恐怖主义组织可能干扰和平协议的执行。"伊斯兰国"反复抨击塔利班参与和平谈判是"对异教徒妥协"，借机收买人心。③ 三是塔利班与阿富汗现政府之间的矛盾激烈。加尼接受释囚为开启阿人内部对话的先决条件，实乃迫于美国压力之举，现政府与塔利班在阿富汗政府组建上存在不同的权力诉求。塔利班虽然一再表示被关押的塔利班成员获释后将会参与阿富汗内部谈判，但其是否真心参与阿富汗政治和解进程值得商榷。即使美军离开阿富汗，接下来出现的局面仍很有可能是塔利班各派系、地方军阀和阿富汗政府军之间的新一轮战争。

美塔和平协议签署之际也是阿富汗总统选举博弈之时。2019年9月，阿富汗举行总统选举。2020年2月18日，一拖再拖的选举结果最终显示，加尼获得50.64%的选票，阿卜杜拉获得39.52%的选票，加尼获胜。④ 加尼在喀布尔宣誓就职，而阿卜杜拉指责加尼团队在选举过程中舞弊，也在喀布尔举行了"总统就职仪式"，阿政坛随即陷入僵局。经斡旋，加尼与阿卜杜拉签署权

---

① 《外媒：阿富汗政府与塔利班同意在多哈举行首轮和谈》，中国新闻网，2020年6月15日，http://www.chinanews.com/gj/2020/06-15/9212543.shtml。
② 《美高级将领说驻阿富汗美军人数已降至约8600人》，新华网，2020年6月19日，http://m.xinhuanet.com/2020-06/19/c_1126135423.htm。
③ 王世达：《美国与塔利班达成初步和平协议》，《世界知识》2020年第6期，第31页。
④ 《阿富汗：大选结果引争议 和平和解蒙阴影》，新华网，2020年2月19日，http://m.xinhuanet.com/2020-02/19/c_1125597715.htm。

力分配协议，阿卜杜拉将出任民族和解高级委员会主席，阿富汗政府中50%的部长职务将由阿卜杜拉的团队成员担任。[①] 阿富汗选举僵局反映了阿富汗现政府内部早已存在的权力矛盾，2014年总统选举时加尼和阿卜杜拉就曾互相指责对方舞弊，后经美国等国从中调解达成妥协。此番和解成功，也源于美国的施压。美国国务卿蓬佩奥曾突访阿富汗，并以阿方未能组建包容性政府为由，宣布美国削减对阿援助。虽然民族团结政府暂时组建，但政府内部的权力博弈依然不会消除，这将给新政府的成功运作带来隐患。另外，自阿富汗杜兰尼王朝结束以来，占阿富汗人口相对多数的普什图人一直在试图恢复其政治主导地位，塔利班运动满足了普什图人的这种权力诉求。因此，没有塔利班的参与和普什图人的全面支持，阿富汗政治和解进程不可能真正实现。当前，民意基础并不雄厚的阿富汗新政府仅是开启了与塔利班尝试谈判的窗口，未来和解进程的发展依然充满了悬念。

二 中东政治安全形势发展的主要特点

当前，中东地区秩序依然处于调整之中。最明显的特征是域外大国博弈与区域强国竞争相互叠加，使得地区新旧格局交替过程中充满了各种安全隐患。而中东国家内部的经济民生问题也越发凸显，给这些国家的经济发展和政治治理带来挑战。2020年新冠肺炎疫情的暴发，对本不稳定的中东地区安全造成了更多的不确定性，给各国内政带来了更加严峻的困难。

（一）域外大国博弈与区域强国竞争相互叠加，地区安全不确定性因素明显增加

从域外大国博弈来看，虽然受新冠肺炎疫情影响，美俄两国对中东的干预力度较过往有一定减缓，但它们相互之间的较量并没有停止。

伊朗问题仍然是美国中东政策的焦点，其对伊"以遏促变"的策略并

---

① 《阿富汗总统加尼与竞选对手阿卜杜拉签署权力分配协议》，新华网，2020年5月18日，http://www.xinhuanet.com/world/2020-05/18/c_1125997330.htm。

未变化。加强经济制裁、进行单边主义军事威慑和组建中东战略联盟是美国遏制伊朗的手段。特别突出的是，美国不断唆使以色列走向前台，促使以方对伊朗问题的外交政策立场变得越发激进；同时，美国还将巴勒斯坦问题作为获取盟友支持的筹码，导致巴以局势持续恶化。美国国防部前部长罗伯特·盖茨对美外交政策批评道："华盛顿已经变得过于依赖军事工具，并且严重忽视了它的非军事权力工具。"[①]对于其认为的其他边缘性问题，美国只按照核心诉求进行解决，而对是否造成更多地区安全隐患不甚关心。例如，默许土耳其向其原盟友叙利亚库尔德武装发动军事行动，在叙利亚问题上只考虑在关键地点建设军事基地和私卖他国油气资源；只聚焦与阿富汗塔利班媾和方便其迅速脱身，对其扶植的阿富汗现政府的尴尬地位不管不顾。美国以功利性的思维干预中东事务的最终结果是推动了伊朗问题、巴勒斯坦问题的恶化，以及叙利亚、阿富汗局势走向的不确定性。

俄罗斯继续强化在中东的影响力，目前深度介入叙利亚局势和加强与伊朗的合作是其中东政策的主要着力点。在叙利亚问题上，俄的地区控制力较美国已占明显上风，其出兵叙利亚取得突出成效。阿斯塔纳进程已成为政治解决叙利亚问题的主要平台，俄罗斯借助与土耳其、叙利亚政府的关系，成为能够在伊德利卜省问题上协调各方矛盾的最重要斡旋者。俄罗斯与伊朗的合作持续深入。俄罗斯出兵叙利亚后，伊朗在叙利亚的被动处境得到改善。利用美国遏制伊朗之际，俄罗斯扩大与伊在军事、核能及经贸等方面的合作。2019年12月俄会同中国、伊朗在阿曼湾举行了海上联合军演。

中东区域国家的相互竞争也在不断强化。一方面，传统的地区国家之间关系格局正在被打破。这主要体现在三个方面。一是以色列与海湾国家关系正在前所未有地走近。沙以领导人与到访的美国伊朗问题特别代表举行会谈，共同呼吁联合国延长对伊朗的武器禁运，双方配合美国围堵伊朗的默契度进一步提升。以色列分别与阿联酋、巴林达成和平协议以实现关系全面正常化，

[①] Robert M. Gates, "The Overmilitarization of American Foreign Policy", *Foreign Affairs*, Jul/Aug 2020, Vol. 99, No. 4, pp.121-122.

同意暂停吞并巴勒斯坦领土的计划，强化与海湾国家针对伊朗的一致立场。二是在巴勒斯坦问题上，阿拉伯国家的立场正在分化。对于"世纪协议"，某些国家"考虑到同美以的关系，不公开表态，却暗中支持"。[①] 三是"东升西降"的态势更加明显，埃及作为原地区大国的影响力下降，土耳其对本地区的干预力度提升，其在叙利亚、利比亚问题上的军事介入持续加码。虽然土美之间的战略互信受到损害，但是土耳其仍然在开展平衡外交。当前土耳其已经将伊德利卜问题的解决作为平衡美俄关系的重要杠杆。另一方面，地区国家之间的矛盾在不断激化。近期最突出的是以伊之间的冲突加剧。伊朗在美国的压力下被迫脱离伊核谈判轨道的立场与以色列的国家利益有根本冲突。以色列新政府组阁后，其为缓和国内经济危机和加强执政合法性，必然更加不遗余力地维护国家核心利益，对伊采取更加强化的敌视政策。叙利亚有可能成为以伊冲突的新战场。

（二）新冠肺炎疫情持续蔓延中东，各国政府治理能力与社会生态遭遇巨大挑战

2020年新冠肺炎疫情在世界范围内暴发，中东是此次新冠肺炎疫情的重灾区之一。由于"阿拉伯之春"以来一些中东国家长期陷入国内动乱或经济颓势，有的国家社会发展乏力，有的国家政治碎片化现象突出，在应对疫情方面有心无力。而疫情的加剧又对这些国家的政治统合和经济发展造成负面影响，使得中东遭遇的传统安全与非传统安全相互交织的困局进一步加深。

在保持政治基本稳定态势的国家中，伊朗第一个大规模暴发疫情。据8月统计数据，伊全国累计确诊超34万例。[②] 包括议会议长拉里贾尼，议会国家安全和外交委员会主席穆杰塔巴·宗努尔，外交部部长扎里夫的前顾问、驻叙利亚前大使侯赛因·谢赫伊斯兰，伊朗伊斯兰革命卫队前政治

---

① 李伟建：《中东安全形势新变化及中国参与地区安全治理探析》，《西亚非洲》2019年第6期，第96页。
② 《伊朗累计新冠确诊病例达347835例》，新华网，2020年8月19日，http://m.xinhuanet.com/2020-08/19/c_1126386967.htm。

局官员法扎德·塔扎里在内的多名高级官员先后感染新冠肺炎，有的已经去世。土耳其在确诊首例病例后疫情发展迅猛，截至8月29日累计确诊超26万例。① 以色列累计确诊病例突破15万例，全国恐将"封城"。② 8月4日，黎巴嫩首都贝鲁特港口区发生化学物品爆炸事件，导致重大人员伤亡和紧急粮食危机，与该国的疫情问题相互叠加，直接导致政府内阁更迭。在战乱国家中，虽然联合国多次呼吁各方在叙境内实现停火以集中应对疫情，但战乱没有停歇的迹象。伊德利卜省是反对派武装和极端组织在叙利亚境内控制的最后一块主要地盘，这里流离失所的叙利亚人住在不符合卫生标准的帐篷营地里，无法享有安全高效的医疗卫生救助。在也门，2020年5月仅亚丁暴发的新冠肺炎疫情和其他疾病就夺去了1800多人的生命，无国界医生组织不得不对该地区进行紧急支援。③ 阿富汗公共卫生部估计，如果不采取严格防疫措施，可能有80%的阿富汗人感染新冠肺炎，死亡人数将高达11万。④

疫情对中东政治、经济、社会生态的冲击是多方面的。首先，疫情让本就困顿的国家经济失去向前发展以挽救过往颓势的机会。2019年伊朗经济缩水近10%，财政收入减少近40%。⑤ 伊朗一直在保障民生与抗击疫情两者之间艰难平衡。在内外双重压力下，伊朗不得不进行货币改革，旨在遏制国内经济恶化态势。近年来土耳其经济增长乏力，里拉持续贬值，此次疫情对其经济发展来说是雪上加霜。随着疫情和管控措施的升级，以色列国内失业率不断攀升，4月上旬已经从疫情暴发前的4%上升到超过25%。⑥ 以色列传教士

---

① 《土耳其新增新冠肺炎确诊病例1549例 累计确诊267064例》，新浪网转载央视报道，2020年8月30日，https://news.sina.cn/gj/2020-08-30/detail-iivhvpwy3827102.d.html?stype=$stype。
② 《综合消息：中东地区疫情依然严峻 以色列"封城"在即》，新华网，2020年9月13日，http://www.xinhuanet.com/2020-09/13/c_1126487255.htm。
③ "Yemenis Warned Against Ignoring COVID-19 Prevention Advice", *Arab News*, July 10, 2020, https://www.arabnews.com/node/1702856/middle-east.
④ 《阿富汗疫情防控难题多》，新华网，2020年4月23日，http://www.xinhuanet.com/2020-04/23/c_1125896108.htm。
⑤ 王晋：《从急剧升温到降温，美伊博弈是如何演变的》，《世界知识》2020年第3期，第38页。
⑥ 邹志强：《短期内疫情恐难完全控制，背后有相似的原因》，中国中东研究网，2020年5月6日，http://www.mesi.shisu.edu.cn/f8/8a/c3711a129162/page.htm。

政策论坛高级研究员伊曼纽尔·纳冯认为，新政府将面对疫情造成的高失业率、经济萎缩和企业破产等棘手问题。[1] 叙镑加速贬值，跌幅超过50%。[2] 为了遏制本国货币跌势，叙利亚政府关闭了多家涉嫌炒汇的外币兑换所。其次，国内经济矛盾可能会促使某些国家采取激进的民族主义政策和外交政策向外转移民众注意力，这可能再次加剧中东地区的战乱态势，让地区局势变得更加不太平。最后，由于政府忙于应对疫情，战乱地区的恐怖主义分子可能因安全防范措施薄弱而卷土重来。北约宣布取消伊拉克境内士兵培训计划，这可能给"伊斯兰国"极端组织分子创造活动机会。3月29日，叙东北部监狱发生暴动，多名"伊斯兰国"极端组织成员越狱。4月初，该组织在巴格达和迪亚拉以北地区开展了若干行动。恐怖主义对中东地区安全构成的威胁，可能因疫情影响而凸显。

三　未来中东地区安全前景走向预判

中东地区的域外大国博弈和地区强国竞争还会继续。虽然美伊两国在苏莱曼尼被袭事件后都保持了较大的克制，但这一事件代表着美伊之间对抗关系的进一步加深。受此影响，伊朗国内强硬派的地位更加稳固，伊核协议更加摇摇欲坠，伊朗问题呈现越发消极的发展趋势。在特朗普存在连任可能性的情况下，美国政策将助推中东局势的不稳定。前国家安全顾问约翰·博尔顿在被问及特朗普连任是否会给中东地区国家带来风险时，回应说"现任总统不可预测"[3]。以色列在美国的支持下也将采取更加激进的民族主义政策对待与伊朗和与巴勒斯坦之间的关系。囿于实力，俄罗斯重返中东地位还不牢固，

---

[1]《以色列新政府上台 政治"联姻"能否长久》，新华网，2020年5月18日，http://m.xinhuanet.com/2020-05/18/c_1126001001.htm。

[2]《叙利亚打击地下汇市遏货币贬值》，新华网，2020年1月23日，http://www.xinhuanet.com/world/2020-01/23/c_1210449695.htm。

[3] Ray Hanania, "Why Trump is Lower Risk for Palestinians than Biden", *Arab News*, July 8, 2020, https://www.arabnews.com/node/1701761.

受到来自美国、土耳其、以色列的多方制约。[①] 在叙利亚，俄土之间的矛盾可能会变得越发明显。俄基本立场是宽恕安卡拉的行动，但不同意土耳其在叙利亚长期驻军[②]，这与土耳其的核心利益存在较大分歧。未来，俄土之间如何解决矛盾将决定叙利亚问题的走向。土耳其同时在叙利亚和利比亚"双线投入"，把两国战事搅成一团，增加了各方在这些问题上达成共识的难度[③]，同时其左右逢源的俄美平衡外交政策也提升了情势的复杂性。

更为严峻的是，在当前新冠肺炎疫情无法平息的情况下，中东经济民生衰退叠加一些国家强势的对外政策，以及各地恐怖主义活动的再次滋生，将使得该地区面临的不安全因素出现集聚。这既不利于结束叙利亚、利比亚、阿富汗战事，还可能促发新的冲突。以伊矛盾、巴以问题、土耳其与周边国家的关系、新的大规模恐袭活动将是接下来可能引爆中东热点的隐患。

参考文献

李伟建:《中东安全形势新变化及中国参与地区安全治理探析》，《西亚非洲》2019年第6期。

李亚男:《土耳其出兵利比亚：突围还是陷入？》，《世界知识》2020年第6期。

李亚男:《伊德利卜考验土耳其对叙利亚政策》，《世界知识》2020年第7期。

唐志超:《从配角到主角：俄罗斯中东政策的转变》，《俄罗斯东欧中亚研究》2020年第2期。

王晋:《从急剧升温到降温，美伊博弈是如何演变的》，《世界知识》2020年第3期。

---

① 唐志超:《从配角到主角：俄罗斯中东政策的转变》，《俄罗斯东欧中亚研究》2020年第2期，第18页。
② Maxim Trudolyubov, "Russia is the New Referee in the Middle East", *Moscow Times*, October 14, 2019, https://dlib.eastview.com/search/simple/doc?pager.offset=52&id=55155047&hl=Middle+East.
③ 李亚男:《土耳其出兵利比亚：突围还是陷入？》，《世界知识》2020年第6期，第51页。

王世达:《美国与塔利班达成初步和平协议》,《世界知识》2020年第6期。

邹志强:《短期内疫情恐难完全控制,背后有相似的原因》,中国中东研究网,2020年5月6日。

Robert M. Gates, "The Overmilitarization of American Foreign Policy", *Foreign Affairs*, Jul/Aug 2020, Vol. 99, No. 4.

Y.12
疫情下的全球粮食安全

肖 河*

摘 要： 自第二次世界大战结束以来，粮食安全就是全球治理的重要议题。1974年，联合国粮食及农业组织第一次明确定义了粮食安全。此后这一概念不断发展，逐渐形成了可得性、可及性、利用效率和稳定性"四大支柱"，标准日益提高。在新冠肺炎疫情暴发和全球蔓延后，又催生出粮食安全能动性和可持续性两个新内涵。全球粮食安全状况有多种测算方法，其中较为权威的是可持续发展议程全球指标框架和综合粮食安全阶段分类。据测算，全球粮食安全自2014年起就处于缓慢恶化期，在新冠肺炎疫情影响下，2020年的国际粮食安全状况更加不容乐观。不仅相当数量的发展中国家处于粮食危机状态，粮食安全恶化还蔓延到发达国家。当前的粮食安全问题有着鲜明的时代性，其主要来源不是全球粮食生产不足，而是需求面的收入不平等。国际上的低收入国家和一国内的贫困群体往往无法在本来供应充足的粮食体系中获得充足的食物。新冠肺炎疫情严重冲击了全球经济运转，更明显地暴露了这一问题。要想促进全球粮食安全，未来方向必然是将发达的农业生产、先进的社会服务和公平的收入分配结合起来。

关键词： 粮食安全 粮食权 新冠肺炎疫情 联合国粮食及农业组织 世界粮食计划署

---

* 肖河，中国社会科学院世界经济与政治研究所副研究员，国际战略研究室副主任，主要研究领域为大国竞争和美国外交。

疫情下的全球粮食安全

一 粮食安全的概念演进

粮食问题涉及人类的基本生存，重要性不言而喻。第二次世界大战后全球人口迅速增长，粮食问题的紧迫性日益突出。国际社会一直高度重视粮食问题，联合国粮食及农业组织（Food and Agriculture Organization of the United Nations, FAO）是于1945年建立的第一批联合国专门机构，负责在全球范围内协调各国政策、消除饥饿。1961年，联合国又成立了负责多边粮食援助的世界粮食计划署（World Food Programme, WFP）。经历了数次危机考验后，WFP于1965年成为联合国正式机构，确立了粮食援助在紧急和发展援助方面的地位。[1] 之后，在联合国内外又组建了一系列国际粮食组织，形成了庞大的国际粮食治理机制。

对议题的定义往往决定了治理方式，粮食安全同样如此。1974年11月，联合国粮农组织在罗马世界粮食峰会中第一次提出粮食安全（food security）的概念。当时，国际粮食治理中的突出问题是人口激增和国际粮价波动，因此会议讨论重点是确保世界粮食供应，即保障"可得性"（availability）。在大会报告中，粮食安全被定义为"基本粮食随时随地都能通过适当的储备包括紧急储备得到充分供应"[2]。不过，粮食安全不等于粮食供应充足，因为即使如此也不能保证人们能够获得所需粮食。1983年，联合国粮农组织修改了粮食安全概念，将其定义为"所有人在任何时候都能通过物质和经济手段获得满足其需求的基本食物"[3]。这一概念强调的是人们能够获取粮食，即"可及性"（access），例如与粮食市场联通以及有财力购买粮食。1986年，世界银行（World Bank）在报告中指出全球粮食生产比全球人口增长更快，当代粮食

---

[1] United Nations World Food Programme, "History," https://zh.wfp.org/history.
[2] United Nations, *Report of the World Food Conference, Rome, 5-16 November 1974*, New York: United Nations, 1975, p.3.
[3] Commodity Policy and Projections Service Commodities and Trade Division, *Trade Reforms and Food Security: Conceptualizing the Linkages*, Rome: The Food and Agriculture Organization of the United States, 2003, Chapter 2.

181

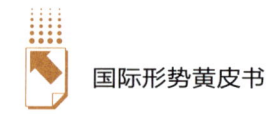

安全问题的实质是购买力不足。这种粮食不安全（food insecurity）分为长期（chronic）和短期（transitory）两类。此外，世行还提高了粮食安全标准，将其定义为"所有人在任何时候都有手段获得积极健康生活所需的足够食物"[①]。该定义无论是在数量还是质量上都明显高于之前的"基本食物"。这意味着粮食安全的标准提升到一个新层次。

1996年，世界粮食峰会发布了《世界粮食安全罗马宣言》，颁布了《世界粮食首脑会议行动计划》。计划提出了关于粮食安全的更全面标准："所有人在任何时候都有物质和经济手段获得充足、安全和营养的食物，以满足其积极健康生活的饮食需求和膳食偏好。"[②] 从食物本身来看，该标准新增了安全和营养两个标准；从需求来看，对不同饮食偏好的尊重也被纳入粮食安全的范畴。1996年的定义由于较为全面，充分反映了粮食安全中的需求方要素而被广为接受，之后也变动不大。《2011年世界粮食不安全状况》报告对粮食安全的定义只做了一处修改，就是将"物质和经济手段"改为"物质、社会和经济手段"。增加"社会"这一限定词是为了强调构建公平的分配体系是克服粮食不安全的重要因素。此外，家庭和个人得以用恰当方式处理食物也被纳入讨论，包括清洁用水、卫生和健康保护。[③] 至此，国际社会确立了粮食安全的四根支柱，分别是可得性、可及性、利用效率（utilization）和稳定性（stability）。可得性强调粮食生产与供应，可及性强调个人有足够的经济和社会资源来获取食物，利用效率强调与食物密切相关的"非粮食投入"（non-food inputs），稳定性则强调食物的可得性与可及性没有较大波动。[④] 经过30多年的发展，粮食安全的定义先是从粮食生产和贸易领域扩展到再分配领

[①] World Bank, *Poverty and Hunger: Issue and Options for Food Security in Developing Countries*, Washington, D.C.: The World Bank, 1986, p.1.

[②] The Food and Agriculture Organization of the United Nations, *World Food Summit, 13-17 November 1996 Rome Italy*, http://www.fao.org/3/w3613e/w3613e00.htm.

[③] The Food and Agriculture Organization of the United Nations, *The State of Food Insecurity in the World 2001*, Rome: Food and Agriculture Organization of the United Nations, p.49.

[④] FAO Agriculture and Development Economics Division, "Food Security", *Policy Brief*, Issue 2, 2006, http://www.fao.org/fileadmin/templates/faoitaly/documents/pdf/pdf_Food_Security_Cocept_Note.pdf.

域，然后又转向社会发展领域，逐步向深层社会、文化和政治结构拓展。

与粮食安全伴生的是粮食权（right to food）。国际法上的粮食权最早可以追溯到1948年的《世界人权宣言》。宣言第二十五条规定"人人有权享受为维持他本人和家属的健康和福利所需的生活水准"，其中第一项就是食物。[1] 之后，作为两个基本国际人权公约之一的《经济、社会及文化权利国际公约》第十一条规定"人人有免受饥饿之基本权利"[2]。对于包括粮食权在内的经济社会权利是否属于人权，从冷战至今都存在争议。例如，美国保守派就认为衣食住行等物质条件只是"善治"的结果而非基本人权，这也使得美国至今没有批准《经济、社会及文化权利国际公约》。[3] 尽管如此，国际社会的主流还是将粮食权视为基本人权，各联合国机构也持这一立场。1974年，在粮农组织大会第一次定义粮食安全的同时，就庄严宣布"免于饥饿和营养不良是所有男性、女性和儿童不可分离的权利"[4]。当前，粮食权被表达为获得充足食物的权利（right to adequate）以及免于饥饿的自由（free from hunger）。其定义与粮食安全几乎完全一致，即充足的粮食供应、各类食品的文化可接受性、食品的质和量能满足总体营养需求以及安全优质标准。[5] 2000年4月，联合国人权委员会决议设立粮食权特别报告员一职，这标志着粮食权概念的稳固确立。粮食安全和粮食权这两个概念在内容上高度相似，只是同一问题在安全和人权话语中的不同表达。

2020年新冠肺炎疫情暴发后，国际粮食安全的概念又有了新发展。这是因为疫情挑战不同于传统的短期粮食危机，其主要通过全球范围内的经济活动停滞和社会流动受阻来影响粮食安全。粮食安全的焦点也转为将食品、卫

---

[1] 联合国，《世界人权宣言》，https://www.un.org/zh/universal-declaration-human-rights/。
[2] United Nations Office of the High Commissioner of Human Rights, *International Covenant on Economic, Social and Cultural Rights*, https://www.ohchr.org/EN/ProfessionalInterest/Pages/CESCR.aspx.
[3] Philip C. Aka, "The Country Reports on Human Rights Practices and US Human Rights Policy in a Changing World", *Perspectives on Global Development and Technology*, Vol.14, 2015, p.246.
[4] United Nations, *Report of the World Food Conference, Rome, 5-16 November 1974*, p.2.
[5] Asbjørn Eide, "The Human Right to Adequate Food and Freedom from Hunger", The Food and Agriculture Organization of the United Nations, http://www.fao.org/3/w9990e/w9990e03.htm.

生、环境政策结合起来，增强食物供应链的韧性，确保人们可以在行动受限和收入减少的情况下获得充足食物。[1]2020年6月，联合国世界粮食安全委员会（Committee on World Food Security）下属的粮食安全和营养问题高级别专家组发布专门报告，提出要从根本上改变现有粮食系统。在概念上，增加了主动性（agency）和可持续性（sustainability）两个要素。主动性强调个人和群体能够参与食品相关的决策，包括吃哪些食物、如何生产食物、如何处理和分配食物以及制定粮食政策；可持续性是指在不损害经济、社会和环境的基础上长期保障食品安全和营养。其目的一方面是让粮食安全更具韧性；另一方面则是使其更加平等包容，为边缘群体赋能。[2]这一最新定义除了强调粮食、卫生、环境等领域的横向联系，还指向了更深层次的政治维度，其主张是只有保障所有人特别是弱势群体的决策参与，才能从根本上改善粮食安全。

1945年以来，国际社会始终高度关注国际粮食问题，对其理解不断深化，粮食安全的标准日益提高。粮食的"基本人权化"也使得国家的应负责任越来越多。这决定了保障粮食安全总是处于"进行时"。

二 全球粮食安全状况的测算

粮食安全的定义决定了对全球粮食安全状况的测算。例如，如果从可得性的角度来理解，那么就只需要监控主要农产品产量和国际粮价；如果从可及性的角度来理解，那么直接指标就是民众的食物摄取量，间接指标则是国民收入和食品价格。如果从"六根支柱"的框架出发来理解，那么评估将变得高度复杂。

当前对粮食安全状况的测算方法大致有四类。一是笼统归类，即在不给出明确定义的情况下做出大致划分；二是用指导概念（guiding definition）

---

[1] World Bank, "Food Security and COVID-19," https://www.worldbank.org/en/topic/agriculture/brief/food-security-and-covid-19.
[2] High Level Panel of Experts on Food Security and Nutrition, *Food Security and Nutrition: Building a Global Narrative towards 2030*, Rome: Committee on World Food Security, 2020, pp.7-13.

来分类，例如粮农组织的早期预警和全球信息系统（Global Information and Early Warning System，GIEWS）就是用粮食的可及性短缺和可得性短缺将粮食不安全状况分为1型、2型和3型；三是特定维度归类，例如民众以何种策略获取食物；四是门槛测算，即基于可量化指标划分粮食安全的层次。[1] 当前，国际社会主要用第四种方式估算全球粮食安全状况，其还可以进一步分为四类。[2]

一是测算营养不良率，例如发育迟缓、低出生体重的比例。二是测量食物热量摄取，代表性指标就是粮农组织从1974年开始统计的食物不足发生率（Prevalence of Undernourishment, PoU）。PoU的核心概念是最低膳食热量摄取，即在按年龄和性别分组后，设置人群为维持积极健康生活所必需的最低能量，然后调查不能满足的概率。与对营养不良的测量不同，由于难以精确计算摄取的食物热量，还需要纳入收入、支出和一般生活标准等指标。[3] 三是经验数据，通常是用问卷调查来获得，其未必精确，但是更能反映主观感受。其代表是粮农组织设计的粮食不安全体验量表（The Food Insecurity Experience Scale, FIES）。该量表有8个关键问题，包括是否担忧过没有足够食物、是否只有少数几种食物、是否被迫减少过餐数等。[4] 四是综合测量法，其数据综合了多种方法的调查结果。例如，全球饥饿指数（Global Hunger Index, GHI）就综合了食物不足发生率、儿童营养不良和死亡率等数据。[5] 总体上，对粮食安全的测算越来越复杂。

---

[1] The Integrated Food Security Phase Classification (IPC) Global Partners, Integrated Food Security Phase Classification: Technical Manual Version 1.1, Rome: The Food and Agriculture Organization of the United Nations, 2008, pp.8-9.

[2] Filippo Gheri, "The Diffrences and Complementarities of the Different Assessments of Food Insecurity: PoU and FIES Versus IPC/CH," November 2019, The Food and Agriculture Organization of the United Nations, http://www.fao.org/3/ca6756en/ca6756en.pdf.

[3] Asia and Pacific Commission on Agricultural Statistics, "Revision of the Methodology for the Estimation of the Prevalence of Undernourishment," 2014, The Food and Agriculture Organization of the United Nations, http://www.fao.org/fileadmin/templates/ess/documents/apcas25/APCAS-14-8.2-PoU-Method.pdf.

[4] The Food and Agriculture Organization of the United Nations, "The Food Insecurity Experience Scale," http://www.fao.org/in-action/voices-of-the-hungry/fies/en/.

[5] Global Hunger Index, "2019 Global Hunger Index by Severity: He Challenge of Hunger and Climate Change," https://www.globalhungerindex.org/results.html.

目前，全球粮食治理中最常用的有两套指标体系，它们分别是可持续发展议程全球指标框架（具体为"目标2"，SDG Monitoring Framework Target 2, SDG2）和综合粮食安全阶段分类（Integrated Food Security Phase Classification, IPC）。

《2030年可持续发展议程》是联合国的旗舰议程，其在"目标2"（消除饥饿、实现粮食安全、改善营养状况和促进可持续农业）中设置了与粮食安全密切相关的各项指标。根据2019年版议程，目标2下共有8个子目标，其中通常使用2.1和2.2两个子目标来评估全球粮食安全状况。2.1规定到2030年完全消除饥饿，确保所有人全年都有安全、营养和充足的食物；2.2规定到2030年消除一切形式的营养不良，2025年前消除5岁以下儿童发育迟缓和消瘦等问题。在方法上，对目标2.1的考察主要基于PoU和FIES；对目标2.2的考察则基于5岁以下儿童发育迟缓以及营养不良的发生率。[1]

综合粮食安全阶段分类是粮农组织设计的考察范围最广、涵盖指标最多的粮食安全评估体系。其数据大多来自其他国际机构和各国政府，以"建立共识"为估算流程的主要特征。IPC共有14项指标，分为食物消费、生活状况变化、营养状况和死亡率4类。其中，食物消费和生活状况变化的测量较为复杂。前者包括6项指标，即膳食能量摄取充足度、家庭膳食多样性指数、食品消费指数、家庭饥饿指数、应对策略指数和家庭经济分析；后者包括生活状况变化和生活策略变化2个指标。相关数据大多由世界粮食计划署、食品与营养技术援助项目（Food and Nutrition Technical Assistance, FANTA）等国际机制提供[2]。IPC重点展现了三类粮食不安全（food insecurity），分别是急性粮食不安全（acute food insecurity）、周期性粮食不安全（chronic food insecurity）和急性营养不良（acute malnutrition）。第一类和第三类在程度上划为5级，5级为最

---

[1] 联合国：《〈2030年可持续发展议程〉各项可持续发展目标和具体目标全球指标框架》，A/RES/71/313, https://unstats.un.org/sdgs/indicators/Global%20Indicator%20Framework%20after%202019%20refinement_Chi.pdf。

[2] The Integrated Food Security Phase Classification (IPC) Global Partners, *Integrated Food Security Phase Classification: Technical Manual Version 3.0*, Rome: The Food and Agriculture Organization of the United Nations, 2019, pp.35-38.

严重状况；第二类划为4级，4级为最严重状况。[1]

这两套主要指标各有优势。SDG2中包括PoU在内的数据主要来自粮农组织下属各机构获得的一手材料，在数据和方法的可靠性上较有保障，能够更准确地监控国家层面的粮食安全状况；IPC则大量利用外部机构的第二手数据，这虽然一定程度上削弱了一致性和可靠性，但是覆盖范围更广，也使得相关国家更能接受评估结果，因此更适用于协调国际干预和危机应对。[2] 未来一个时期内，国际粮食安全领域仍将并用多种估算方法和数据体系。

三 全球粮食安全现状

全球粮食产量一直稳定高速增长，足以满足全球粮食需求。因此，当前权威国际组织的年度粮食安全报告中很少讨论粮食的可得性问题，而是重点关注反映可及性和利用效率。根据现有SDG和IPC数据，当前正处于全球粮食不安全的上升期。这一时期始于2014年，并于2019年达到高峰。这部分是因为《全球粮食危机报告》（GRFC）等权威调查扩大了统计覆盖范围，主要原因则是全球武装冲突激化和经济衰退。[3] 尽管尚没有2020年全球粮食安全状况的全面数据，但是由于新冠肺炎疫情的影响、数十年来最严重的沙漠蝗虫灾害和全球变暖引发的极端气候的延续，形势无疑还在恶化。按照现有趋势发展，不仅不可能在2030年实现"零饥饿"（zero hunger），部分地区的状况还将倒退。保持现有趋势不变，2030年非洲地区的食物不足发生率将从当前的19.1%增长到25.7%，拉丁美洲和加勒比海地区的食物不足发生率将从7.4%增长到9.5%。亚洲地区虽然会有所改善，营养不良人口预计从3.81亿

---

[1] The Integrated Food Security Phase Classification (IPC) Global Partners, *Integrated Food Security Phase Classification: Technical Manual Version 3.0*, p.4.

[2] Filippo Gheri, "The Differences and Complementarities of the Different Assessments of Food Insecurity: PoU and FIES Versus IPC/CH," November 2019, The Food and Agriculture Organization of the United Nations, http://www.fao.org/3/ca6756en/ca6756en.pdf.

[3] Global Network Against Food Crises and Food Security Information Network, *Global Report on Food Crises 2020: Joint Analysis for Better Decision*, New York: United Nations, 2020, p.2.

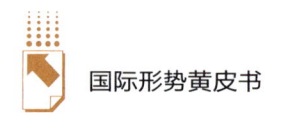

人降低到3.3亿人，但是距离"零饥饿"仍有相当距离。[1] 因此，当前仍处于全球粮食安全的"逆风期"，亟须采取措施予以扭转。

根据SDG依赖的PoU指标，2019年全球营养不足发生率为8.9%，和2018年基本相同；营养不足人数为6.87亿人，较2018年增加0.1亿人。地区分布上，非洲的营养不足发生率高达19.1%，较2018年的18.6%有较大增长，达2.5亿人；拉丁美洲和加勒比海地区为7.4%，较上年增长0.1个百分点，为0.47亿人；大洋洲从5.7%上升到5.8%，为0.02亿人；北美和欧洲则继续保持在2.5%以下；亚洲从8.4%下降至8.3%，从3.85亿人降至3.81亿人。[2]2019年更新了三个重要的营养不良数据：世界范围内五岁以下儿童中21.3%发育迟缓，5.6%超重，6.9%严重消瘦。从可比数据来看，全世界的营养不良问题有所改善，但仍无法实现世界卫生大会设定的2025年和2030年目标。[3]

PoU指标反映了粮食不安全的后果。除了SDG体系外，全球饥饿指数也有相关统计。该指数涵盖了5岁以下儿童死亡率、消瘦率、生长迟缓率以及总体营养不足比例四项指标，综合给各国打分，其中20分（第3级）以上即为"严重饥饿"。根据其2019年数据，南亚地区位居第一，达到29.3分，排名第二的撒哈拉以南非洲为28.4分。近东和北非为13.3分，东亚和东南亚为11.5分，拉丁美洲和加勒比海地区为8.2分，东欧和独联体国家为6.6分，世界平均水平为20.0分。在统计的117个国家中，共有5个被列为第5级"极度警报"，饥饿指数由高到低分别是中非、也门、乍得、马达加斯加和赞比亚。[4]

根据IPC急性粮食不安全数据，2019年全球共有55个国家和地区的1.35亿人处于IPC分级的第3级（粮食危机）及更严重状态，比2018年增加了0.22

---

[1] FAO, IFAD, UNICEF, WFP and WHO, *The State of Food Security and Nutrition in the World: Transforming Food Systems for Affordable Healthy Diets*, Rome: Food and Agriculture Organization of the United Nations, 2020, pp.xviii-xix.

[2] FAO, IFAD, UNICEF, WFP and WHO, *The State of Food Security and Nutrition in the World: Transforming Food Systems for Affordable Healthy Diets*, pp.9-11.

[3] FAO, IFAD, UNICEF, WFP and WHO, *The State of Food Security and Nutrition in the World: Transforming Food Systems for Affordable Healthy Diets*, pp.26-28.

[4] Global Hunger Index, "2019 Global Hunger Index by Severity: he Challenge of Hunger and Climate Change," https://www.globalhungerindex.org/results.html.

亿人。其中，非洲 36 个国家有 0.73 亿粮食不安全人口，中东和亚洲 10 个国家有 0.43 亿粮食不安全人口，拉丁美洲和加勒比海地区有 0.185 亿粮食不安全人口，欧洲仅 1 个国家有约 50 万粮食不安全人口。在所有粮食不安全人口中，34 个国家的 0.27 亿人处于第 4 级（人道主义紧急状态），南苏丹和也门有 8.45 万人处于第 5 级（饥荒）。武装冲突、极端气候和经济衰退是造成粮食不安全的三大主因，其中武装冲突影响了 22 个国家的 0.77 亿人，极端气候影响了 25 个国家的 0.34 亿人，经济衰退影响了 8 个国家的 0.24 亿人。除粮食危机人口外，还有 47 个国家的 1.82 亿人处于 IPC 分级第 2 级（粮食安全压力），随时可能因外部冲击陷入危机。这类人群中有 1.29 亿生活在非洲，0.28 亿生活在拉丁美洲和加勒比海，0.25 亿生活在中东和亚洲。[1] 在存在粮食危机的 55 个国家和地区，5 岁以下儿童中有 0.75 亿发育迟缓，0.17 亿严重消瘦。在也门、危地马拉、尼日尔、莫桑比克、马达加斯加、刚果（金）、阿富汗和巴基斯坦这 9 个存在重大粮食危机的国家，儿童发育迟缓的比例均超过 40%。在 10 个粮食危机最严重的国家，不到 20% 的儿童能够满足多样化营养的最低要求，在尼日尔和乍得该比例不足 10%。在刚果（金）、南苏丹等 7 个国家，只有 34%~49% 的人能获得清洁饮水[2]。

上述指标反映了世界粮食安全的基本面，但仍非全貌，主要原因是没有关注发达国家的粮食不安全问题。例如，全球饥饿指数就将发达国家排除出统计范围。GRFC 的采样也具有选择性：①根据 GIEWS，在过去 3 年中的 1 年或者 10 年中的 3 年请求过外部粮食援助；②国内存在急需人道主义援助的人口且是中低收入国家，包括存在联合国难民署或粮食计划署确认的难民、有 100 万或者 20% 的人流离失所；③根据 IPC 指标，有 100 万或者 20% 的人处于 IPC 3 级，或者有任何地区处于 IPC4 级。[3] 然而，置身于统计之外并不意味

---

[1] Global Network Against Food Crises and Food Security Information Network, *Global Report on Food Crises 2020: Joint Analysis for Better Decision*, pp.20-23.

[2] Global Network Against Food Crises and Food Security Information Network, *Global Report on Food Crises 2020: Joint Analysis for Better Decision*, pp.24-26.

[3] Global Network Against Food Crises and Food Security Information Network, *Global Report on Food Crises 2020: Joint Analysis for Better Decision*, p.14.

着发达国家没有粮食安全问题，它们同样存在收入不平等造成的粮食不安全和饥饿。根据美国最大粮食救助组织"供养美国"（Feeding America）的数据，在新冠肺炎疫情暴发前，美国的粮食不安全人口正处于大萧条以来的最低水平，但仍然有0.37亿人和0.11亿名儿童。[1]现有国际粮食安全监控尚不能全面评估发达国家的粮食不安全问题。

四 新冠肺炎疫情对国际粮食安全的冲击

新冠肺炎疫情对粮食安全的影响分为供给侧和需求侧两个维度。在供给侧，疫情和防疫措施都扰乱了粮食的生产消费链条，这对小型农户的影响尤其显著。对粮食不足的恐慌还会导致各国采取保护主义政策，限制粮食出口。这些都可能导致粮食供给减少。在需求侧，疫情造成失业率飙升，非正式就业和服务业受到巨大冲击，严重损害了低收入人群的购买力，加剧了粮食可及性问题。[2]在疫情暴发的同时，东非还发生了数十年来最严重的沙漠蝗虫灾害，并从非洲之角蔓延到伊朗、巴基斯坦和印度。新冠肺炎疫情也影响了虫灾防治，减缓了杀虫剂生产、限制了防虫工人的调配。灾害叠加放大了损失，据联合国粮农组织估计，仅也门就蒙受了85亿美元的损失，加剧了已经存在的粮食危机。[3]截至2020年9月，疫情对供给侧的影响较小，但是对需求侧影响较大。国际社会在评估疫情对粮食安全的影响时，主要基于其对全球国内生产总值（GDP）的影响来估算：如果全球GDP下降4.9%~10%，那么营养不足的人口可能增加0.83亿~1.32亿人。[4]

当前疫情主要通过扰乱全球经济循环来影响世界粮食安全，因此对以往很

---

[1] Feeding America, "The Impact of Coronavirus on Food Insecurity," https://www.feedingamericaaction.org/the-impact-of-coronavirus-on-food-insecurity/.
[2] Global Network Against Food Crises and Food Security Information Network, *Global Report on Food Crises 2020: Joint Analysis for Better Decision*, p.5.
[3] World Bank, "The World Bank Group and the Locust Crisis," https://www.worldbank.org/en/topic/the-world-bank-group-and-the-desert-locust-outbreak#2.
[4] FAO, IFAD, UNICEF, WFP and WHO, *The State of Food Security and Nutrition in the World: Transforming Food Systems for Affordable Healthy Diets*, p.xix.

少受粮食危机影响的发达国家也造成较大冲击。以美国为例，在新冠肺炎疫情暴发后，美国粮食不安全的总人口和儿童人数分别增加了1700万和700万，达到5400万和1800万。以县（郡）为单位，在粮食不安全状况最为严重的美国南部和中西部的6个县中，粮食不安全率均达到32%以上；在情况最好的地区弗吉尼亚州的劳顿郡，粮食不安全率也从疫情前的3.88%上升到8.6%。[1] 根据美国联邦统计局的每周统计，2020年3月13日所有医疗补助（medicaid）的参保人员（意味着收入较低）中有29%报告其家庭食物不足；2020年7月21日，该数字有所降低，但仍有23%。所有人中，报告食物不足的比例则为12%。全年，共有45%的家庭报告过并不总是拥有充足的各类食物。[2] 疫情对拉丁美洲和加勒比海地区的经济冲击也较为突出。与非洲和亚洲不同，经济衰退是该地区粮食不安全的主要原因。受疫情影响，拉丁美洲和加勒比海地区的失业率将从8.1%增长到11.5%，新增1160万失业人口；贫困率将从30.3%增长到34.7%，贫困人口从1.86亿增长到2.14亿，其中极端贫困率将从11%增长到13.5%。[3] 该地区粮食不安全的成因使得国际社会高度关注疫情对其的影响。

新冠肺炎疫情在暴发初期对全球粮食供应产生了一定影响。在欧洲和美国，肉制品供应迅速减少。2020年2月，大部分欧洲国家的牛屠宰量出现下降，平均降幅为12.3%，德国下降了21%。3月，欧洲的猪肉价格较2月上升了13.6%，其他肉类价格增长了6.8%，水果价格增长了7.8%，糖类价格增长了5.8%，蔬菜、水果、奶类、蛋类、土豆的价格也均有1.1%~1.5%的小幅增长。在美国，截至5月21日，共有48家肉类加工厂关闭。[4] 世界粮食价格也普遍上涨，芝加哥商品交易所的小麦期货在3月16日后的一周内就上涨了

---

[1] Feeding America, "The Impact of Coronavirus on Food Insecurity," https://www.feedingamericaaction.org/the-impact-of-coronavirus-on-food-insecurity/.

[2] Cornelia Hall, Samantha Artiga, Kendal Orgera, "Food Insecurity and Health: Addressing Food Needs for Medicaid Enrollees as Part of COVID-19 Response Efforts," https://www.kff.org/medicaid/issue-brief/food-insecurity-and-health-addressing-food-needs-for-medicaid-enrollees-as-part-of-covid-19-response-efforts/.

[3] The Food and Agriculture Organization of the United Nations, "Food Security Under the COVID-19 Pandemic," http://www.fao.org/3/ca8873en/CA8873EN.pdf.

[4] European Data Portal, "Threats to Food Security: Is Another Pandemic Lingering on the Horizon?", https://www.europeandataportal.eu/en/impact-studies/covid-19/threats-food-security-another-pandemic-lingering-horizon.

16.5%，稻谷期货从 3 月到 6 月累计上涨了 51%。在恐慌驱动下，不少国家出台了限制粮食出口的政策。2020 年 3 月 24 日，越南暂停所有形式的大米出口，随后于 4 月宣布设置大米出口配额。之后，柬埔寨、印度、埃及、马里、苏丹、俄罗斯、白俄罗斯、乌克兰和哈萨克斯坦等 16 个国家先后实施出口限制，涉及稻米、小麦、豆类、糖、油等粮农产品。① 对此，权威国际组织主张不能放任各国在危机期间采取单边限制、重蹈 2007~2008 年国际粮价危机的覆辙。2020 年 4 月 21 日，二十国集团（G20）在华盛顿召开农业部长特别会议，呼吁各国将与农业和食品相关的物流列为"基本服务"，确保产业链运转，并要求各国特别是粮食出口大国确保出口稳定、透明、可靠，短期贸易限制不应扰乱国际粮食市场。② 由于疫情对粮食供给的影响没有预期中严重，很多粮食出口国很快恢复常态。从 4 月开始，期货市场中除稻谷价格还在小幅上涨外，大豆和玉米价格已经回落。③

尚未有数据表明疫情将改变国际粮食供应格局，全球粮食生产的增长仍高于消费增长，粮食结余量较大。2000~2019 年，玉米、小麦、稻谷和大豆的年产量从 17.49 亿吨增长到 27.14 亿吨，年均增幅为 2.5%；消费总量从 17.58 亿吨增长到 26.14 亿吨，年均增幅为 2.2%。玉米、小麦、稻谷的结余量从 2000 年的 1.09 亿吨、3615 万吨和 -53 万吨增长到 2019 年的 1.34 亿吨、1.47 亿吨和 8114 万吨。④ 全球粮食库存从 1990 年的 4.3 亿吨增长到 2018 年的 9.3 亿吨，库存与消费比处于高安全状态，国际粮食市场总体供大于求。此外，粮食生产的增长潜力依然巨大。据经济合作与发展组织测算，未来十

---

① 赵亚琪：《国际粮食市场波动对我国的影响》，《中国经贸导刊（中）》2019 年第 9 期，第 86 页。
② The World Bank, "Joint Statement on COVID-19 Impacts on Food Security and Nutrition," https://www.worldbank.org/en/news/statement/2020/04/21/joint-statement-on-covid-19-impacts-on-food-security-and-nutrition.
③ 张秀青：《全球粮食市场形势、异动风险及应对措施——基于保障国家粮食安全的国际视角分析》，《经济理论与实践》2020 年第 5 期，第 4 页。
④ 颜波、陈玉中、姜明伦、曾伟：《全球粮食供求形势分析》，《中国粮食经济》2020 年第 3 期，第 69 页。

年，全球谷物年产量将达到34.6亿吨，较2018年水平增长14%。[①] 这说明，虽然全球粮食生产仍不平衡，但并不存在总体供给问题。正如当前国家内部的粮食不安全主要是收入不平等造成的，国际上的粮食不安全主要在于部分国家的发展水平较低、缺乏国际购买力。

五 结论

过去四十年来，粮食安全的概念不断发展，从粮食生产和贸易领域出发并不断拓宽，在标准上从"吃饱"变为"健康营养"，在侧重点上从保障粮食生产和价格稳定转变为保障消费者的购买力。在新冠肺炎疫情蔓延的背景下，粮食安全的需求侧属性更是空前凸显。纵向上，全球粮食治理组织以此为契机，进一步将改善粮食安全推进到保障贫困人口参与粮食政策制定；横向上，粮食安全的"非粮食侧面"也更受关注，与卫生、环境、交通运输等领域的关系更加密切。目前，疫情对全球粮食生产的冲击已趋于平息，生产链条扰乱而导致的供应短缺在大部分地区已经得到克服，但是需求侧的粮食安全风险仍伴随着全球经济加速衰退而加剧。这一风险不仅存在于"传统的"粮食危机地区，也存在于新兴市场国家和发达国家。现代社会的粮食安全必须同时建立在发达的农业生产、先进的社会服务和公平的收入分配基础上，也只有这样才能妥善应对新冠肺炎疫情带来的综合挑战。

参考文献

颜波、陈玉中、姜明伦、曾伟：《全球粮食供求形势分析》，《中国粮食经济》2020年第3期。

张秀青：《全球粮食市场形势、异动风险及应对措施——基于保障国家粮食安全

[①] 张秀青：《全球粮食市场形势、异动风险及应对措施——基于保障国家粮食安全的国际视角分析》，《经济理论与实践》2020年第5期，第6页。

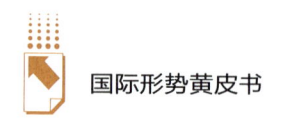

的国际视角分析》,《经济理论与实践》2020年第5期。

赵亚琪:《国际粮食市场波动对我国的影响》,《中国经贸导刊（中）》2020年第9期。

Commodity Policy and Projections Service Commodities and Trade Division, *Trade Reforms and Food Security: Conceptualizing the Linkages*, Rome: The Food and Agriculture Organization of the United States, 2003.

FAO, IFAD, UNICEF, WFP and WHO,*The State of Food Security and Nutrition in the World: Transforming Food Systems for Affordable Healthy Diets*, Rome: Food and Agriculture Organization of the United Nations, 2020.

Global Network Against Food Crises and Food Security Information Network, *Global Report on Food Crises 2020: Joint Analysis for Better Decision*, New York: United Nations, 2020.

High Level Panel of Experts on Food Security and Nutrition, *Food Security and Nutrition: Building a Global Narrative towards 2030*, Rome: Committee on World Food Security, 2020.

The Food and Agriculture Organization of the United Nations, *The State of Food Insecurity in the World 2001*, Rome: Food and Agriculture Organization of the United Nations.

The Integrated Food Security Phase Classification (IPC) Global Partners, *Integrated Food Security Phase Classification: Technical Manual Version 1.1*, Rome: The Food and Agriculture Organization of the United Nations, 2008.

The Integrated Food Security Phase Classification (IPC) Global Partners, *Integrated Food Security Phase Classification: Technical Manual Version 3.0*, Rome: The Food and Agriculture Organization of the United Nations, 2019.

United Nations, *Report of the World Food Conference, Rome, 5-16 November 1974*, New York: United Nations, 1975.

World Bank, *Poverty and Hunger: Issue and Options for Food Security in Developing Countries*, Washington, D.C.: The World Bank, 1986.

Y.13
疫情下的政治思潮

田 旭[*]

摘 要： 近年来，各类思潮相互激荡的速度和烈度有所上升。新冠肺炎疫情加速了国际力量格局演变，各国风格迥异的抗疫模式凸显了各国内部不同观点的交锋以及国家之间的意识形态差异。疫情下的政治思潮呈现三方面特征：首先，逆全球化挑战日益加大，对长期作为西方主流政策范式的自由主义思潮造成冲击，并激化了右翼民粹主义思潮；其次，在民族主义的助推下，自由主义与保守主义分道扬镳，各类思潮发展出现极端化势头；最后，不同抗疫模式凸显意识形态对立，催生对国家、社会和公民关系的新思考。如何超越意识形态对立，破解全球四大赤字，是人类面临的共同挑战。

关键词： 新冠肺炎疫情 自由主义 保守主义 民族主义 逆全球化

在世界百年未有之大变局之下，各类政治思潮相互激荡。2020年以来，持续弥散的全球疫情不仅对人们的身心健康、经济收入和生活方式造成了明显影响，还成为部分国家和地区矛盾升级的导火索。在大变局和大疫情的双重叠加下，国际社会的舆论导向和思想潮流出现了一些较为明显的变化，推动公众重新反思全球化和逆全球化、个人与国家、政府与市场间关系等议题。

---

[*] 田旭，博士，中国社会科学院世界经济与政治研究所国际政治经济学研究室助理研究员，主要研究方向为国际政治经济学、政治学理论。

本文尝试以自由主义和保守主义这两个主要思潮为线索，通过分析它们近年来的演进和遭受的挑战，对当前国际社会的思想发展状况进行梳理，并分析这些变化对大国关系、全球治理和国家治理等可能产生的影响。

一　政治思潮：概念和特征

对政治思潮做准确定义并非易事。在西方（特别是美欧）政治学传统中，对政治观点和理念的研究主要涉及意识形态（ideology）、政治哲学（political philosophy）、政治理论（political theory），很难找到与政治思潮直接对应的概念。相较于意识形态，思潮凸显了特定历史时期的各类社会矛盾运动及影响。徐大同对政治思潮的界定凸显了这一特征："在特定历史条件下形成的，具有共同政治倾向和较为广泛影响的重大政治思想潮流。"[①] 相较于政治理论和政治哲学，政治思潮更为强调实践性，即意在对政治进程施加影响。政治思潮既是特定历史时期社会矛盾运动的产物，又意在通过诉诸政治实践来影响历史发展进程。本文将政治思潮界定为在一定的历史时期中形成的，具有较为广泛认同基础的，对主流政治价值观加以批判或发展的，通过政党政治诉诸实践的，对政治和社会生活产生广泛且深刻影响的观念和主张。从这个界定可以看出，政治思潮的兴起与发展既可能只集中于某个国家或地区，也可能扩散至全球，这取决于国家层面的矛盾运动与国际层面的矛盾运动是否一致。

思潮的形成与发展固然会受到突发事件的影响，但究其根本，还是一个长期量变积累而导致质变的过程。同时，重大全球性事件对政治思潮的影响往往具有两面性：既可能增强其影响力，也可能使其加速衰败。自2008年国际金融危机起，全球化和逆全球化这对矛盾运动愈演愈烈，国际政治思潮开始发生较为明显的变化。欧洲债务危机、难民危机和英国脱欧等事件标志着欧洲区域内部矛盾激化和右翼民粹主义的复起，欧洲一体化进程出现停滞甚至倒退。而美国自特朗普执政以来单边主义盛行，推行贸易保护主义，接连

[①] 徐大同主编《20世纪西方政治思潮》，天津人民出版社，1991，第3页。

退出国际多边机制和协定，凸显了美国国内社会矛盾的变化及其对国际社会的影响。这些现象表明，长期作为西方主流政策范式的自由主义思潮正在遭受重大冲击，而其在思想领域留出的空白则很快被保守主义、民族主义和国家主义等其他思潮所占据。疫情在全球范围的持续蔓延使国际合作陷入失序甚至被部分国家搁置，这不仅进一步激化了右翼民粹主义思潮，还触发了新一轮的社会保守主义思潮。综合这些因素，本文尝试以自由主义和保守主义这两个近年来，特别是在疫情之下发生较大变化的主流政治思潮为主线，并辅以对民粹主义、民族主义、国家主义和逆全球化运动的分析，来系统分析支撑自由主义和保守主义发展的国内和国际矛盾运动，以期对当前国际主流思想有较为系统且深入的把握。

二　逆全球化阴影下的自由主义

自由主义是当前分支最多、流传最广且最具影响力的意识形态。自由主义的不同流派[①]往往存在诉求差异：经济自由主义意在限制政府对经济活动的干预，强调自由市场的自我调节作用；政治自由主义将个人自由和平等视作价值核心，支持福利政策和"有为"政府。这些差异所反映的是自由主义思潮背后的历史矛盾运动。

20世纪是自由主义的世纪，自由主义逐步从一种英美地方性意识形态演变为世界范围的主导性思想，而随着经济全球化的加速发展，自由主义作为支撑经济全球化和政治民主化的观念体系，在国家和国际两个层面的治理逻辑也出现了新的动向。然而，自2008年国际金融危机爆发以来，倡导自由化、去管制和私有化的新自由主义思潮在各国和国际上受到越来越多的质疑。国际秩序演进与国内政治变化相互影响，特别是当霸权国的国内政策进行调

---

① 根据自由主义的演进历程，其内部逐渐发展出古典自由主义、新自由主义和新古典自由主义等流派；根据在经济和政治等领域的主要诉求，自由主义又可细分为经济自由主义和政治自由主义等分支。不同学者对这些流派的界定和使用往往并不十分清晰。

整时，其所倡导的自由主义国际秩序也会发生相应变化[①]，因此，我们需要从国家治理和全球治理两个维度来分析当前世界正在经历的这一变化。

在国家治理层面，自由主义仍然在欧美国家占据思想界的主导地位。经济上，美欧推动自由化改革的进程逐渐显露出实用主义色彩。特朗普执政以来自比里根，以重振美国全球竞争力为导向，推行《减税与就业法案》，废除奥巴马政府时期制定的医保政策和《多德－弗兰克华尔街改革与消费者保护法》，以及复兴制造业，旨在通过大规模减税和创造更多工作岗位等手段来改善居民收入分配，激发经济活力。美国的国内经济政策既强调市场的主导地位，又试图通过国家干预来保护社会，展现出一种更加务实的新自由主义色彩。美国税法改革也带动了英国、法国、澳大利亚、日本等国加快自身税改的步伐。同时，欧洲国家在金融危机和欧债危机后并不拘泥于自由派经济理论，而是通过加强财政纪律、推进优化政府开支和压缩财政赤字等改革措施来应对欧洲经济面临的诸多不确定性。

政治上，美欧自由民主制的近期发展偏离了初衷，自身内在矛盾逐渐暴露。自由民主制在冷战结束后成为国家建设的"样板"，福山甚至断言"历史的终结"。然而，第三波民主化的退潮以及"阿拉伯之春"的凋零都预示着自由民主在全球高歌猛进的时代已一去不返。自美国2016年大选以来，美国选举政治的弊端开始显现，政党极化现象越发明显。两党政纲的高度异质化凸显了当前美国社会的观念和利益分歧，这无疑与意在凝聚不同族群间广泛共识的自由主义"初心"背道而驰，国家利益被解构为对立的"部落化"利益。欧洲经济一体化进程受阻以及欧盟成员国政党政治的包容性下降同样不容忽视。英国脱欧引发了部分成员国疑欧主义情绪进一步上升，"多速欧洲"加剧边缘成员国离心倾向。穆斯林移民融合难题和难民危机进一步催生了欧洲右翼民粹主义，绿党的迅速崛起也挑战了欧洲传统的政治生态。这些都使本就

[①] 黄琪轩认为，领导国是国际秩序的发起者、推动者与受益者，领导国的国内经济秩序调整会带动全球经济治理体系结构调整，并促成国际经济新秩序的产生。参见黄琪轩《国际秩序始于国内——领导国的国内经济秩序调整与国际经济秩序变迁》，《国际政治科学》2018年第4期。

危机重重的欧洲一体化进程雪上加霜。

在全球治理层面，自由主义国际秩序遭遇逆全球化挑战，区域和全球合作进展缓慢。根据彼得森国际经济研究所（PIIE）发布的全球化指数，全球化进程自金融危机起持续受挫。[1]特朗普政府的对外政策与自由主义精神相背离，单边主义和贸易保护主义借"美国优先"卷土重来，对经济全球化造成巨大挑战。英国经济政策研究中心（CEPR）全球贸易预警数据库的统计数据显示，2018年全球累计出台1694项保护主义政策措施，创历史新高，其中美国出台238项为世界之最。[2]美国主动挑起贸易摩擦、退出《跨太平洋伙伴关系协定》（TPP）、与加拿大和墨西哥新签《美墨加协定》并设置带有明显排他性的"毒丸条款"、阻挠WTO上诉机构的正常运行等行为都在无视自由贸易基本理念。此外，美国还宣布退出联合国教科文组织和联合国人权理事会等国际组织，以及《巴黎协定》和"伊核协议"等多边协定，表明美国正在走向自由国际主义的对立面。随着美国提供国际公共产品的意愿降低，全球化进程受阻，自由主义国际秩序在当前面临巨大压力。英国脱欧虽非意在抛弃自由主义理念，但英国既想享有单一市场好处，又试图把控贸易政策自主权的做法在客观上对自由贸易环境造成了冲击。如科尔根和基欧汉指出，英美国内的利益分化和政治极化已危及自由国际秩序，若主流政党不即刻采取实质性的补救措施，现有的自由国际秩序将会陷入衰败。[3]

相较英美，欧盟机构和成员国仍然表现出推进全球合作和维护多边主义的坚定决心。多边主义是欧盟赖以生存和发展的基本价值理念，尽管欧洲的一体化进程目前不容乐观，但欧洲反复强调多边机制对解决全球问题的重要性。在美国践行单边主义和保护主义政策的过程中，欧盟成为第一个提出WTO改革系统方案的成员。欧盟委员会于2018年7月5日发布了"欧盟的WTO现代化提案"，并积极与加拿大、日本、澳大利亚等贸易大国保持密切

---

[1] Douglas A. Irwin, "Globalization is in Retreat for the First Time since the Second World War," April 23, 2020, https://www.piie.com/research/piie-charts/globalization-retreat-first-time-second-world-war.

[2] "Global Trade Alert Database," http://www.globaltradealert.org.

[3] Jeff D. Colgan and Robert O. Keohane. "The Liberal Order is Rigged: Fix it Now or Watch it Wither", *Foreign Affairs*, Vol.96, No. 3, 2017, pp. 36-44.

磋商，对WTO改革议程起到了引领作用，还联合多方设立临时上诉仲裁安排。在美国威胁退出《巴黎协定》后，欧盟与中国共同重申在2015年《巴黎协定》下所做的承诺，同意加强合作，推进协定实施。近期，在美国的强大压力下，欧盟在对待"伊核协议"上的坚定态度同样体现了其坚持通过多边方式来解决全球性问题的决心。

全球化和逆全球化之间的矛盾在疫情暴发之前就已激化，而至今仍未得到有效控制的疫情不仅暴露了大部分发达经济体的国家治理体系和能力存在缺陷，还凸显了全球公共卫生治理合作的缺失和治理机制存在的不足。一方面，尽管部分欧美国家在疫情期间使用纾困工具直接向民众发放补助，反映出政府对社会基本公正的关注，但抗疫政策的摇摆不定暴露了它们的治理体系和能力在应对突发公共卫生事件上的内在缺陷。政府对不同层面利益的权衡超过了对民众健康的关切，最终导致在控制疫情和开放经济之间犹豫不决，出现了"布里丹毛驴效应"，造成疫情失控并拖累经济复苏。

另一方面，疫情助推逆全球化思潮发展，对自由国际秩序产生了负面影响。逆全球化的鼓吹者认为经济全球化加剧了全球收入不平等，大部分人不仅没有享受到全球化带来的好处，反而因病毒、污染和恐怖主义的跨国传播而活得更糟，疫情正好为这一观点提供了鲜活的素材。商品和人员的跨国流动在疫情期间受阻，客观推动了全球产业链的重组，甚至"脱钩"。同时，世界卫生组织的工作遭到了特朗普政府的公然抵制，而欧盟在疫情初期缺乏协调公共卫生资源的能力，造成成员国各自为政的混乱局面，都为区域和国际合作蒙上阴影。

令自由主义者略感欣慰的是，在欧洲疫情逐步得到控制的同时，欧盟国家历史性地达成了总额为7500亿欧元的经济复苏基金，初步构筑了欧盟共同的财政和信用基础。这是欧盟一体化在遭受多重挫折之后取得的重大突破，展现了欧盟的韧性以及未来一体化进程的积极前景。总之，尽管疫情对自由主义思潮的全面影响仍然有待观察与评估，但在短期之内，疫情还是为逆全球化浪潮提供了发展空间，自由主义的未来难言平顺。

通过以上分析可以看出，自由主义思潮在当前仍然重视国内政治经济自由化，但在推进全球化进程上已渐显疲态。这一问题的根源其实并非来自外部，而是在于自由主义自身的两面性。在逻辑关系上，自由国际秩序的建构动力主要来自霸权国国内政治需求，自由主义外交政策从属且滞后于国内政治变化。在价值观念上，自由主义在国家治理上仍在尽力平衡"政府－市场"这一组核心矛盾，而自由主义国际秩序的演进却过于"自由"，甚至发展出帝国主义形态并与世界主义价值观相背离。资本跨国自由流动实际上扩大而非缩小了全球和部分国家的贫富差距，而全球层面再分配机制的缺失使得这一进程必然不可持续。杨光斌尖锐地将自由主义的这一两面性描述为"资本主义在国内表现为自由主义，而民族－国家固有的'民族主义'性质决定了以国家为单元的自由主义在对外关系上必然是自由帝国主义"[1]。这么看来，自由主义遭遇逆全球化浪潮的侵袭并非未可预知。

从另一个角度看，随着主要西方国家和国际组织向发展中国家输出自由主义价值观力度减弱，以及大多数发展中国家已逐渐清醒地认识到自由主义的缺陷，发展中国家进行市场化改革的内外部压力较过去有所降低。这既是发展中国家探索符合自身国情的发展道路的机遇所在，又可能造成改革进程因缺乏足够压力而导致"自由"不足的问题。在此背景下，如何在坚定自身发展道路的基础上提出一套更具包容性的全球治理新理念，不仅是中国国家治理体系和治理能力现代化的基本方向，更是世界政治发展的关键议题。

三　与民族主义交织的保守主义

与自由主义和社会主义等主题鲜明且自成体系的社会思潮相比，保守主义是一种依赖于现实情境的思潮，其主要内容往往集中于对特定时期的社会状况所发生变化的反思与回应，带有鲜明的时代特征，因而对其界定需要借助一定的社会背景和其所"保守"的对象。保守主义缺乏一个使之区别于其他思想的，类似于"自由"和"社会"等基础概念的"定泊之锚"，因而缺

---

[1] 杨光斌：《政治思潮：世界政治变迁的一种研究单元》，《世界经济与政治》2019年第9期，第29页。

乏思想上的连贯性与自足性。但从"保守－激进"这组对立概念出发，不难将其直观地理解为对激进社会思想和政治行为的天然抗拒和抵制，是"刺激－回应"逻辑中的一种应激反应。例如，塞缪尔·亨廷顿就认为，保守主义缺乏实质理想和具体政治组织形式，它唯一且真正的敌人就是激进主义。[①] 针对不同的社会现象，保守主义发展出经济保守主义和文化保守主义等诸多流派[②]。值得注意的是，尽管保守主义思潮在全球范围内的发展带有明显的区域和国别特征，但其所带来的影响并非仅局限于各个国家或地区内部，而是外溢至全球，并彼此影响，这种共振对国际环境和局势所造成的影响不容小觑。

近年来，在民族主义情绪上升的背景下，全球政治生态的保守化倾向越发明晰：特朗普政府强调保护主义以及美国优先；欧洲难民危机催生社会保守心态，助推英国脱欧；再加上"伊斯兰文化优越论"和"印度文化优越论"等民族主义思潮在各自区域内获得越来越大的社会影响力，国际社会被推向进一步保守化的方向。

茶党的崛起标志着美国保守主义涨潮，而特朗普就任总统更是将保守主义推向了一个新的高度。以"让美国再次伟大"和"美国优先"为主线的特朗普政府执政理念在整体上与帕特里克·布坎南等倡导的传统保守主义（paleo-conservatism）立场较为接近，其目的就在于维护美国的霸权地位。传统保守主义对内主张国家干预市场、倡导产业政策、重申传统基督教文化、限制移民；对外坚持孤立主义，主张美国放弃多边机制。在外交政策上，美国对自身联盟体系战略的调整，以及前文所提到的退出多边机制等行为都凸显了美国在当前阶段的保守态度。在国内政策上，首先，特朗普力推制造业回流，强调对本国产品与服务市场的保护，以及限制本国技术向外转移等一系列做法展现了较强的经济民族主义理念。其次，美国宗教保守主义在近年有所回潮，并以堕胎权和同性恋婚姻等议题为抓手，尝试主动依附于政治权

---

① 关于保守主义的情景式定义，参见 Samuel P. Huntington, "Conservatism as an Ideology", *American Political Science Review*, Vol.51, No. 2, 1957, pp. 454-473。
② 保守主义诸流派所"保守"的对象并不一致，因而流派之间并不共享一套逻辑体系。例如，美国保守主义在二战之后发展出传统保守主义、新保守主义、反共保守主义、宗教保守主义以及文化保守主义等诉求相异的诸多形态。

利来重新获得政治影响力。最后，保守主义还激发了逆向身份政治的觉醒。相关话语利用美国白人男性工人阶级的被剥夺感，使这一社会多数群体诉诸身份政治的逻辑，进行了带有种族主义和民粹主义色彩的集体反抗，巩固了特朗普的选民基础。

相较于美国保守主义的迅速发展，欧洲的保守主义势力正在与自由主义和进步主义思潮进行拉锯战。首先，随着欧洲右翼民粹主义政治力量集体崛起，保守与进步两股势力呈现此消彼长之势。在欧债危机和中东难民问题对欧洲民众生活造成切实且负面的影响下，民族主义逐渐与右翼民粹主义纠缠在一起，部分民众的观念由进步转向保守，孤立与排外情绪开始显现，民粹主义政党支持率和政治影响力迅速上升。其次，欧洲国家对待先进科技的态度普遍较为保守。欧盟国家数字政策普遍受保护主义影响而较为审慎，欧洲数字产业发展缺乏实质性的进步。尽管冯德莱恩领导的新一届欧盟委员会将数字化列为六大工作目标之一，但欧盟对规则而非技术的过分强调，显现出欧洲国家对待数字科技的保守态度。最后，英国脱欧标志着欧洲保守主义复苏。英国是欧洲保守主义的主要阵地。受欧债危机和难民浪潮等因素刺激，英国国内社会矛盾以及英欧潜在矛盾被激化，最终选择保守自身政治利益而离开欧盟。

在其他部分国家和地区，保守观念与本土政治经济发展和文化传统的互动催生了新的保守主义思潮，其中部分保守观念与宗教诉求相结合，展现为激进的复古主义。俄罗斯近期对外政策体现出一种保守爱国主义色彩，这既是对激进自由主义改革的被动反应，也是对自身历史定位和发展模式的再反思。通过在格鲁吉亚和乌克兰问题上与西方对抗，以及强势介入叙利亚问题，普京不仅在国际上展示了自身强硬态度，还对内巩固了自身权威。自莫迪执政以来，印度政治和社会的民族主义转型进程加快，印度教民族主义高涨。2019年12月，印度上下两院通过《公民身份修正法案》，排除所有信仰伊斯兰教的穆斯林获得合法公民身份的可能，引发了大规模社会骚乱，凸显了印度宗教势力与保守派结合产生的一种排他性思潮。阿拉伯世界的宗教保守主义势力回潮同样值得关注。"阿拉伯之春"后，被旧政权长期压制的宗教

势力成为第一批崛起的力量，引发了世俗势力和宗教势力的相互倾轧。在也门、叙利亚和伊拉克等一些国家，伊斯兰宗教势力在政治上的影响力相对上升。而"伊斯兰国"等极端势力的崛起更是宗教保守主义激进发展传递出的一个危险信号。

疫情并非保守主义思潮在全球范围内回潮的根源，但加剧了部分国家政策的保守化趋势，为保守主义和民族主义走向极端创造了空间。第一，疫情造成全球供应链、产业链和价值链断裂，客观上促进了经济民族主义发展。疫情后，战略自主性将可能成为重组供应链的首要考量。尽管全球化进程不会停止，但全球商业、金融和治理秩序无法回归原有轨道。从长远来看，越来越多的跨国公司可能会选择支付高昂成本来重构其供应链的弹性和安全性，使供应链变得更短，更接近最终市场，从而降低对外部的依赖性。第二，族群问题在疫情期间恶化。欧美国家的一些政府官员持续对疫情进行污名化攻击和政治化解读，实则是向中国"甩锅"，试图用种族主义话语来遮盖自身的政治意图。同时，与其说"弗洛伊德事件"显示了美国政府在处理族群问题上的缺陷，不如说特朗普执政以来保守主义的发展加剧了族群矛盾，对本就紧张的族群关系造成了额外压力。第三，疫情暴露了欧盟内部的结构性问题，为保守主义的深入发展提供了空间。疫情暴发初期，欧盟成员各自为政，政策协调程度远低于外界预期，凸显了欧盟在应对集体危机上的权威缺失。尽管之后欧盟达成了复苏基金等一揽子经济振兴计划，但在疫情初期埋下的保守思潮的种子不会轻易消失，疑欧主义和民粹主义将在未来较长一段时间内持续影响欧洲团结和稳定。

值得注意的是，在选举民主体制下，民族主义作为一种能够简单高效凝聚共识的动员工具，可以与绝大多数意识形态相结合，并在话语构建中始终占据有利的位置。然而，若缺乏"政治正确"等进步价值的钳制，民族主义话语将可能滑向自身的阴暗面，唤醒种族主义等被视为禁忌的极端思想，将社会重新带回种族冲突的黑暗时代。而保守主义对"政治正确"的攻击正好替民族主义解下了进步精神的枷锁，将右翼民粹主义推向极端。这么看来，与三K党有着相似特征的极右翼团体"骄傲男孩"（proud boys）在美国出现和壮大就不令人费解了。总之，在当前的逆全球化浪潮中，保守主义和民族主义相互纠缠呼应，并很有可能走向极端。

四 小结

近年来，各类思潮相互激荡的速度和烈度有所上升。疫情加速了国际力量格局演变，为重新思考个人、社群和国家之间的关系提供了机会。各国风格迥异的抗疫模式凸显了各国内部不同观点的交锋以及国家之间的意识形态差异。总的来看，疫情下的政治思潮具有如下特征。

首先，逆全球化挑战日益加大，全球化和区域化面临调整。全球化是一个兼具正面、负面效益的进程，全球化的负面作用催生了全球治理。疫情凸显了全球化可能造成的问题以及当前全球治理存在的明显赤字。全球抗疫进程缺乏有效沟通与协作，国际组织治理能力缺位。这些现象在为逆全球化的发展提供空间的同时，挤压了占主导地位的自由主义的话语空间。逆全球化浪潮下，全球经济在一定程度上"脱钩"的可能性上升，而经济民族主义将经济问题安全化，进而造成的意识形态"脱钩"则更需警惕。

其次，在民族主义的助推下，思潮发展出现极端化势头。在之前的很长一段时间内，保守主义是以维护自由和秩序为核心目标的，自由主义与保守主义之间并非剑拔弩张的对立关系。但保守主义在与民族主义结合的过程中逐渐极端化，原属于保守主义的审慎主张受到排斥。同时，民族主义也利用选举制度设计，迫使自由主义弱化或放弃进步理念，并逐步掏空自由的内核，使民主民粹化。疫情期间欧美国家出现的反权威、反科学、反精英现象就是思潮走向极端的表现。思潮的极端化放大了不同意识形态之间的差异，进而压缩了理性对话的空间，进一步增加国际合作的阻力。

最后，不同抗疫模式凸显意识形态差异，催生对国家、社会和公民关系的新思考。不同国家在抗击疫情时采取不同方式的意识形态渊源可追溯至"紧密社会"（tight society）和"松散社会"（loose society）的文化差异①，其核心在于如何理解个人与共同体之间的关系。坚持个人权利优先的自由主义很难接受国家和政府采取的长期强制性禁令，是造成部分国家疫情不断扩散反复的重要原因；而强调社群共善和公共利益的观念对公共权威则更为包容，东亚儒家文化圈的疫情控制相对较好就是例证。随着世界经济重心由西向东转移，思潮发展向东看的势头也已显现，因而也就不难理解美欧为何将意识形态视为大国博弈的重要领域。

世界主要思潮的此消彼长说明，"文明冲突"的幽灵从未远离，丹尼尔·贝尔断言的"意识形态的终结"已出现逆转，而福山的"历史终结"②则遥遥无期。在自由主义影响力下降、保守主义极端化的情况下，思潮越来越显现出区域性特色，全球主义的美好愿景似乎与我们越来越远。在此背景下，习近平总书记提出构建人类命运共同体，为超越意识形态对立，破解全球四大赤字贡献了中国智慧和中国方案。世界历史发展将往何处去暂且未知，但抗疫进展或许已经揭开了答案的一部分。

参考文献

黄琪轩：《国际秩序始于国内——领导国的国内经济秩序调整与国际经济秩序变迁》，《国际政治科学》2018年第4期。

徐大同主编《20世纪西方政治思潮》，天津人民出版社，1991。

杨光斌：《政治思潮：世界政治变迁的一种研究单元》，《世界经济与政治》2019年第9期。

Freeden, M., Sargent, L. T., & Stears, M. (Eds.), *The Oxford Handbook of Political*

[①] 美国马里兰大学教授米歇尔·盖尔芬德认为，诸如中国、新加坡和奥地利之类的紧密型社会更重视规则。而美国、意大利和巴西等国盛行的则是松散文化，更重视自由，通常规则更弱。疫情后，这两种文化之间的冲突与碰撞日益凸显。

[②] 尽管福山在《政治秩序的起源》中修正了自身理论，试图用国家治理能力、负责政府和法治这三大支柱来对选举民主制度进行完善和补充，但归根结底他依旧相信历史将终结于自由民主。

Ideologies, Oxford University Press, 2013.

Jeff D. Colgan and Robert O. Keohane, "The Liberal Order is Rigged: Fix it Now or Watch it Wither", *Foreign Affairs*, Vol.96, No. 3, 2017.

Samuel P. Huntington, "Conservatism as an Ideology", *American Political Science Review*, Vol.51, No. 2, 1957.

国际关系研究与智库

International Relations Theories and International Think Tanks

Y.14 国际智库研究综述（2019~2020）

杨 原[*]

摘 要： 2019~2020 年，国际形势和全球挑战日趋严峻。中美关系并未因 2019 年底达成第一阶段贸易谈判协议而实现缓和，相反因新冠肺炎疫情冲击而在 2020 年加速恶化。2020 年是美国总统大选年，大选进程和结果受到举世关注，而新冠肺炎疫情的暴发又为美国大选本身增加了极大的不确定性。军控与战略稳定性、俄罗斯与西方关系、公共卫生治理、气候变化、网络安全等国际和全球性问题，同样在不同程度上受到疫情的影响，使原本就很棘手的挑战变得更加复杂。面对这些新形势新变化，各国智库和研究机构均

---

[*] 杨原，政治学博士，中国社会科学院世界经济与政治研究所国际政治理论研究室主任，副研究员，主要研究领域为国际安全理论。

给予了密切关注并提出了自己的分析和建议。为追踪国际高水平智库在相关议题上的最新研究动态，更全面地认识相关热点问题，本文以《全球智库报告2019》中排名靠前的国际顶级智库为考察对象，对其在近一年来发表的相关研究成果进行了梳理。

关键词：新冠肺炎疫情　中美关系　美国大选　战略稳定性　公共卫生治理

2019年12月，中美贸易谈判达成第一阶段协议。就在人们认为长达近两年的中美贸易摩擦以及由此带来的大国关系紧张将由此转向缓和之际，2020年初突然暴发的新冠肺炎疫情又以一种超乎想象的方式将中美关系直接引向冷战（甚至热战）的边缘。疫情一方面加速了中美实力转移的进程，另一方面加剧了中美的冲突和对抗，这两方面因素共同作用，进一步将中美关系凸显为国际政治的焦点议题。疫情还对国际社会的其他诸多方面产生了重大影响。2020年是美国总统大选年，大选进程和结果受到举世关注，而疫情的暴发又为美国大选本身增加了极大的不确定性。军控与战略稳定性、俄罗斯与西方关系、公共卫生治理、气候变化、网络安全等国际和全球性问题，同样在不同程度上受到疫情的影响，使原本就很棘手的挑战变得更加复杂。

这些日趋复杂化的国际挑战也正是国际智库关注的重点议题。为及时掌握国际顶尖智库在重大热点问题上的立场和观点，追踪了解战略界的思想动态和分析思路，本文根据2020年1月美国宾夕法尼亚大学"智库与公民社会项目"（TTCSP）发布的《全球智库报告2019》[1]，选取排名靠前的国际顶级智库发布的相关研究报告和评论，对其观点进行梳理和总结。文章第一部分回顾这些智库对中美关系（包括疫情对中美总体关系的影响、中美经贸关系和中美安全关系）的代表性研究成果和观点，第二部分梳理对美国大选、军控与战略稳定性、俄罗斯与西方关系等国际安全热点问题的相关评论，第三部分

---

[1] James G. McGann, "2019 Global Go to Think Tank Index Report," Think Tanks and Civil Societies Program at University of Pennsylvania, https://repository.upenn.edu/think_tanks/17.

关注各智库在公共卫生治理、气候变化、网络安全等全球性问题上的看法，第四部分是结论。

一 中美关系

（一）中美总体关系

2019年的中美关系继续向竞争方向发展。为更准确地理解中美关系变化背后的实力对比趋势，美国战略与国际问题研究中心于当年10月发布了一份题为《中国和美国：合作、竞争和/或冲突》的研究报告，通过详细梳理中美两国及其他相关国家和国际组织的官方文件，探讨中国作为全球超级大国的崛起及其与美国的竞争。报告指出，各方文件尽管在细节上存在分歧，但大体一致地认为，中国的经济、技术基础和军事力量发展速度非常快，其与区域和全球的经济和军事联系日益重要。中国已经是一个真正的经济超级大国，资源不断增长，技术基础不断增强。中国的军事结构正在发展到可以与美国相比或与之竞争的地步，至少在亚洲是这样。如果保持目前的趋势，中国在未来20年内将赶上或超过美国的经济和军事实力。[1]

2020年突如其来的全球范围的疫情给包括中美两国在内的国际社会带来了巨大的健康、经济和社会危机，同时也加剧了原本已经恶化的中美关系。为转移矛盾和推卸责任，美国和西方有声音主张加快与中国的脱钩。英国查塔姆研究所所长罗宾·尼布雷特（Robin Niblett）指出了这种做法的危险性。他认为，有意识地将美国与中国经济脱钩，将使疫情时代复苏更加困难。中国已经占世界GDP的近20%，但与2008年全球金融危机不同的是，目前的中国正迅速成为全球领先的消费市场。在后疫情时代，如果脱离接触成为主导性的跨大西洋政策，不仅会分裂欧洲和美国，而且会制造一个所有人都不愿见到的自我实现的预言：在美、中、欧必须携手合作的时代，原本可能成

---

[1] Anthony H. Cordesman, "China and the United States: Cooperation, Competition, and/or Conflict", Center for Strategic and International Studies, October 1, 2019, https://www.csis.org/analysis/china-and-united-states-cooperation-competition-andor-conflict.

为伙伴的中国真的变成了美欧的对手。①

关于中美关系的长期发展趋势，美国兰德公司2020年7月发布了一份题为《中国的大战略：趋势、发展轨迹和长期竞争》的研究报告，分析了30年后中国可能的发展状况以及美国的应对策略。报告认为，到2050年，中国存在胜利、崛起、停滞和崩溃四种可能的情境。其中第一种和第四种都不太可能，因为一方面从现在到2050年中国不可能一点危机或者挫折都不经受；另一方面中国领导人已经证明，他们善于组织和规划并克服危机，并善于适应不断变化的形势。尽管如此，报告认为，对美国来说，立足于应对一个胜利或者崛起的中国是最为谨慎的做法，因为这些情境符合当前的发展趋势，并且对美军来说也最具挑战性。②

（二）中美经贸关系

2019年12月13日，中美宣布达成贸易谈判第一阶段协议。彼得森国际经济研究所查德·鲍恩（Chad P. Bown）对达成第一阶段协议的影响进行了分析。他认为，第一阶段协议的一个最重要的影响是，美国对从中国进口商品征收高关税将成为常态。即使协议生效后，特朗普政府的关税仍将覆盖美国从中国进口的近2/3的商品，美国将从中国进口商品的平均关税提高到19.3%，而贸易摩擦开始前的关税水平仅为3.0%。中国方面，在协议生效后，同样会有56.7%的从美国进口商品仍将被征收报复性关税。鲍恩认为，锁定高关税这一常态是特朗普政府第一阶段谈判的一项主要成就，第二阶段能否取得新的进展则取决于谁将于2021年入主白宫。③

2020年疫情暴发以来，特朗普政府对中国采取了一系列强硬行动，中美

---

① Robin Niblett, "Avoiding a Virus-Induced Cold War with China," Chatham House, April 17, 2020, https://www.chathamhouse.org/expert/comment/avoiding-virus-induced-cold-war-china.
② Andrew Scobell et al., "China's Grand Strategy: Trends, Trajectories, and Long-Term Competition," RAND Corporation, July 24, 2020, https://www.rand.org/pubs/research_reports/RR2798.html.
③ Chad P. Bown, "Phase One China Deal: Steep Tariffs are the New Normal", Peterson Institute for International Economics, December 19, 2019, https://www.piie.com/blogs/trade-and-investment-policy-watch/phase-one-china-deal-steep-tariffs-are-new-normal.

关系几乎呈"自由落体式"下降。但作为中美经贸关系核心的第一阶段贸易协议仍在实施中,贸易谈判似乎是目前中美之间为数不多的开放渠道之一。战略与国际问题研究中心克莱尔·里德(Claire Reade)认为,中美双方的政策行动正在冲击双边关系并有可能形成一股破坏性的"飓风",但现有迹象表明,至少到2020年底,两国的贸易关系有望在飓风眼中保持平静。由于第一阶段贸易协议的价值在于提振美国金融市场,并增加主要面向"红色"国家的农产品出口,特朗普将有意愿在贸易政策领域保持一定的克制,包括不放弃第一阶段协议,以便至少在选举期间保护这些利益。而如果第一阶段协议夭折,特朗普将很难为此前漫长的贸易摩擦所带来的痛苦辩解。[1]

特朗普政府长期以来都在寻求减少对中国商品的依赖,减少双边赤字,特朗普本人也在采访中明确威胁要"切断与中国的全部关系"。但卡内基国际和平基金会2020年6月的一份政策评论认为,至少从目前来看,中美脱钩并不是一个必然趋势。贸易摩擦以来,中国增加了与世界其他国家的贸易,以抵消对美出口的损失。中国出口市场的多样化和中美双边贸易的减少表明,经济正在出现某种程度的脱钩。但由于目前的脱钩和供应链重组在很大程度上由政治和安全力量所驱动,与成本压力和比较优势等强大的经济力量相抵触,因此企业将抵制这些举措。事实上,美国商会5月的调查显示,在疫情期间,只有2%的受访者考虑在未来3~5年退出中国市场,只有4%的受访者考虑将部分或全部制造业迁出中国。[2]

(三)中美安全关系

2020年6月,英国国际战略研究所发布了《亚太地区安全评估2020》研

---

[1] Claire Reade, "Trade May Still be the Ballast in U.S.-China Relations—At Least for Now", Center for Strategic and International Studies, August 10, 2020, https://www.csis.org/analysis/trade-may-still-be-ballast-us-china-relations-least-now.

[2] Yukon Huang and Jeremy Smith, "Why US-China Supply Chain Decoupling Will be More of a Whimper than a Bang?", Carnegie Endowment for International Peace, June 30, 2020, https://carnegieendowment.org/2020/06/29/why-u.s.-china-supply-chain-decoupling-will-be-more-of-whimper-than-bang-pub-82206.

究报告，报告认为，在媒体将注意力更多地聚焦于中美经贸争端的同时，两国在安全领域也日益暴露出深刻的分歧，尤其在南海和台湾问题上。未来几年中美之间爆发军事危机的风险将继续增加。面对中美之间不断升级的竞争，地区国家普遍担心公开支持美国立场会导致与中国的对立，同时对中美日益紧张局势的安全和经济后果表示关切，支持多边合作以及呼吁加强区域国家间安全合作。报告认为，结构性因素是中美关系恶化的基础，双方的政策正在"加剧猜疑，加剧紧张局势"。不过，军事对抗并非不可避免：更有效的对话机制，再加上"改进的风险降低和危机规避措施"，将使中美两国能够更好地管理双方的竞争。[1]

2020 年 8 月，美国国防部部长埃斯珀（Mark Esper）访问帕劳和关岛，兰德公司高级防务分析师德里克·格罗斯曼（Derek Grossman）对此分析认为，美国正在提升第二岛链国家和领土在美国地缘战略中的价值排序。他指出，随着中美大国竞争的不断加剧，华盛顿对北京的军事投射能力，特别是其常规弹道导弹和巡航导弹能力越来越感到不安，中国导弹现在已有能力使第一岛链饱和，并日益威胁到美国在第二岛链的军事地位。因此，美国势必强化其在第二岛链的防御态势，以支持第一岛链战区的联合行动，包括在台湾海峡、东海和南海。为了实现这一目的，美国几乎肯定会寻求加强与第二岛链太平洋岛国的安全合作，并加强其在该地区领土上的防御部署。[2]

在处理与中国的安全关系问题上，美国的同盟体系无疑扮演着重要角色。国际战略研究所高级研究员法布里斯·波提耶（Fabrice Pothier）撰文分析了北约在应对中国日益增长的军事、经济和技术力量方面可以和应当采取的行动。他认为，北约应大幅提升与日本和澳大利亚等印太伙伴的合作力度，与这两个关键伙伴就印太问题进行定期磋商。同时，北约在进行防务规划和

---

[1] Tim Huxley and Lynn Kuok, "An Introduction to Asia-Pacific Regional Security", International Institute for Strategic Studies, June 5, 2020, https://www.iiss.org/blogs/analysis/2020/06/rsa-2020-introduction.

[2] Derek Grossman, "America is Betting Big on the Second Island Chain", RAND Corporation, September 8, 2020, https://www.rand.org/blog/2020/09/america-is-betting-big-on-the-second-island-chain.html.

制定安全战略时应更充分地考虑中国因素,在地中海、北大西洋和北极地区等关键地区的存在和活动应该充分考虑中国,而不仅仅是俄罗斯。此外,中国必须成为北约与欧盟磋商中更为核心的议题,只关注俄罗斯和欧洲防务问题的做法是错误的。欧盟最近调整了对华政策,采取了更为坚定的立场,这种做法值得北约借鉴。[1]

二 国际热点问题

(一)美国大选

2020年是四年一次的美国大选年,与此前的每一次一样,2020年大选同样受到美国和全世界的高度关注。为深入了解美国选民对国家经济现状的实际看法和他们的政策偏好,美国进步中心于2019年12月开展了一项全国性民意调查。调查结果显示,尽管在一些指标上存在一些矛盾的舆论趋势和明显的党派分歧,但在2020年大选之前,美国选民在许多方面存在共识。选民普遍希望政府更加注重为国家繁荣创造条件,确保中产阶级和工人阶级家庭更加安全并获得更多的经济机会。为此,选民希望医疗保障更实惠、更容易获得,希望税收更加公平,最重要的,希望政府和领导人把普通选民的经济需求置于最富有和最有权势的人的利益之上。美国进步中心的评论认为,两党竞选人都应充分重视多数选民的上述关切。[2]

查塔姆研究所研究员布鲁斯·斯托克斯(Bruce Stokes)认为,2020年美国大选的结果主要由国内因素决定。考虑到美国选民的情绪,如果特朗普连任,除了支持对中国采取强硬路线外,公众对政府采取更加积极和合作的

---

[1] Fabrice Pothier, "How Should NATO Respond to China's Growing Power?", International Institute for Strategic Studies, September 12, 2019, https://www.iiss.org/blogs/analysis/2019/09/nato-respond-china-power.

[2] John Halpin, Karl Agne and Nisha Jain, "America Decides: How Voters Think about the Economy, Government, and Poverty Ahead of the 2020 Election", Center for American Progress, December 5, 2019, https://www.americanprogress.org/issues/politics-and-elections/reports/2019/12/05/478144/america-decides.

外交政策的压力将微乎其微,而如果拜登获胜,则将在一定程度上加大重新参与国际议题的比重。但根据民意数据,选民们无疑更希望下一任美国总统首先关注国内问题:消除新冠肺炎疫情、使国家走出经济深渊、平息种族紧张局势和扭转不平等。选举的结果有可能会停止美国近期采取的对抗性外交政策,并减缓美国国际形象的恶化速度。但是,由于选民的首要关切是国内问题,因此无论谁当选,美国政府短期内都有很大可能将精力和重心放在与国际社会的重新接触上。①

受疫情影响,2020年美国大选将有可能大规模通过邮寄选票这种缺席投票方式进行。但包括现任总统特朗普在内的很多人都对这种投票方式的安全性和公正性提出了担忧。美国传统基金会的一篇评论指出,如果以邮寄选票方式投票而候选人得票形势又势均力敌,那么很可能需要数周时间才能知道总统大选的最终结果。由于这种投票形式和过程显而易见的不确定性,投票的任何结果都有可能引起某一竞选方的质疑,并引发关于大选结果的旷日持久的诉讼。如果真是如此,美国将有可能陷入宪政危机甚至诱发社会动荡。该评论认为,为了从根本上规避这种可怕情形的出现,应当抵制全邮件选举或大幅度增加缺席选票的做法,同时取消对这种投票方式的保护性规定。②

(二)军控与战略稳定性

美国导弹防御系统部署一直是影响大国战略稳定性的争议性问题,对中美安全关系构成了日益严重的挑战。卡内基国际和平基金会的一份评论指出,中美两国在各自的相关技术能力和政策意图方面存在很大的模糊性和信息不对称,这使得两国对美国发展和部署导弹防御系统背后的动机存在认知差距,

---

① Bruce Stokes, "US Electorate Shows Distrust of the Realities of Foreign Policy", Chatham House, September 4, 2020, https://www.chathamhouse.org/expert/comment/us-electorate-shows-distrust-realities-foreign-policy.

② Hans A. von Spakovsky, "Expect Chaos for the November Election", Heritage Foundation, September 7, 2020, https://www.heritage.org/election-integrity/commentary/expect-chaos-the-november-election.

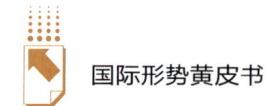

这构成了两国在导弹防御系统问题上分歧严重且缺乏战略互信的主要原因。该评论认为，为尽可能减少这种不信任，美国方面应该从技术和作战可行性的角度更清楚地区分战略和战区导弹防御系统，同时帮助中国政策界更好地了解美国国内有关导弹防御政策的辩论。此外，美国政府还应考虑与中国就不首先使用核武器达成相互谅解，以减少中国对美国发展导弹防御系统是为了对中国实施核打击的担忧。①

疫情使得核不扩散条约 2020 年审议大会推迟举行，以便于各国将主要精力和资源集中于应对疫情上。查塔姆研究所的安娜·阿莱克桑德鲁（Ana Alecsandru）对此发表评论认为，当世界的焦点聚焦于其他方面时，不能忽视拥有核武器的国家之间的持续紧张局势。目前美国提出的核武器谈判倡议是将原来的美俄双边谈判扩展为包括中国的三边军控谈判。这一倡议遭到中国的反对。历史经验也表明，将中、法、英乃至印度、巴基斯坦、以色列和朝鲜等其他有核国家的核武库纳入谈判议程的做法尽管在原则上受到普遍认同，但真正达成可行机制的难度非常大。如果乔·拜登赢得美国总统大选，他有可能寻求延长新的《削减战略武器条约》，也可能放弃退出《开放天空条约》。②

2019 年 8 月，美国宣布退出《中导条约》，由此引发国际社会对战略稳定性和防扩散前景的广泛忧虑。2020 年 6 月，国际战略研究所发布研究报告，讨论了"后《中导条约》时代"亚太地区的军控形势和前景。该报告指出，《中导条约》废除后，亚太地区越发迫切地需要建立新的军控机制，而特朗普政府提出的在亚太地区部署陆基中程导弹的政策正在严重阻碍这一目标的实现，该政策不但不能说服中国参与三边军控谈判，反而会增加战略风险，增

---

① Tong Zhao, "Narrowing the U.S.-China Gap on Missile Defense: How to Help Forestall a Nuclear Arms Race", Carnegie Endowment for International Peace, June 29, 2020, https://carnegietsinghua.org/2020/06/29/narrowing-u.s.-china-gap-on-missile-defense-how-to-help-forestall-nuclear-arms-race-pub-82120.
② Ana Alecsandru, "Nuclear Tensions must not be Sidelined during Coronavirus", Chatham House, May 1, 2020, https://www.chathamhouse.org/expert/comment/nuclear-tensions-must-not-be-sidelined-during-coronavirus.

加美国与澳大利亚、日本和韩国等亚太盟国的安全分歧，并促使中俄进一步加强军事合作。该报告认为，一个更具建设性的做法是，美国以多边方式推动正式的区域军控对话，并在初始阶段侧重于建立信任和降低战略风险，为达成长期的军控机制奠定基础。[1]

（三）俄罗斯与西方关系

在中美战略竞争日趋激烈的形势下，如何处理与俄罗斯的关系也逐渐成为西方战略界争论的一个焦点问题。一部分西方分析人士主张尽快改善美俄、欧俄关系，而传统基金会的一篇评论则代表了保守派的观点。该评论认为，在俄罗斯满足8个具体条件之前，美国不应支持其重新加入八国集团（G8），这8个条件包括：全面恢复乌克兰的国际公认领土，对乌克兰给予经济赔偿，释放自2014年以来被关押的所有乌克兰政治犯，正式向克里米亚鞑靼人道歉，承认对2014年7月MH17航班坠毁事件负责，完全遵守2008年与格鲁吉亚签署的六点停火协定，结束对叙利亚总统阿萨德的支持，停止干涉美国及其盟友的国内选举。总之，俄罗斯只有在证明自己是负责任的国际行为体之后，才能重新加入G8。[2]

伍德罗·威尔逊国际学者中心的伊利娅·库沙（Iliya Kusa）认为，自2014年乌克兰危机以来西方对俄罗斯实施的制裁并没有对俄罗斯经济造成足够的损害，也没有改变俄罗斯的行为，相反，俄罗斯仍然在实施冒险主义活动破坏乌克兰的稳定。西方制裁的失败源于其自身的几个重要缺陷：一是各种制裁大多没有覆盖整个目标行业，因此它们的影响是局部的；二是俄罗斯政府已经找到了多种规避制裁的方法；三是随着时间推移，欧洲各国政府对制裁的热情在工业游说团体、商界和贸易商的压力下逐渐减弱，这使得欧盟

---

[1] Tanya Ogilvie-White, "Post-INF Arms Control in the Asia-Pacific: Political Viability and Implementation Challenges", International Institute for Strategic Studies, June 30, 2020, https://www.iiss.org/blogs/research-paper/2020/06/post-inf-arms-control-asia-pacific.

[2] Luke Coffey and Alexis Mrachek, "Eight Things Russia must Do before Being Allowed to Rejoin the G7", Heritage Foundation, June 11, 2020, https://www.heritage.org/defense/report/eight-things-russia-must-do-being-allowed-rejoin-the-g7.

越来越难以维持原有的制裁形式。库沙认为，西方对俄罗斯制裁的失败反映出，在惩罚某些违反国际法的国家并强迫它们改变行为时，目前的国际体系相当薄弱。①

战略与国际问题研究中心的朱迪斯·特威格（Judyth Twigg）分析了疫情期间美国和俄罗斯政府做法的异同。他指出，尽管美俄两国的疫情形势存在许多相似之处，但在应对疫情成效方面却存在明显差异：美国疫情的扩散速度、感染和死亡人数均远远超过俄罗斯。美国应对疫情的失败根源于其政府功能的失调，包括以反复出现的混乱和不连贯为特征的领导权的丧失、应对措施的极端政治化、政体的严重分裂和毒化及其对社会团结空间的挤占，以及卫生系统的支离破碎。而在俄罗斯，政府功能并没有失调到如此程度。这种差异传达了一个令西方沮丧的信息：尽管俄罗斯有许多缺点，但它在疫情期间的表现超过了美国，这向那些相信美国价值观及其韧性的人揭示了一些令人深感不安的事实。②

三 全球性和新兴安全问题

（一）新冠肺炎疫情与公共卫生治理

疫情对全球各个领域都产生了巨大的负面影响，也对更有效的全球治理提出了新的紧迫的挑战。对此，彼得森国际经济研究所的莫里斯·奥布斯特菲尔德（Maurice Obstfeld）和亚当·波森（Adam S. Posen）撰文提出，二十国集团（G20）应当并且可以发挥更积极的作用。2008年全球金融危机爆发后，G20领导人峰会所达成的重要协议加快了全球经济触底反弹的速度。而当前疫情使各国经济和人民生活陷入瘫痪，使人们对医疗开支和公共卫生合

---

① Iliya Kusa, "Sanctions Against Russia: Rethinking the West's Approach", FKA Woodrow Wilson International Center for Scholars, August 13, 2020, https://www.wilsoncenter.org/blog-post/sanctions-against-russia-rethinking-wests-approach.

② Judyth Twigg, "Trump and Putin's Pandemic Duet: Trump's America is Far More out of Tune", Center for Strategic and International Studies, August 21, 2020, https://www.csis.org/analysis/trump-and-putins-pandemic-duet-trumps-america-far-more-out-tune.

作的需求急剧增加，这为 G20 发挥作用提供了新的现实基础。在此次危机中，G20 及其他国际经济合作组织至少可以发挥四个方面的作用：通过透明的同行压力提高国内对最佳做法的遵守、停止金融恐慌、防止相互经济侵略使危机恶化以及帮助贫困人群度过危机。[1]

比利时布鲁盖尔研究所的艾丽西亚·加西亚-赫雷罗（Alicia García-Herrero）分析了疫情对新兴经济体经济形势的影响。她在 2020 年 6 月的一篇评论中指出，疫情在巴西、俄罗斯、印度等国的快速传播表明，第三波大流行正在向新兴国家蔓延。受其影响，新兴经济体逐渐向更严格的流动限制迈进，流动性不足将对经济前景构成显著压力。根据国际货币基金组织的预测，2020 年新兴国家将进入 -1% 的衰退期，这可能比 2008 年全球金融危机的后果还要严重。除了疫情，新兴经济体还同时受到全球油价暴跌的叠加影响，这极大地压低了新兴石油出口国的外部收入和财政收入。除此之外，鉴于新兴市场对外部融资的依赖性以及无法发行硬通货，疫情的迅速蔓延带来的全球避险情绪的突然增强，还将增加新兴市场的融资成本。[2]

疫情不仅影响经济，同时也不可避免地会影响地缘政治。国际战略研究所的一份评论认为，至少在印度-太平洋地区，新冠肺炎疫情将加速而不是取代现有的地缘政治趋势。这些趋势包括：中美竞争加剧、弱国更多依赖中国、力量对比进一步向中国倾斜以及中等大国在维护权力平衡方面发挥更大作用。不过，该评论也指出，疫情是影响印太地缘政治格局的一个重要因素，但并不是唯一的因素，甚至不是最重要的因素，更为关键的因素仍然是中国在南海和其他地方的行为以及美国作为盟友和伙伴的可靠性。对美国来说，

---

[1] Maurice Obstfeld and Adam S. Posen, "The G20 not only Should but Can be Meaningfully Useful to Recovery from the COVID-19 Pandemic", Peterson Institute for International Economics, April 13, 2020, https://www.piie.com/blogs/realtime-economic-issues-watch/g20-not-only-should-can-be-meaningfully-useful-recovery-covid.

[2] Alicia García-Herrero, "Covid-19 and Emerging Economies: What to Expect in the Short- and Medium-Term", Bruegel, June 3, 2020, https://www.bruegel.org/2020/06/covid-19-and-emerging-economies-what-to-expect-in-the-short-and-medium-term/.

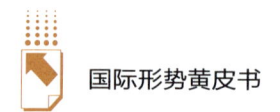

一个重要考验是它是否有能力将与中国的这场竞争框定为一场不是为了遏制中国而是为了支持自由开放的印太关系的竞赛，后者将使盟国和伙伴更容易就共同愿景达成共识。①

（二）气候变化

疫情对气候变化同样产生了深刻的影响。法国国际关系研究所能源与气候研究中心主任马克-安托万·艾尔-马泽加（Marc-Antoine Eyl-Mazzega）认为，从短期看，疫情会显著抑制全球范围的生产活动和人员物资流动，这会导致温室气体排放量的明显下降。但从长期来看，疫情有可能加重气候变化问题。这首先是因为石油等化石能源价格同样也受到疫情影响，这会刺激能源结构重新向化石能源倾斜从而加大碳排放。其次，疫情所带来的经济和社会危机会极大地增加社会和民众对尽快恢复经济的迫切需求，从而削弱削减碳排放的相关努力的合法性。例如，特朗普就已经明确表示，为复苏经济，可以放松对相关政策的环境监管。经济复苏和延缓气候变化之间的斗争将进一步加剧社会的分裂。②

气候变化还正在对当下的人类生命安全造成直接危害。美国进步中心2020年6月的一项研究指出，在美国，热浪造成的死亡人数比其他任何与天气有关的事件都要多。随着气候变化加剧，热浪灾害将更频繁和更强烈，如果不采取进一步行动减少温室气体排放，预计到21世纪中叶，每年平均气温超过华氏105度的天数将增加四倍。气候模型表明，在高排放情境下，2031~2050年美国与高温有关的死亡人数将比1971~2000年多57%。在极端高温下，死亡风险最大的是低收入社区、部落社区和有色人种社区，他们同样也是这次疫情中受冲击最大的人群。系统性种族主义与环境和公共卫生方面

---

① Lynn Kuok, "Will COVID-19 Change the Geopolitics of the Indo-Pacific?", International Institute for Strategic Studies, June 4, 2020, https://www.iiss.org/blogs/analysis/2020/06/geopolitics-covid-19-indo-pacific.

② Marc-Antoine Eyl-Mazzega, "Energy, Climate and the Covid-19 Shocks: Double or Quits", French Institute of International Relations, April 2020, https://www.ifri.org/en/publications/editoriaux-de-lifri/edito-energie/energy-climate-and-covid-19-shocks-double-or-quits.

的不公正现象在气候灾害和公共卫生危机叠加背景下正在被进一步放大。①

气候变化与使用化石能源的碳排放密切相关，因此许多声音呼吁从化石燃料中撤出投资并将其转移到可再生能源领域，认为这样将有助于抑制碳排放。威尔逊国际学者中心的一篇评论驳斥了这种观点。该评论认为，化石能源占能源总产出的比例固然是导致气候变化的重要原因，但影响气候及环境变化的更关键症结在于如何使用能源。即使使用的是100%清洁的能源，而如果我们用其砍伐更多的森林，建设更多的肉食农场，扩大工业农业规模，将制造同样甚至更多的温室气体。因此，治理气候变化，仅仅依靠撤资缩小化石能源产出是不够的，必须仔细研究重新定位融资的直接和间接影响，密切注意防止意外和外溢效应，并努力从根本上重新调整我们的社会和经济体系。②

（三）人工智能与网络安全

人工智能的发展除了给军事及社会其他领域的技术层面带来革命性影响之外，还在深刻影响着与之相关的文化和价值观。兰德公司高级防务分析师玛塔·凯普（Marta Kepe）撰文指出，人工智能和自动技术有可能导致军事作为一种职业以及与之相关联的价值观发生前所未有的转变。科技将进一步拉远人类与战场的距离，降低人类在战争决策中的主导地位。一些研究表明，使用人工智能或自主技术的人在做出涉及道德考虑、自我控制或同理心的决策时自身能力会下降，并更愿意将决策委托给机器。随着人类决策参与减少以及越来越远离直接的生命危险，军事工作有可能越来越不被视为一种能够体现责任、勇气和荣誉的职业。这种军事文化的转变将对军队作战能力产生

---

① Elise Gout and Cathleen Kelly, "Extreme Heat During the COVID-19 Pandemic Amplifies Racial and Economic Inequities", Center for American Progress, June 29, 2020, https://www.americanprogress.org/issues/green/news/2020/06/29/486959/extreme-heat-covid-19-pandemic-amplifies-racial-economic-inequities/.

② Kate Neville, "Divesting Won't be Enough to Achieve Climate Justice", FKA Woodrow Wilson International Center for Scholars, July 14, 2020, https://www.newsecuritybeat.org/2020/07/divesting-wont-achieve-climate-justice/.

负面影响。①

网络安全治理离不开良好的网络规范。卡内基国际和平基金会2020年发布的一份研究报告讨论了制约网络安全规范有效性的原因及可能的应对方法。该报告指出，导致现有网络安全规范碎片化、缺乏效力的原因，一是发展和使用网络能力的门槛低，从而造成了严重的多利益相关者合作问题；二是国家行为缺乏透明度，无法判断规范遵守情况；三是大国之间缺乏有效合作来应对这一全球公共政策挑战；四是缺乏明确的激励机制将规范内化。该报告建议，要克服上述缺陷，各国应重点研究具体的网络规范，明确其与网络空间实际行为的一致性以及与现有协议之间的潜在差距，同时建立全球共享的网络流程数据库，以提高网络行为透明度，同时研究设置一系列激励措施，以促进规范的采纳和实施。②

在网络安全日益受到国际社会广泛关注的时候，也有少部分分析人士反思我们对网络安全认知的准确性。战略与国际问题研究中心高级副总裁兼技术政策项目总监詹姆斯·安德鲁·刘易斯（James Andrew Lewis）认为，人们有可能夸大了网络安全问题的严重性。他指出，网络安全问题很难构成能够导致大规模伤亡和破坏的灾难，这是因为，网络攻击需要很高的组织和技术技能，例如需要计划和侦察以发现漏洞，然后获取或开发攻击工具，为了确保攻击效果，往往需要同时攻击多个目标，这对大多数潜在供给者来说都存在很高的技术和资源门槛。此外，网络攻击通常缺乏直接的物质回报，却极可能招致大规模报复。总之，非国家行为体和大多数国家都缺乏发动能造成物理破坏的网络攻击的能力和动机。③

---

① Marta Kepe, "Considering Military Culture and Values When Adopting AI", RAND Corporation, June 22, 2020, https://www.rand.org/blog/2020/06/considering-military-culture-and-values-when-adopting.html.

② Christian Ruhl, Duncan Hollis, Wyatt Hoffman and Tim Maurer, "Cyberspace and Geopolitics: Assessing Global Cybersecurity Norm Processes at a Crossroads", Carnegie Endowment for International Peace, February 26, 2020, https://carnegieendowment.org/2020/02/26/cyberspace-and-geopolitics-assessing-global-cybersecurity-norm-processes-at-crossroads-pub-81110.

③ James Andrew Lewis, "Dismissing Cyber Catastrophe", Center for Strategic and International Studies, August 17, 2020, https://www.csis.org/analysis/dismissing-cyber-catastrophe.

四 总结

回顾过去一年国际顶尖智库在上述重要领域的相关研究，我们可以较为清晰地提炼出三个关键词。一是疫情。新冠肺炎疫情的影响是全方位的，这一点从上述梳理中可以明显看出。无论是中美关系的加速恶化、美国大选有可能出现的宪政危机，还是防扩散条约审议会议的延期，甚至是气候治理与经济发展之间矛盾的尖锐化，都与疫情的全球蔓延有着直接或间接的关系。从某种意义上讲，2020年的世界已经被新冠肺炎疫情所重塑。二是中美关系。世界正经历百年未有之大变局，其中一个重要变化就是以中国为代表的东方的发展和以美国为代表的西方的相对衰落。这种力量格局的"东升西降"将中美两国日益推向国际政治舞台的中心，中美矛盾也正在成为国际政治的主要矛盾。展望未来，国际社会的关注点将会更加向中美两国聚焦，中美关系将在更大程度上影响国际政治的各个维度。三是反思。在这个变化之快超乎想象的时代，或许是由于预测未来正变得更加困难，智库研究者们开始不自觉地将更多的精力用于反思，例如反思西方与俄罗斯的关系、反思减少化石能源投资对气候治理的效用、反思网络攻击的危害，等等。其中的某些观点并不一定完全正确，但的确反映了国际高水平智库面对热点问题时的冷静思考，值得我们参考和进一步反思。

参考文献

Andrew Scobell et al., "China's Grand Strategy: Trends, Trajectories, and Long-Term Competition", RAND Corporation, July 24, 2020.

Anthony H. Cordesman, "China and the United States: Cooperation, Competition, and/or Conflict", Center for Strategic and International Studies, October 1, 2019.

Chad P. Bown, "Phase One China Deal: Steep Tariffs are the New Normal",

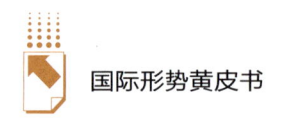

Peterson Institute for International Economics, December 19, 2019.

Hans A. von Spakovsky, "Expect Chaos for the November Election", Heritage Foundation, September 7, 2020.

James Andrew Lewis, "Dismissing Cyber Catastrophe", Center for Strategic and International Studies, August 17, 2020.

Kate Neville, "Divesting Won't be Enough to Achieve Climate Justice", FKA Woodrow Wilson International Center for Scholars, July 14, 2020.

Luke Coffey and Alexis Mrachek, "Eight Things Russia Must Do before Being Allowed to Rejoin the G7", Heritage Foundation, June 11, 2020.

Maurice Obstfeld and Adam S. Posen, "The G20 not only Should but Can be Meaningfully Useful to Recovery from the COVID-19 Pandemic", Peterson Institute for International Economics, April 13, 2020.

Tong Zhao, "Narrowing the U.S.-China Gap on Missile Defense: How to Help Forestall a Nuclear Arms Race", Carnegie Endowment for International Peace, June 29, 2020.

Y.15
国际关系研究的热点与新进展
（2019~2020）

袁正清 董贺*

摘 要： 本报告浏览了一年以来国外主流国际关系研究期刊上所发表的文章，并择其部分具有代表性的文献进行评述，以此把握当前国际关系研究的热点与新的进展。目前国际学界对于国际关系的研究出现了若干新动向，包括对传统理论和核心概念的再思考，更加关注国际组织本身及其内部结构，就新冠肺炎疫情对全球治理和世界格局的影响进行考察，以具体国家为视角分析和把握印太地区形势，以及对中国的发展战略和中美战略竞争问题进一步深入研究等。这些新的热点与趋势值得国内学界关注。

关键词： 传统理论 合法性 新冠肺炎疫情 印太地区 中美战略竞争

一 国际关系理论

长期以来，国际关系并没有特定的研究方法，而是与政治学、社会学和经济学等其他社会科学共享同样的方法体系，这使得其独立学科地位备受质疑。为确定国际关系的研究领域和范式，进而巩固学科地位，学者们从多

---

* 袁正清，中国社会科学院世界经济与政治研究所研究员；董贺，暨南大学国际关系学院讲师。

元化的视野对国际关系理论进行了反思，不仅包括对一些重要概念的重新解读，也涉及对新旧理论的比较与再思考。[1] 一些学者挑战了学科内原有的固定认知，并在此基础上对一些传统理论和概念进行了引申。里卡多·维拉纽瓦（Ricardo Villanueva）以诺曼·安吉尔（Norman Angell）关于帝国主义的理论为基础，提出在"第一次大辩论"之前，国际关系理论界已经发生了一场重要的知识竞赛。[2] 其观点挑战了"第一次大辩论"发生于理想主义和现实主义之间的传统叙事，也揭示了马克思主义在国际关系学科的初始阶段所体现的价值和意义。

斯特凡诺·古齐尼（Stefano Guzzini）将当前国际关系学科的困境称为国际关系的多重"焦虑"（anxieties），包括学科的从属性、内容的碎片化、方法的多样性以及实践和观察性知识的混合构成。[3] 他认为，学界应当接受这些焦虑，并将其作为整合知识、完善理论的重要契机，从哲学、解释和实践三个主要的理论领域去巩固国际关系的学科基础。通过对摩根索（Hans Morgenthau）权力理论的分析和批判，古齐尼强调了哲学、解释和实践领域的联结在理论研究中的必要性，倡导学者们应将国际关系学科作为三个领域交会的特定场域，通过理论化为不同领域提供多层面联系。肖恩·莫洛伊（Seán Molloy）则考察了摩根索通过对政府权力特别是对美国外交的批判，行使理论家学术自由权利和义务的具体实践，从另一个角度肯定了摩根索在国

---

[1] Lin Alexandra Mortensgaard, "Contesting Frames and (De)Securitizing Schemas: Bridging the Copenhagen School's Framework and Framing Theory", *International Studies Review*, Vol. 22, No. 1, 2020, pp. 140-166; Martin Weber, "The Normative Grammar of Relational Analysis: Recognition Theory's Contribution to Understanding Short-Comings in IR's Relational Turn", *International Studies Quarterly*, Vol. 64, No. 3, 2020, pp. 641-648; Sasikumar S. Sundaram, "The Practices of Evaluating Entitlements: Rethinking 'Reputation' in International Politics", *International Studies Quarterly*, Vol. 64, No. 3, 2020, pp. 657-668; Mario Telò, "Building a Common Language in Pluralist International Relations Theories", *The Chinese Journal of International Politics*, Vol. 13, No. 3, 2020, pp. 455-483.

[2] Ricardo Villanueva, "How Norman Angell Reveals the Significance of Marxism and Socialism in Early IR and a Debate before the 'First Great Debate'", *International Studies Review*, Vol. 22, No. 3, 2020, pp. 441-463.

[3] Stefano Guzzini, "Embrace IR Anxieties (or, Morgenthau's Approach to Power, and the Challenge of Combining the Three Domains of IR Theorizing)", *International Studies Review*, Vol. 22, No.2, 2020, pp. 268-288.

际关系理论和实践的发展中起到的关键性作用。[1] 对摩根索而言，包含不同意见且健康的辩论是真正民主的特征，监督和约束政府践行真正的民主是理论家在社会中的核心职责。从摩根索的经历来看，他与政治精英之间的冲突证明了理论家能够有效利用学术自由，通过适度且明智的批评以反对政府的政策。莫洛伊认为，摩根索的思想和理论为探究国际关系的自反性（reflexivity）本质提供了极具价值的洞察，有益于推进当前学科内的相关讨论。

国际关系研究中通常以西方与东方或西方与非西方对世界进行二元分类，这种分类既体现在理论体系的建构中，也体现在对本体概念的认知当中。克里斯托弗·穆雷（Christopher Murray）指出，这种分类代表了一种根据帝国想象划分世界的方式，为地方普遍主义和权力结构提供了依据，导致许多反欧洲中心主义学者利用这种分类为西方人和非西方人之间固定的认知差异提供佐证。[2] 穆雷以杜波依斯（WEB Du Bois）和弗朗茨·法农（Frantz Fanon）的思想为基础，对基于帝国主义的世界划分方式提出了批判。杜波依斯和法农都意识到，政治的种族和文化基础会复制帝国秩序，进而为西方/非西方本体论提供潜在的替代品，使得很难从根本上改变这种分类。穆雷认为应该建立一个"后帝国主义"（post-imperial）的范式，以提出不同于殖民帝国将世界划分为不同人类能力和思维领域的分类方式。对帝国在当今知识生产中的遗留问题进行思考，有助于为世界政治和社会探究提供更具历史性和关系性的分析路径。

在西方和非西方二元分类的长期影响下，国际关系学科因将西方核心国家以外的国家和社会边缘化而受到越来越多的批评。"全球国际关系学"（Global IR）的提出为弥合西方与其他国家之间的分歧，从而发展更具包容性的国际关系学科，并重新认识其多元化、多样化基础提供了方向。同时，学界还出现了一种在国家或地区基础上发展理论或学派的趋势，比如"中国

---

[1] Seán Molloy, "Realism and Reflexivity: Morgenthau, Academic Freedom and Dissent", *European Journal of International Relations*, Vol. 26, No. 2, pp. 321-343.

[2] Christopher Murray, "Imperial Dialectics and Epistemic Mapping: From Decolonisation to Anti-Eurocentric IR", *European Journal of International Relations*, Vol. 26, No. 2, pp. 419-442.

学派""英国学派""法国学派""哥本哈根学派"等。通过考察秦亚青的"关系理论"、赵汀阳的"天下观"以及阎学通的"道义现实主义"等中国的理论构想,阿米塔夫·阿查亚(Amitav Acharya)指出,对于中国国内外的许多学者来说,各种中国路径之间的关系以及它们对国际关系领域的总体贡献尚不清晰,需要进一步明确并突出它们在国际关系研究中的重要价值。[1]基于全球国际关系学的主要框架[2],阿查亚认为,中国的国际关系理论总体上与全球国际关系学达成了一致,但在扩展现存的国际关系理论体系、联结各地区、地区主义和区域研究,以及避免文化例外主义方面仍然面临挑战。这需要中国的学者们提供更令人信服的证据,以证明他们提出的概念和解释能够适用于其他社会和更普遍的国际关系中。此外,中国路径的发展还需要在世界范围内吸引大量的追随者,促进其他学者(特别是年轻学者)的研究议程,并与官方的政策框架保持距离。

尽管当前中国国际关系理论的发展面临诸多挑战,但阿查亚强调,不论源于西方还是非西方,也不论背衬怎样的国家或地区优势,新理论的发展必然面临挑战。中国的学界对于国际关系理论不仅有着多元化的理解,其中主要学者的思想也有潜力传播到中国和东亚范围之外,对其他国家和地区产生影响,为全球国际关系学的发展以及国际关系的全球化做出更大的贡献。

二 国际组织

近年来,世界形势和国际格局的变化对国际组织产生了极大的影响。国际社会既存在对于国际组织效力的普遍质疑,又寄希望于国际组织能够在全

---

[1] Amitav Acharya, "From Heaven to Earth: 'Cultural Idealism' and 'Moral Realism' as Chinese Contributions to Global International Relations", *The Chinese Journal of International Politics*, Vol. 12, No.4, 2019, pp. 467-494.
[2] 全球国际关系学的主要元素包括:第一,接受"多元普遍主义"(pluralistic universalism);第二,立足世界/全球历史;第三,扩展而非取代现有的国际关系理论和方法;第四,整合各种地区(regions)、各种地区主义(regionalism)和区域(area)研究;第五,避免文化例外主义;第六,扩大施动性(agency)的来源和形式。

球治理中发挥更大的作用。学者们的研究重点从对国际组织的整体性和外部性认知逐渐转向国际组织本身或其内部的具体领域。

在既有的国际组织研究中,学者们倾向于假定国际制度及其组织实体在面对环境变化时相对鲁棒(robust),因而很少消亡。因此,尽管学界针对国际组织的创立、设计、效力和寿命提供了一套完整的解释,但尚未系统地讨论国际组织终止存在的情况。学者们普遍认为,国际组织会不断地产生不合意愿的甚至是自我挫败的结果,但并不会受到惩罚,更毋须解散。就此,梅特·艾尔斯特鲁普-圣乔瓦尼(Mette Eilstrup-Sangiovanni)提出了不同的观点。[①] 她通过对 1815~2015 年所有政府间国际组织的功能、成员和地理范围的分析得出,自 1815 年以来创立的组织中有超过 1/3 已经消失了,其中许多组织在其成立后的几十年内就消失了。这一发现并不能否定现有的"制度鲁棒性"(institutional robustness)理论,但证明政府间国际组织总体上有着很高的消亡率;各国往往更倾向于建立新的政府间国际组织,而不是改革现有的组织;拥有庞大而多样化的成员与更高的组织生存力相关。这意味着国际组织既不像已有研究中普遍假定的那样具有较强的鲁棒性,也并非很多现实主义者认为的那么脆弱和短暂。根据其结论,原有的理论需要根据更广泛的案例进行测试和完善,才能更好地把握国际组织的存续。

合法性(legitimacy)是国际组织在世界政治中发挥作用的核心。尽管各国近十几年来赋予了国际组织更多的政治权限,希望它们能够帮助解决各国面临的紧迫问题并形成实践,但国际组织履行其职责的长期能力取决于其在政府和公民眼中的合法性。因此,越来越多的学者围绕国际组织如何获取、维持和失去合法性的相关问题展开研究。大多数关于国际组织合法性和正当性的分析都侧重于外部受众的看法,而不考虑国际组织的自我合法化(self-legitimation)。通过这种内部的合法化,国际组织能够发展并强化自身的身份,而这种身份通常是多重且相互冲突的。莎拉·冯·比勒贝克(Sarah von

---

[①] Mette Eilstrup-Sangiovanni, "Death of International Organizations. The Organizational Ecology of Intergovernmental Organizations, 1815-2015", *The Review of International Organizations*, Vol. 15, No. 2, 2020, pp. 339-370.

Billerbeck）以联合国、北大西洋公约组织（NATO）和世界银行为案例，考察了三个组织的自我合法化，提出了一种新的自我合法化理论。[1] 这三个组织都是规范和执行的主体，同时既是依赖于会员的机构，也是具有独立专长和能力的自治机构。这些身份有时会导向相互矛盾的目标和实践，迫使组织违反某一身份的原则和行动，使得合法化趋向复杂。通过田野调查并借鉴一系列学科的内容，比勒贝克得出，自我合法化的需求取决于组织身份凝聚的程度和身份等级，在组织的运行过程中，自我合法化存在三种类型的具体实践，对于组织本身有着至关重要的影响。对于学者和决策者来说，自我合法化作为国际组织的组成性活性（constitutive activity），是观察和分析国际组织的重要切入点，有利于从身份维度丰富对于国际组织的认知与理解。

地区组织是国际组织领域的另一个研究重点。这方面的研究不仅包括对于欧盟、东盟等代表性地区组织的具体分析[2]，也包括关于地区组织自身运行机制以及成员和组织间互动模式的探讨。戴安娜·潘克（Diana Panke）考察了1945~2015年的76个地区组织，这些组织平均具备约11个不同政策领域的能力。[3] 研究发现了两个明显的趋势：第一，伴随时间的推移，加入地区组织的国家数量急剧增加，国家让渡给地区组织的政策权限数量也急剧增加；第二，并非所有国家都同样倾向于促进地区一体化。为了阐明其模式，潘克

---

[1] Sarah von Billerbeck, "'Mirror, Mirror On the Wall': Self-Legitimation by International Organizations", *International Studies Quarterly*, Vol. 64, No. 1, 2020, pp. 207-219.

[2] Daniel Finke, "EU Enlargement and Foreign Policy Coordination: More Powerful, but Less Cohesive?", *The Review of International Organizations*, Vol. 15, No. 1, pp. 189-210; Andrew Glencross, "'Love Europe, Hate the EU': A Genealogical Inquiry into Populists' Spatio-cultural Critique of the European Union and its Consequences", *European Journal of International Relations*, Vol. 26, No. 1, 2020, pp. 116-136; Deepak Nair, "Sociability in International Politics: Golf and ASEAN's Cold War Diplomacy", *International Political Sociology*, No. 14, No. 2, 2020, pp. 196-214; Stéphanie Martel, "The Polysemy of Security Community-Building: Toward a 'People-Centered' Association of Southeast Asian Nations (ASEAN)?", *International Studies Quarterly*, Vol. 64, No. 3, 2020, pp. 588-599; Aarie Glas, Emmanuel Balogun, "Norms in Practice: People-centric Governance in ASEAN and ECOWAS", *International Affairs*, Vol. 96, No. 4, 2020, pp. 1015-1032.

[3] Diana Panke, "Regional Cooperation through the Lenses of States: Why do States Nurture Regional Integration?", *The Review of International Organizations*, Vol. 15, No. 2, 2020, pp. 475-504.

采用了以国家为中心的视角，以理性主义国际关系理论和区域合作理论为基础，对国家加入地区组织并让渡政策权限的动机进行了分析。

分析得出，不同类型的国家对于地区组织和地区一体化的态度存在较大的差异。对强国而言，地区组织能够作为促进其国家利益的舞台或手段，因此强国愿意加入地区组织，并成为地区一体化的支持者；贸易是一项重要的激励因素，国家的贸易利益越大，就越倾向于加入更多的地区组织，并向其提供更多的政策权限；而对于威权国家来说，加入地区组织和推进地区一体化可能会在未来限制政府的回旋余地，因此它们对此并不热衷。这一结论使得相关国家的属性成为地区组织和地区一体化发展的新的分析维度。明确不同类型国家在地区组织中的利益目标，能够对国家与地区组织之间的互动以及地区一体化的发展动力有更具象的理解。

三　全球治理

根据世界卫生组织（WHO）的报告，在过去的20年中，全球暴发了近500种传染病。近年来，由于各种社会、政治、经济、生物和环境因素，世界范围内传染病的暴发愈加频繁，并且这一趋势可能会一直持续下去。2014年遏制埃博拉病毒传播的最初失败表明，全球疫情防范尚未形成，此类事件的应对对政府、国际组织和非政府行为体提出了极为复杂的挑战。新冠肺炎疫情的暴发再次对全球治理产生了巨大的冲击。学者们在探讨国际社会应如何应对全球疫情的同时，也就本次疫情给世界带来的影响展开了讨论。

疫情报告的滞后是寨卡病毒、埃博拉病毒以及H1N1病毒等国际公共卫生紧急事件应对过程的一个关键挑战。因此，当前的全球公共卫生治理以在全球范围内提升各国国内的疫情监测能力，减少报告滞后为重点。但相关的政策讨论在很大程度上忽略了各国政府隐瞒疫情的经济和政治动机，这意味着各国在面对突发疫情时所考量的因素远超出于公共卫生领域，也决定着政府是否能够对疫情做出及时报告。根据对1996~2014年各国疫情报告时间的分析，凯瑟琳·沃斯诺普（Catherine Z. Worsnop）发现，国家对于突发疫情的报告不仅取决于其"能力",更取决于其"意愿"。[1]当疫情暴发时,国家不及时报告往往并不是因为它们不具备报告的能力,而是因为不愿意报告。尽管提升各国对于突发疫情的监测能力至关重要,但仅仅这样做并不足以减少报告滞后现象。沃斯诺普建议,在完善各国监测能力的同时,必须降低国家报告疫情带来的经济和政治代价,只有这样才能保证各国及时报告疫情,避免报告滞后对全球公共安全产生的负面影响。

在国际关系学的视阈下,本次疫情的全球蔓延是一场公共卫生悲剧,其影响已经远远超出了国际公共卫生治理或全球治理的范畴,持续威胁着各国政治和经济等方面的稳定与发展。有学者认为,政府应对疫情的核心是政治,政治决策在疫情防控中发挥着至关重要的作用,其影响甚至可能大于各国的卫生系统水平。这种观点将政治决策视为公共卫生的决定性因素。萨拉·戴维斯(Sara E. Davies)和克莱尔·韦纳姆(Clare Wenham)指出,在公共卫生领域,国际组织的专业人员和公共卫生的倡导者通常采取遏制传染病流行的必要行动,而不是遵循国家的决策,政治通常被视为相对负面的因素。[2]但从不同国家政府在疫情防控中的差异性来看,在技术决策的咨询、建议、模式、目标和执行等方面都需要政治决策发挥作用。因此,政治对于疫情如何传播起决定性作用。

在全球疫情防控的过程中,世卫组织能够将各国汇聚到一起,为各国提供资源、信息以及合作的平台。但这并不足以左右各国的决策,世卫组织还需要依靠政治知识、政治方法以及政策执行的专门知识去理解各国的行为。从近年来国际公共卫生事件的应对来看,世卫组织还未能掌握其成员国的政治优先项。各国的卫生部门常常无法有效地发挥作用,制约着世卫组织在国际公共卫生治理中的作用。就此,戴维斯和韦纳姆建议,世卫组织以及更广泛的公共卫生治理进程需要对各国相互竞争的外交优先项给予更多的关注。

---

[1] Catherine Z. Worsnop, "Concealing Disease: Trade and Travel Barriers and the Timeliness of Outbreak Reporting", *International Studies Perspectives*, Vol. 20, No. 4, 2019, pp. 344-372.

[2] Sara E. Davies and Clare Wenham, "Why the COVID-19 Response Needs International Relations", *International Affairs*, Vol. 96, No. 5, 2020, pp. 1227-1251.

在此过程中，国际关系至关重要。学界能够帮助世卫组织从各个方面评估各国的地缘政治和外交关系，使其对各国政治和国际关系形成更深的理解，以便在今后可能出现的公共卫生事件中更好地协调各国的决策和行动。

从另一个角度来看，本次疫情也映射出很多国家自身在体制和决策等方面的问题。特朗普政府在疫情前期准备不足、防控措施不力，使得其国内疫情形势日益严峻，威胁着美国的国家和民众安全，也使得美国的全球领导力再次受到广泛的质疑。基于其既有的全球领导力基础，以美国为首的多边协调可能会奏效，在国际防控合作中发挥积极效用。但特朗普政府选择了狭义的国家安全，做出了坚持单边主义和维护本国利益的决策。西蒙·雷奇（Simon Reich）和彼得·东布罗夫斯基（Peter Dombrowski）在研究中指出，当美国从国际公共安全的提供者（provider）转变为消费者（consumer），包括欧洲和非洲在内的地区已经转向中国以寻求帮助。[1] 他们认为，美国在国内外疫情防控中的表现使得国际社会对其好感度普遍下降，人们更加相信，尽管美国拥有强大的军事能力，但美国主导的时代即将结束。也有学者认为，尽管疫情重创了美国的全球霸权，但并未动摇其霸权的根基，目前也尚未出现能够取代美国全球地位的大国，因而不能将本次疫情视为美国霸权的终点。[2]

四 区域研究

当前的区域研究呈现多样化、多层次和多维度的特征。学者们既关注以欧洲、非洲、东亚、拉美为主的各区域整体的发展，也以域内外国家和区域的关系为视角，对各区域进行了更加具体的研究。其中，"印太"作为一个政治和战略概念，逐渐成为区域研究中的重点内容。在这样的背景下，《国际事

---

[1] Simon Reich and Peter Dombrowski, "The Consequence of COVID-19: How the United States Moved from Security Provider to Security Consumer", *International Affairs*, Vol. 96, No. 5, 2020, pp. 1253-1279.

[2] Carla Norrlöf, "Is COVID-19 the End of US Hegemony? Public Bads, Leadership Failures and Monetary Hegemony", *International Affairs*, Vol. 96, No. 5, 2020, pp.1281-1303.

务》(International Affairs)在2020年初推出了关于印太战略动态的特辑,聚集了多国学者,以具体国家和地区为视角,对当前印太范围内主要国家和地区的印太战略以及对于现有局势的政策回应进行了充分的讨论。

中美之间的战略竞争始终是影响印太地区局势的关键因素。刘丰指出,为了应对亚洲不断变化的地缘政治格局,中国和美国都试图从经济和安全领域改变地区秩序,使之对本国更为有利。[①] 为了对抗中国不断增长的影响力,美国地区战略的重点正在从"亚洲再平衡战略"(Rebalancing to Asia)转向"自由开放的印太战略"(Free and Open Indo-Pacific, FOIP),其战略目标也愈加明确。为了更加有效地应对当前美国主导的印太战略,中国应当提出并阐明一个更具包容性的地区愿景,并在此基础上推动建立一个包括美国在内的制度框架,使两国之间拥有更多媒介,为建立信任从而形成平等且良性的互动奠定基础。

而对于日本来说,当前的主要目标是在现有国际秩序的基础上,塑造并巩固印太地区秩序。出于对地区权力平衡变化的考虑,一方面,作为其总体安全战略,日本已决心通过增强自身防御能力和强化美日同盟来稳步加强国防,同时将其与澳大利亚、印度等志同道合的国家之间的伙伴关系转变为一种外交(可能是军事)同盟;另一方面,日本试图在印太地区建立新的秩序,以维护美国建立的已有秩序。据此,日本采取了"策略性对冲"(tactical hedging)这样一种灵活的方式,即利用其战略的模糊性来试探其他国家的反应,并根据理解相应地改变其战略重点,制定相关策略。[②] 但本国的防卫仍然是日本的核心利益,比建立新的印太地区秩序更具紧迫性,这需要日本政府对这一战略进行更加全面的评估和调整。

印度也提出了本国的印太战略。该战略由之前的"东向"(look east)政策和"东向行动"(act east)政策演变而来,但更关注战略问题,而不是贸

[①] Feng Liu, "The Recalibration of Chinese Assertiveness: China's Responses to the Indo-Pacific Challenge", *International Affairs*, Vol. 96, No. 1, 2020, pp. 9-27.

[②] Kei Koga, "Japan's 'Indo-Pacific' Question: Countering China or Shaping a New Regional Order?", *International Affairs*, Vol. 96, No. 1, 2020, pp. 49-73.

易或连通性（connectivity）问题。拉杰什·拉贾戈普兰（Rajesh Rajagopalan）在分析中指出，印度的印太战略是其对华政策的一部分，其表现是通过与美国和其他地区大国建立伙伴关系以制衡中国，同时又希望通过保证策略（reassurance strategy）使中国政府相信其并没有真正制衡中国，在大国之间保持战略平衡。①拉贾戈普兰将这种矛盾因素的结合称为"推诿制衡"（evasive balancing）。他认为这一概念比纯制衡（pure balancing）或对冲（hedging）更有利于理解印度的政策，且同样适用于印太地区那些试图对中国崛起做出应对的国家。但这种保证策略作用有限，也就意味着印度边制衡边保证的战略难以起效。这要求印度政府重新审视本国的印太和对华战略，在新的形势下做出更加理性审慎的选择。

澳大利亚是印太概念最主要的倡导者之一，这一主张既出于其自身的战略考量，也符合其长期以来的政策传统。"依赖盟友"传统与"中等强国"路径作为澳大利亚外交政策的两大主流传统，通常被认为是难以达成一致的。而印太概念为这两种传统提供了共同点，使相关战略得到了两种传统的支持。但通过分析澳大利亚近期的南海政策，布伦丹·泰勒（Brendan Taylor）认为，澳大利亚在印太战略的表述和实践上出现了极大程度的脱节。②这种差异可能会对这一概念产生负面影响，使之难以获得更多国家的接受和认同。

除上述国家之外，部分学者对东盟在印太地区的中心地位进行了考察，认为东盟主导的机制能够作为规范设置和具体合作的支点，东盟应在印太地区框架下继续发挥核心作用。③此外，还有学者以"一带一路"倡议、东亚地区的发展和平（developmental peace）以及印太地区的制度化问题为切入点，

---

① Rajesh Rajagopalan, "Evasive Balancing: India's Unviable Indo-Pacific Strategy", *International Affairs*, Vol. 96, No. 1, 2020, pp. 75-93.
② Brendan Taylor, "Is Australia's Indo-Pacific Strategy an Illusion?", *International Affairs*, Vol. 96, No. 1, 2020, pp. 95-109.
③ Dewi Fortuna Anwar, "Indonesia and the ASEAN Outlook on the Indo-Pacific", *International Affairs*, Vol. 96, No. 1, 2020, pp. 111-129; See Seng Tan, "Consigned to Hedge: South-east Asia and America's 'Free and Open Indo-Pacific' Strategy", *International Affairs*, Vol. 96, No. 1, 2020, pp. 131-148.

探讨了印太的战略动态给区域机制建设以及地缘政治和地缘经济架构带来的深远影响。①

五　中国议题

当前，国际学界对于中国相关议题的研究主要集中于对中国发展战略的讨论以及对中美战略竞争的持续关注。作为综合国力竞争的重要因素，文化软实力越来越为中国领导人所重视，也逐渐成为国际学界和政策界观察和衡量中国综合实力的重点内容。一些学者从不同立场和维度对中国的文化软实力进行了细致的研究。有学者以中国的"和谐政治"（politics of harmony）为基点，探讨了软实力作为一种理念和实践的可能与风险。② 人们通常将关于和谐的思想传统作为中国践行软实力的基础，认为这一概念能够将中国自身"和谐的"软实力与其他大国所谓"不和谐的"硬实力区分开来。研究中指出，中国关于和谐的表述目的在于消除国际社会对于中国崛起的忧虑，使人们相信中国的崛起与其他大国有着根本上的不同，将会是和谐且有利于国际社会的。但中国所主张的和谐理念与西方和日本等其他国家的相似之处远大于差异。尽管在话语体系中对和谐的强调可能会实现其预期，但这种结果却并非必然。对于不同受众，中国关于和谐的表述形式和内容只有适应其既有的认知基础，才能为其所认同，成为更具普遍性和接受度的概念。不论是中国还是其他国家，只有在了解自身的同时也了解他者，才能够真正地施行软实力，避免双方硬实力的对抗。

近年来，关于中国对自由主义国际秩序的挑战问题存在着广泛的争论。

---

① Mingjiang Li, "The Belt and Road Initiative: Geo-economics and Indo-Pacific Security Competition", *International Affairs*, Vol. 96, No. 1, 2020, pp. 169-187; Ling Wei, "Developmental Peace in East Asia and its Implications for the Indo-Pacific", *International Affairs*, Vol. 96, No. 1, 2020, pp. 189-209; Kai He and Huiyun Feng, "The Institutionalization of the Indo-Pacific: Problems and Prospects", *International Affairs*, Vol. 96, No. 1, 2020, pp. 149-168.

② Linus Hagström and Astrid H. M. Nordin, "China's 'Politics of Harmony' and the Quest for Soft Power in International Politics", *International Studies Review*, Vol. 22, No. 3, 2020, pp. 507-525.

美国的很多学者和决策者都将中国视为"修正主义国家",认为中国正在不断挑战美国所主导的自由主义国际秩序。这一叙事假定存在单一的自由秩序,其面临的挑战因素也是显而易见的。但在相关的一系列观点和争论中,秩序和挑战的概念并不明确,对于秩序本质的理解和概念混乱仍然存在。基于此,江忆恩(Alastair Iain Johnston)提出,秩序概念至少有四种看似合理的操作化(operationalizations),其中三种或明确或含蓄地体现在主导叙事中。[1] 这三种操作化不顾史实,倾向于认为美国的利益和自由秩序的内容几乎是完全一致的。而第四种操作化则将秩序视为多个国家、次国家、非国家和国际行为体互动导致的涌现性(emergent property)。因此,至少存在八个"特定议题秩序"(issue-specific orders),如军事、贸易、信息和政治发展等。中国接受其中一些秩序,拒绝部分秩序,也愿意接受另一些秩序。鉴于这种多重秩序及其面临的不同程度的挑战,关于美国主导的自由主义国际秩序正受到"修正主义"中国的挑战这一叙事在概念上或经验上都毫无意义。江忆恩认为,观察和理解秩序需要更加普遍且通用的方式,学者和决策者们应当进一步考量中国在不同领域的多重秩序下的行动。

此外,还有学者关注政党在外交中的作用,认为中共中央对外联络部通过与全球的政治精英保持广泛的联系,加大与其他国家政党接触的力度,分享经济和治国经验,在中国的对外关系中发挥着重要的作用,为中国扩大自身的影响力提供了有效的路径。[2] 这一研究将分析单位从国家层面转移到政党层面,既为国际关系和比较政治提供了新的视角,也有利于中国从他者的角度更加理性地审视本国战略。

2019年以来,伴随中美战略竞争的加剧,"新冷战"(new cold war)这一概念越来越受到人们的关注。部分学者认为,中美之间的两极对抗对现有的国际体系和国际格局产生了极大的冲击,中美关系正在进入"新冷战"状

---

[1] Alastair Iain Johnston, "China in a World of Orders: Rethinking Compliance and Challenge in Beijing's International Relations", *International Security*, Vol.44, No.2, 2019, pp.9-60.

[2] Christine Hackenesch and Julia Bader, "The Struggle for Minds and Influence: The Chinese Communist Party's Global Outreach", *International Studies Quarterly*, Vol.64, No.3, pp.723-733.

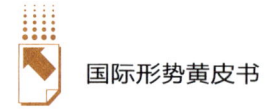

态。由于权力对比的变化和双方竞争的加剧,"冷战"可能会转为"热战",中美双方应汲取第一次冷战的教训,避免使两国之间的对抗陷入意识形态的斗争。①

以阎学通为代表的学者们则认为,中美之间的战略竞争与冷战时期美苏的两极对抗截然不同,不再是围绕意识形态展开的国际竞争,双方经济上的紧密联结以及当前的数字经济背景也决定了竞争形式和内容的显著差异。在近期的研究中,阎学通讨论了数字时代的两极竞争,为中美之间的战略竞争设置了一个新的情境。②他提出,基于冷战思维和数字思维的共同影响,新的两极秩序将在大国外交的互动中逐渐形成。在这一秩序下,中美之间的战略竞争将聚焦于数字经济领域,并逐渐形成两极数字世界;世界将处于不安的和平(uneasy peace)状态,大国之间将充斥着网络攻击;数字思维会带来新的国际身份,在不同领域取代原有的"东方"与"西方"、"南方"与"北方"以及"发达国家"与"发展中国家"等标签的划分;通过创建两个或三个独立的网络系统,可以建立网络主权规范,帮助各国保障自身的网络主权;各国从多边主义退回单边主义,参与全球治理的热情逐渐消退,同时采取技术保护主义以保护本国的网络安全和数字经济利益。在未来的外交决策和国际关系中,数字思维的影响将伴随技术的发展而不断强化,这一趋势需要学界给予足够的关注,并展开更加广泛且深入的探讨。

六　结语

本文对一年来国际关系主流期刊上的文章进行了梳理,从中可以看出学科发展的一些新的趋势:国际关系理论研究中更加重视发掘传统理论对于学科发展的重要价值,并倡导超越既有的二元划分,推动新的研究范式和多元

---

① Christopher Layne, "Preventing the China-U.S. Cold War from Turning Hot", *The Chinese Journal of International Politics*, Vol.13, No.3, pp.343-385.
② Yan Xuetong, "Bipolar Rivalry in the Early Digital Age", *The Chinese Journal of International Politics*, Vol.13, No.3, pp.313-341.

理论体系的形成；国际组织的研究重点从对国际组织的整体性和外部性认知逐渐转向国际组织本身或其内部的具体领域，包括对组织结构以及组织和成员间互动模式的分析，此外，关于地区组织的研究也愈加丰富和细化；在全球治理领域，疫情的暴发引发了学者们对当前全球治理体系的深入反思，也更加关注国家和国际组织如何在全球性问题的应对中更好地发挥作用；在区域研究领域，学者们仍然关注以欧洲、非洲、东亚、拉美为主的各区域整体的发展，同时也以国家和地区为视角对印太地区展开了一系列具体的研究；中国快速发展仍然作为相关研究的主题，学者们的讨论更加集中于中国自身的发展战略以及中美战略竞争，为中国未来策略的调整提供了一定的参考。这些新的热点与趋势值得国内学界关注。

参考文献

Acharya, Amitav, "From Heaven to Earth: 'Cultural Idealism' and 'Moral Realism' as Chinese Contributions to Global International Relations", *The Chinese Journal of International Politics*, Vol. 12, No.4, 2019.

Anwar, Dewi Fortuna, "Indonesia and the ASEAN Outlook on the Indo-Pacific", *International Affairs*, Vol. 96, No. 1, 2020.

Billerbeck, Sarah von, "'Mirror, Mirror On the Wall': Self-Legitimation by International Organizations", *International Studies Quarterly*, Vol. 64, No. 1, 2020.

Davies, Sara E., and Clare Wenham, "Why the COVID-19 Response Needs International Relations", *International Affairs*, Vol. 96, No. 5, 2020.

Eilstrup-Sangiovanni, Mette, "Death of International Organizations. The Organizational Ecology of Intergovernmental Organizations, 1815-2015", *The Review of International Organizations*, Vol. 15, No. 2, 2020.

Finke, Daniel, "EU Enlargement and Foreign Policy Coordination: More Powerful, but Less Cohesive?", *The Review of International Organizations*, Vol. 15, No. 1.

Glas, Aarie, and Emmanuel Balogun, "Norms in Practice: People-centric Governance in ASEAN and ECOWAS", *International Affairs*, Vol. 96, No. 4, 2020.

Glencross, Andrew, "'Love Europe, Hate the EU': A Genealogical Inquiry into Populists' Spatio-cultural Critique of the European Union and its Consequences", *European Journal of International Relations*, Vol. 26, No. 1, 2020

Gong, Xue, "Non-traditional Security Cooperation between China and South-east Asia: Implications for Indo-Pacific Geopolitics", *International Affairs*, Vol. 96, No. 1, 2020.

Guzzini, Stefano, "Embrace IR Anxieties (or, Morgenthau's Approach to Power, and the Challenge of Combining the Three Domains of IR Theorizing)", *International Studies Review*, Vol. 22, No.2, 2020.

Hackenesch, Christine, and Julia Bader, "The Struggle for Minds and Influence: The Chinese Communist Party's Global Outreach", *International Studies Quarterly*, Vol.64, No. 3.

Hagström, Linus, and Astrid H. M. Nordin, "China's 'Politics of Harmony' and the Quest for Soft Power in International Politics", *International Studies Review*, Vol. 22, No. 3, 2020.

He, Kai, and Huiyun Feng, "The Institutionalization of the Indo-Pacific: Problems and Prospects", *International Affairs*, Vol. 96, No. 1, 2020.

Johnston, Alastair Iain, "China in a World of Orders: Rethinking Compliance and Challenge in Beijing's International Relations", *International Security*, Vol.44, No.2, 2019.

Koga, Kei, "Japan's 'Indo-Pacific' Question: Countering China or Shaping a New Regional Order?", *International Affairs*, Vol. 96, No. 1, 2020.

Layne, Christopher, "Preventing the China-U.S. Cold War from Turning Hot", *The Chinese Journal of International Politics*, Vol. 13, No. 3.

Li, Mingjiang, "The Belt and Road Initiative: Geo-economics and Indo-Pacific Security Competition", *International Affairs*, Vol. 96, No. 1, 2020.

Liu, Feng, "The Recalibration of Chinese Assertiveness: China's Responses to the Indo-Pacific Challenge", *International Affairs*, Vol. 96, No. 1, 2020.

Martel, Stéphanie, "The Polysemy of Security Community-building: Toward a 'People-Centered' Association of Southeast Asian Nations (ASEAN)?", *International Studies Quarterly*, Vol. 64, No. 3, 2020.

Molloy, Seán, "Realism and Reflexivity: Morgenthau, Academic Freedom and Dissent", *European Journal of International Relations*, Vol. 26, No. 2.

Mortensgaard, Lin Alexandra, "Contesting Frames and (De)Securitizing Schemas: Bridging the Copenhagen School's Framework and Framing Theory", *International Studies Review*, Vol. 22, No. 1, 2020.

Murray, Christopher, "Imperial Dialectics and Epistemic Mapping: From Decolonisation to Anti-Eurocentric IR", *European Journal of International Relations*, Vol. 26, No. 2.

Nair, Deepak, "Sociability in International Politics: Golf and ASEAN's Cold War Diplomacy", *International Political Sociology*, No. 14, No. 2, 2020.

Norrloöf, Carla, "Is COVID-19 the End of US Hegemony? Public Bads, Leadership Failures and Monetary Hegemony", *International Affairs*, Vol. 96, No. 5, 2020.

Panke, Diana, "Regional Cooperation through the Lenses of States: Why do States Nurture Regional Integration?", *The Review of International Organizations*, Vol. 15, No. 2, 2020.

Rajagopalan, Rajesh, "Evasive Balancing: India's Unviable Indo-Pacific Strategy", *International Affairs*, Vol. 96, No. 1, 2020.

Reich, Simon, and Peter Dombrowski, "The Consequence of COVID-19: How the United States Moved from Security Provider to Security Consumer", *International Affairs*, Vol. 96, No. 5, 2020.

Sundaram, Sasikumar S., "The Practices of Evaluating Entitlements: Rethinking 'Reputation' in International Politics", *International Studies Quarterly*, Vol. 64, No. 3, 2020.

Tan, See Seng, "Consigned to Hedge: South-east Asia and America's 'Free and Open Indo-Pacific' Strategy", *International Affairs*, Vol. 96, No. 1, 2020.

Taylor, Brendan, "Is Australia's Indo-Pacific Strategy an Illusion?", *International*

Affairs, Vol. 96, No. 1, 2020.

Telò, Mario, "Building a Common Language in Pluralist International Relations Theories", *The Chinese Journal of International Politics*, Vol. 13, No. 3, 2020.

Villanueva, Ricardo, "How Norman Angell Reveals the Significance of Marxism and Socialism in Early IR and a Debate before the 'First Great Debate'", *International Studies Review*, Vol. 22, No. 3, 2020.

Weber, Martin, "The Normative Grammar of Relational Analysis: Recognition Theory's Contribution to Understanding Short-Comings in IR's Relational Turn", *International Studies Quarterly*, Vol. 64, No. 3, 2020.

Wei, Ling, "Developmental Peace in East Asia and its Implications for the Indo-Pacific", *International Affairs*, Vol. 96, No. 1, 2020.

Worsnop, Catherine Z., "Concealing Disease: Trade and Travel Barriers and the Timeliness of Outbreak Reporting", *International Studies Perspectives*, Vol. 20, No. 4, 2019.

Yan, Xuetong, "Bipolar Rivalry in the Early Digital Age", *The Chinese Journal of International Politics*, Vol. 13, No. 3.

Abstract

This Annual Report on International Politics and Security (2021) is part of the Yellow Book of International Politics. The purpose of the volume is describing and analyzing the overall political and security international situations and to present corresponding prospects.

With regard to international structure and global security, the volume analyzes the development trend of China-U.S., China-Russia, China-Europe, and U.S.-Europe relations under the impact of Covid-19 pandemic in 2020. It also focuses on global armed conflicts, the international military situation and China's border security environment, In the section on global issues and global governance, the authors present in-depth analyses of the challenges to global governance and several major global issues under the shadow of Covid-19, including great powers' science and technology competition in the digital era, global energy, and climate change. As special topics and focal points in 2019-2020, we discuss global health governance, U.S. presidential election, the situation in the Middle East, food security and the political thoughts during the period of Covid-19. The volume includes a review of studies on international relations and also a review of the research results of international think-tanks.

Based on academic research and current data, the authors of this volume offer generalizations regarding the basic characteristics of the international situation and they present possible future scenarios. The volumes is a valuable reference source for researchers on international studies, foreign policy decision-makers, and readers who are interested in international issues.

Keywords: Great Power Relations; International Structure; Global Governance; International Security Situation

Contents

I Introduction

Y.1 Global Politics and Security under the Covid-19 Pandemic

Yang Yuan, Zhang Yuyan / 001

Abstract: In 2020, the global political and security situation showed more conflicts and competitiveness under the impact and catalysis of the Covid-19 pandemic. In terms of global governance, affected by the Trump administration's "US priority" strategy and the Covid-19 pandemic, the process of globalization encountered obvious obstacles. At the same time, the weakness of the existing multilateral governance institutions in dealing with the global crisis was further highlighted, and the regional integration momentum was strengthened. In the aspect of international security, conventional security risks and non-conventional security risks were intensifying simultaneously and mutually conducting. The conventional security risks were particularly prominent in the India Pacific region, and the pressure of military conflicts in the Taiwan Strait, the South China Sea and South Asia remained high. The global pandemic further enhanced the importance of public health security in global governance, but also made the non-conventional security issues such as climate, energy, and food security further complicated. In 2020, the strategic competition between China and the United States continued to intensify under the catalysis of the covid-19 epidemic situation and the U.S. general election. The fundamental reason for the profound changes in Sino-US relations is the rise of China and the changes in the international structure, and the future Sino-US strategic competition will thus be a sustained and comprehensive competition.

Keywords: Sino-U.S. Relations; Global Governance; Conventional Security; Non-conventional Security; International Structure

II World Patterns and International Security

Y.2 Great Power Relations and International Order

Li Junyang, Xu Jin / 018

Abstract: The year of 2020 witnesses the shock that the COVID-19 pandemic has brought to the interaction among states and the redefinition of issue-agenda in great power relations. China's bilateral relations with the US, Russia, and the EU are characterized, respectively, with a crisis that deteriorates more than never, a bilateral relationship that keeps developing as always, and a developing bilateral relationship that contains both cooperation and competition. The transatlantic relations are ambiguous in the foreseeable future. This report argues that it is the global structure before the pandemic that determines its own ongoing transformation, and that it is the unraveling of the pandemic that determines the speed of change.

Keywords: COVID-19 Pandemic; Great Power Relations; World Order

Y.3 Major Armed Conflicts in the World and an Assessment of the Military Situation (2019-2020)

Xu Jin, Zhou Bei / 035

Abstract: The number of the world's major armed conflicts from 2019 to 2020

has declined slightly compared to the previous year, and conflicts are concentrated in the Africa, the Americas, the Middle East, and North Africa. Among them, the most influential armed conflicts are the Sino-Indian conflict ,India-Pakistan conflict, Yemen conflict, the Syrian civil war , the Palestinian-Israeli conflict, and the internal conflicts in Mexico, Brazil, Nicaragua, Sudan, and the Democratic Republic of the Congo. The global military expenditure in 2019 was a higher than 2018. Military expenditures in North Africa, Central America, North America, Central Asia, East Asia, South Asia, Southeast Asia, Central Europe, and Eastern Europe have increased compared to last year. Military expenditures in sub-Saharan Africa, South America, and Oceania have decreased compared with last year, while Western Europe has remained unchanged. In terms of military exercises, the United States and NATO have conducted more military exercises. China, India and Japan continue to increase military presence in the core interests areas. Countries changed their national defense strategy according to the global and regional security environment and the national defense objectives.

Keywords: Armed Conflict; Military Expenditure; Military Maneuver; Defense Strategy

Y.4 China's Border Security Situation(2019-2020)

Wang Lei / 053

Abstract: In 2020, China's border security situation is showing the following new characteristics: First, the intention of Indo-Pacific strategy against China has become obvious, and the game between China and US is becoming prominent. Second, neighboring powers are accelerating their strategic adjustments to China, the soft balance of Japan's strategic tendency towards China is increasing, There has been a significant increase in the speculative element of India's strategy towards China; Third, the hotspot such as Korean nuclear issue, South China Sea situation and China-India border dispute have become more complex; Fourth, the small and medium neighboring countries tend to be pragmatic in their strategies towards China and hope to maintain stable relations with China; Fifth, with the accelerated development of globalization at the regional level, the East Asian integration and OBOR economic cooperation are embracing new opportunities.

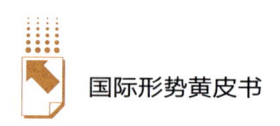

Keywords: China's Border Security; Sino-U.S. Relations; China-India Border Dispute; South China Sea Issue

Ⅲ Global Issues and Global Governance

Y.5 Global Governance and International Organization in 2020: Progress and Trends

Ren Lin, Zheng Haiqi / 069

Abstract: Global governance in 2020 presents the following characteristics: great power competition impacts the multilateral order; the United States's "exit" increases governance deficit; regional integration and bilateral institutions have strengthened; multilateral institutions have weakened; and global health governance capabilities need to be improved immediately. Under the impact of competition between great powers and pandemic, the United Nations and WTO are faced with a certain degree of weakening. Besides, the degree of regional integration and cross-regional cooperation has deepened. In the post-COVID-19 era, global governance will face the challenges of polarization and fragmentation. In view of the performance during the pandemic, regional governance performance need to be further observed. Improving global governance effectively requires coordination and cooperation between great powers that play dominant role. At the same time, cooperation among institutions should be strengthened to jointly respond to global crises.

Keywords: Global Governance; International Organizations; Great Power Competition; COVID-19

Y.6 Big Power Competition in the Digital Age

Lang Ping / 085

Abstract: A sudden Covid-19 epidemic has swept the world, which accelerates the world structure's unprecedented changes. The competition between China and the United States in cyberspace is becoming increasingly fierce. In the past year or so, the United States has increased its containment of China in key technological areas, ICT development, and diplomacy, and reveals the key focus of competition among major powers in the digital age: technological dominance, data security, and military advantage. Looking to the future, competition among major powers in the digital age will be more focused on cyberspace. However, due to the uncertainty brought about by the rapid development of disruptive technologies, the slow progress of international norms in cyberspace, and the qualitative changes in Sino-US relations, cyberspace is still and will be in a state of disorder for a rather long time, and the future competition among major powers will shift from competition in comprehensive national power to competition in "integrated national power."

Keywords: Cybersecurity; Digital Competition; Sino-U.S. Relations; Cyberspace Governance

Y.7 Global Energy Politics (2019-2020)

Xue Li / 101

Abstract: Global energy political game in 2020, affected by COVID-19, the reduction plan of production of OPEC+, the foreign policy of Trump Administration, tensions in Sino-US relations and some other factors, was relatively fierce, and the globalization was drawn in a considerably powerful whirlpool. The global economy has experienced a dramatic drop. In terms of energy politics, neither the U.S. nor European countries ended in victory all in Europe. The reduction agreement of production of OPEC+ promoted by Saudi Arabia, Russia and the United States has been effectively implemented. Iraq maintained its momentum of significant oil growth and surpassed Iran's oil output. Vietnam may initiate the "South China Sea Arbitration" against China in order to exploit oil and gas resources in the South China Sea. With factors mentioned above impeding, China needs to map out a new framework of energy imports. Although the United States failed to win the battle against the epidemic and suffered a setback in oil and gas growth in 2020, it has secured its position as the world's largest oil and gas producer. Brazil was also unsuccessful in fighting the epidemic, but its oil and gas production increased substantially, which, can partly be attributed to Bolsonaro's energy policy. Mexico's energy reform was ineffective so its prospects are uncertain. Although the sanctions imposed by the United States have become more and more severe and Venezuela's oil production continued to fall sharply, Maduro still demonstrated no disadvantage at all in the battle with the opposition. The "proxy conflict" between the two factions in Libya will continue, but it will not change the overall trend of oil production growth. The oil production has increased, for both South Sudan and Sudan are implementing their peace agreements respectively. The impact of COVID-19 in 2021 will be significantly weakened, which will lead to global economic recovery and a rebound in oil price.

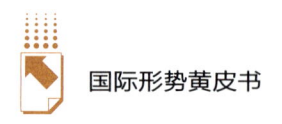

Keywords: Energy Politics; COVID-19 Pandemic; OPEC+; Foreign Policy of Trump Administration; Sino-U.S. Relations

Y.8　Addressing Climate Change: Review and Prospect

Tian huifan / 119

Abstract: In recent years, governments, states and provinces, cities, investors, companies, and the public have all taken vigorous actions to reduce emissions, and the global response to climate change has made positive progress. The outbreak of the epidemic crisis in 2020 is an early warning of how climate crises and natural disasters will threaten the global economy and society. It has also tested the governance capabilities and climate determination of governments. Historical experience has shown that with technological progress and the cost increase in reducing greenhouse gas emissions, adopting a strong climate policy can better achieve economic recovery and strengthen economic resilience. The current round of the epidemic crisis provides an opportunity for the world to accelerate the transition to an energy-friendly future. The European Union, China, South Korea, etc. are all staunch supporters of green development, providing support for the green recovery of the economy after the epidemic in terms of policy design and financial investment. Whether the world can take more ambitious actions in the future is not only affected by short-term factors such as the duration of the epidemic, economic recovery patterns, and whether countries adopt green stimulus plans, but also by long-term factors such as whether sufficient resources can be mobilized to slove the climate financing bottleneck, whether key clean technologies such as battery storage carbon capture and storage and hydrogen energy can make a breakthrough, and whether the emission reduction potential of local governments, the private sector and other non-governmental actors can be fully stimulated.

Keywords: Climate Change; Carbon Neutral; Clean Energy; Climate Finance

Ⅳ Special Topics and Focal Points

Y.9 The COVID-19 Pandemic and Global Health Governance

Wu Guoding, Xiong Aizong / 135

Abstract: The COVID-19 pandemic is the most serious pandemic in the world since the pandemic of 1918-1919. The pandemic has severely affected the global economy and also has an impact on world politics. In order to overcome the pandemic, WHO and G20 and other organizations and platforms have taken a series of anti-pandemic measures. While quickly controlling the pandemic, China has also actively participated in global health governance and made contributions to global cooperation in the fight against the pandemic. The COVID-19 pandemic has brought challenges to global health governance, including rising nationalism, insufficient effectiveness of global health governance rules, and insufficient resources for WHO to respond to health emergencies. In order to improve global health governance, the international community should strengthen the core role of WHO in global health governance, further strengthen the compliance and implementation of global health governance rules, increase investment in global health governance mechanisms, and actively play the role of other global governance entities.

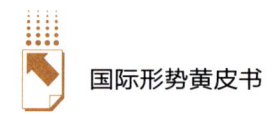

Keywords: COVID-19 Pandemic; Global Health Governance; WHO

Y.10 Preliminary Analysis on the 2020 US Presidential Election

Zhao Hai, Chen Zhan / 150

Abstract: The 2020 U.S. Election is a referendum on Trump and Trumpism at a critical juncture of globalization. After four years of the Trump administration, Americans and the people of the world are facing the choice of the continuation of Trumpism or the abandonment of it. Sudden advent of the COVID-19 pandemic significantly changed the political environment in the US and the failure of the Trump administration to deal with the spread of the virus badly impacted Trump's reelection prospect. Joe Biden and the Democratic Party took the opportunity and revised their agenda accordingly to meet the demand. However, the results of this election shows that the political polarization in the US will persist and Trumpism is not going away from the political arena. Therefore, Sino-US relations will face new challenges down the road.

Keywords: U.S. Election; Party Politics; Trumpism; Sino-U.S. Relations

Y.11 Assessment of the Political Security Situation in the Middle East in 2019-2020

Zhang Yuan / 166

Abstract: Hotspot issues occurred in the Middle East from August 2019 to August 2020. The assassination of Iran's Revolutionary Guard general by the U.S. has escalated the conflict between the two countries. The Syrian province of Idlib has come under the spotlight after Turkey stepped up its military intervention on the Syrian-Turkish border. With direct military assistance from Turkey, the Libyan Government of National Accord successfully countered the Libyan National Army. The deadlock over Israel's cabinet has been broken, the two main political contenders have made peace for a while, and Israel's aggressive foreign policy has increased tensions between the Palestinians and the Israelis. The United States has reached a peace deal with the Afghan Taliban, but the political reconciliation process in Afghanistan is still in the dark. In the Middle East, the game between big powers outside the region and the competition between regional powers overlap, and the economic and people's livelihood issues within countries become more and more prominent. At the same time, the COVID-19 outbreak in 2020 has brought greater uncertainty to regional security and greater challenges to domestic governance.

Keywords: Middle East; Game of Great Powers Outside the Region; Competition between Regional Powers; COVID-19 Outbreak

Y.12　The Global Food Security in the COVID-19 Pandemic

Xiao He / 180

Abstract: Food Security is a leading issue in global governance since the end of the World War II. The Food and Agriculture Organization of United States defined the defined this concept in the 1974 for the first time. Thereafter, the definition of food security evolved fast toward higher standard, consisting in the four pillars of availability, access, utilization and stability. In the COVID-19 pandemic of 2020, agency and sustainability are newly added into the definition to amend the shortage of global food governance. The methods most commonly used by UN organizations to measure the global food security are SDG Monitoring Framework Target 2 (SDG2) and Integrated Food Security Phase Classification (IPC). According to these methods, the global food security deteriorated slowly since 2014 and the COVID-19 pandemic poses as an extremely dangerous threat to the already fragile situation. It's not only the developing countries but also the developed ones are facing food insecurity, which originates from the inequity of income distribution instead of insufficient food production. The lower income countries and poor people are always suffering from hunger and malnutrition in an international society in which food supply is more than enough for some decades. Now COVID-19 has damaged the world economy severely and make the global food insecurity even more urgent. To enhance the global food security, the only answer is a mixture of advanced agriculture, fully-fledged social service and fair income distribution.

Keywords: Food Security; Food Right; COVID-19 Pandemic; Food and Agriculture Organization; World Food Programme

Contents

Y.13 Political Thoughts in the COVID-19 Pandemic

Tian Xu / 195

Abstract: In recent years, the frequency and intensity of clashes between political thoughts have increased worldwide. The COVID-19 Pandemic further accelerates this trend, and distinct models of fighting the pandemic have uncovered the ideological differences between countries. The characteristic of political thoughts in the pandemic is threefold: first, the increasing challenges of de-globalization has shaken the dominant status of Liberalism as the fundamental ideology in the West, which has further provoked the right-wing populism; second, the revival of nationalism not only drives Conservatism away from Liberalism, but pushed various schools of thoughts toward extremist directions; and third, distinct models of combating the pandemic have underlined the tension between ideologies, which breeds new thinking about the relationship between the state, society and citizens. There has been a common challenge facing mankind for going beyond ideological contradictions and eliminating the four major deficits of the current world.

Keywords: COVID-19 Pandemic; Liberalism; Conservatism; Nationalism; De-globalization

V International Relations Theories and International Think Tanks

Y.14 Review of Research by International Think-Tanks (2019–2020)

Yang Yuan / 208

Abstract: International situation and global challenges has become increasingly severe from 2019 to 2020. The Sino US relations were not eased by the conclusion of the first phase agreement of trade negotiation at the end of 2019. On the contrary,

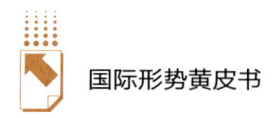

China US relations accelerated to deteriorate in 2020 due to the impact of the covid-19 pandemic. 2020 is the year of the US presidential election which attracts worldwide attention. The pandemic has added great uncertainty to the election itself. International and global issues, such as arms control and strategic stability, relations between Russia and the west, public health governance, climate change, and cyber security, are also affected to varying degrees by the pandemic, making the already intractable challenges more complex. Think tanks and research institutes paid close attention to these new situations and changes and put forward their analysis and suggestions. In order to follow up the latest researches of top think tanks on related topics and better understand the relevant hot issues, this article takes the top international think tanks in "2019 Global Go To Think Tank Index Report" as the research objects, and reviews the related researches and reports published by these think tanks in the past year.

Keywords: COVID-19 Pandemic; Sino-U.S. Relations; American Presidential Election; Strategic Stability; Public Health Governance

Y.15 The Development of Studies on International Relations (2019–2020)
Yuan Zhengqing, Dong He / 225

Abstract: This report reviews the articles in mainstream foreign journals on international relations over the past year, comments on some representative ones to grasp the hot issues and presents the trends in current research. The authors believe that there are several new trends in international relations studies in international academic circles, including rethinking of traditional theories and the core concepts, more attention to the international organizations and their internal structures, the rational investigations on COVID-19's impact on global governance and the pattern of the world, the comprehension of the Indo-Pacific from the perspective of specific countries, further research of the issues related to China's development strategy and the rivalry between China and the U. S., and so on. These new issues and trends are worthy of attention in domestic academic circles.

Keywords: Traditional Theories; Legitimacy; COVID-19 Pandemic; The Indo-Pacific; Sino-American Strategic Competition

社会科学文献出版社

皮 书

智库报告的主要形式
同一主题智库报告的聚合

❖ 皮书定义 ❖

皮书是对中国与世界发展状况和热点问题进行年度监测,以专业的角度、专家的视野和实证研究方法,针对某一领域或区域现状与发展态势展开分析和预测,具备前沿性、原创性、实证性、连续性、时效性等特点的公开出版物,由一系列权威研究报告组成。

❖ 皮书作者 ❖

皮书系列报告作者以国内外一流研究机构、知名高校等重点智库的研究人员为主,多为相关领域一流专家学者,他们的观点代表了当下学界对中国与世界的现实和未来最高水平的解读与分析。截至2021年,皮书研创机构有近千家,报告作者累计超过7万人。

❖ 皮书荣誉 ❖

皮书系列已成为社会科学文献出版社的著名图书品牌和中国社会科学院的知名学术品牌。2016年皮书系列正式列入"十三五"国家重点出版规划项目;2013~2021年,重点皮书列入中国社会科学院承担的国家哲学社会科学创新工程项目。

中国皮书网

（网址：www.pishu.cn）

发布皮书研创资讯，传播皮书精彩内容
引领皮书出版潮流，打造皮书服务平台

栏目设置

◆ **关于皮书**
何谓皮书、皮书分类、皮书大事记、
皮书荣誉、皮书出版第一人、皮书编辑部

◆ **最新资讯**
通知公告、新闻动态、媒体聚焦、
网站专题、视频直播、下载专区

◆ **皮书研创**
皮书规范、皮书选题、皮书出版、
皮书研究、研创团队

◆ **皮书评奖评价**
指标体系、皮书评价、皮书评奖

◆ **皮书研究院理事会**
理事会章程、理事单位、个人理事、高级
研究员、理事会秘书处、入会指南

◆ **互动专区**
皮书说、社科数托邦、皮书微博、留言板

所获荣誉

◆ 2008年、2011年、2014年，中国皮书
网均在全国新闻出版业网站荣誉评选中
获得"最具商业价值网站"称号；

◆ 2012年，获得"出版业网站百强"称号。

网库合一

2014年，中国皮书网与皮书数据库端口
合一，实现资源共享。

中国皮书网

权威报告·一手数据·特色资源

皮书数据库
ANNUAL REPORT(YEARBOOK) DATABASE

分析解读当下中国发展变迁的高端智库平台

所获荣誉
- 2019年，入围国家新闻出版署数字出版精品遴选推荐计划项目
- 2016年，入选"'十三五'国家重点电子出版物出版规划骨干工程"
- 2015年，荣获"搜索中国正能量 点赞2015""创新中国科技创新奖"
- 2013年，荣获"中国出版政府奖·网络出版物奖"提名奖
- 连续多年荣获中国数字出版博览会"数字出版·优秀品牌"奖

成为会员

通过网址www.pishu.com.cn访问皮书数据库网站或下载皮书数据库APP，进行手机号码验证或邮箱验证即可成为皮书数据库会员。

会员福利
- 已注册用户购书后可免费获赠100元皮书数据库充值卡。刮开充值卡涂层获取充值密码，登录并进入"会员中心"—"在线充值"—"充值卡充值"，充值成功即可购买和查看数据库内容。
- 会员福利最终解释权归社会科学文献出版社所有。

卡号：761191297556
密码：

数据库服务热线：400-008-6695
数据库服务QQ：2475522410
数据库服务邮箱：database@ssap.cn
图书销售热线：010-59367070/7028
图书服务QQ：1265056568
图书服务邮箱：duzhe@ssap.cn

S 基本子库
SUB DATABASE

中国社会发展数据库（下设 12 个子库）

整合国内外中国社会发展研究成果，汇聚独家统计数据、深度分析报告，涉及社会、人口、政治、教育、法律等 12 个领域，为了解中国社会发展动态、跟踪社会核心热点、分析社会发展趋势提供一站式资源搜索和数据服务。

中国经济发展数据库（下设 12 个子库）

围绕国内外中国经济发展主题研究报告、学术资讯、基础数据等资料构建，内容涵盖宏观经济、农业经济、工业经济、产业经济等 12 个重点经济领域，为实时掌控经济运行态势、把握经济发展规律、洞察经济形势、进行经济决策提供参考和依据。

中国行业发展数据库（下设 17 个子库）

以中国国民经济行业分类为依据，覆盖金融业、旅游、医疗卫生、交通运输、能源矿产等 100 多个行业，跟踪分析国民经济相关行业市场运行状况和政策导向，汇集行业发展前沿资讯，为投资、从业及各种经济决策提供理论基础和实践指导。

中国区域发展数据库（下设 6 个子库）

对中国特定区域内的经济、社会、文化等领域现状与发展情况进行深度分析和预测，研究层级至县及县以下行政区，涉及省份、区域经济体、城市、农村等不同维度，为地方经济社会宏观态势研究、发展经验研究、案例分析提供数据服务。

中国文化传媒数据库（下设 18 个子库）

汇聚文化传媒领域专家观点、热点资讯，梳理国内外中国文化发展相关学术研究成果、一手统计数据，涵盖文化产业、新闻传播、电影娱乐、文学艺术、群众文化等 18 个重点研究领域。为文化传媒研究提供相关数据、研究报告和综合分析服务。

世界经济与国际关系数据库（下设 6 个子库）

立足"皮书系列"世界经济、国际关系相关学术资源，整合世界经济、国际政治、世界文化与科技、全球性问题、国际组织与国际法、区域研究 6 大领域研究成果，为世界经济与国际关系研究提供全方位数据分析，为决策和形势研判提供参考。

法律声明

"皮书系列"(含蓝皮书、绿皮书、黄皮书)之品牌由社会科学文献出版社最早使用并持续至今,现已被中国图书市场所熟知。"皮书系列"的相关商标已在中华人民共和国国家工商行政管理总局商标局注册,如 LOGO( )、皮书、Pishu、经济蓝皮书、社会蓝皮书等。"皮书系列"图书的注册商标专用权及封面设计、版式设计的著作权均为社会科学文献出版社所有。未经社会科学文献出版社书面授权许可,任何使用与"皮书系列"图书注册商标、封面设计、版式设计相同或者近似的文字、图形或其组合的行为均系侵权行为。

经作者授权,本书的专有出版权及信息网络传播权等为社会科学文献出版社享有。未经社会科学文献出版社书面授权许可,任何就本书内容的复制、发行或以数字形式进行网络传播的行为均系侵权行为。

社会科学文献出版社将通过法律途径追究上述侵权行为的法律责任,维护自身合法权益。

欢迎社会各界人士对侵犯社会科学文献出版社上述权利的侵权行为进行举报。电话:010-59367121,电子邮箱:fawubu@ssap.cn。

社会科学文献出版社